普通高等教育"十三五"规划教材

中外教育管理史

ZHONGWAI JIAOYU GUANLISHI

马早明 编著

·广州·
中山大学出版社
SUN YAT-SEN UNIVERSITY PRESS

版权所有　翻印必究

图书在版编目（CIP）数据

中外教育管理史/马早明编著.—广州：中山大学出版社，2019.1
ISBN 978-7-306-06423-3

Ⅰ.①中… Ⅱ.①马… Ⅲ.①教育管理学—教育史—世界 Ⅳ.①G519

中国版本图书馆 CIP 数据核字（2018）第 193650 号

出 版 人：王天琪
策划编辑：金继伟
责任编辑：周　玢
封面设计：曾　斌
责任校对：王　璞
责任技编：何雅涛
出版发行：中山大学出版社
电　　话：编辑部 020-84110771，84113349，84111997，84110779
　　　　　发行部 020-84111998，84111981，84111160
地　　址：广州市新港西路 135 号
邮　　编：510275　　　传　真：020-84036565
网　　址：http://www.zsup.com.cn　　E-mail：zdcbs@mail.sysu.edu.cn
印 刷 者：广东虎彩云印刷有限公司
规　　格：787mm×1092mm　1/16　17.75 印张　338 千字
版次印次：2019 年 1 月第 1 版　2023 年 10 月第 3 次印刷
定　　价：48.00 元

如发现本书因印装质量影响阅读，请与出版社发行部联系调换

前　言

"相逢一见太匆匆，校内繁花几度红"，坚持给本科生开设"中外教育管理史"的课程已经有几个春秋，当学生一届届地轮换之后，我手中的讲义也已有厚厚一叠，其中大多是关于课程的一些教学素材，也有教学思考与随笔等。教学中，我发现"中外教育管理史"身处教育学、管理学、历史学等专业的边缘地带，学科交叉性使其地位尴尬。在教学领域，"中外教育管理史"课程教材的编写工作常被提及，但又经常被忽略，教材的匮乏使得从事该门本科生教学的教师不得不花费大量的时间在教材本身，这不仅徒增了教师教学工作量，而且使该门课程的教学质量参差不齐，影响人才培养规格。比较教育学的学科包容性使得从事比较教育研究领域的教师更容易突破门第局限，运用比较教育独有的研究视角和研究范式整合"中外教育管理史"的跨学科属性，于是我初步有了结合教学经历编写一本《中外教育管理史》的想法。但好事多磨，近些年学术事务缠身，加上所里和学院的一些行政事务，竟然消耗了我的大部分时间，书稿的撰写工作几度中断，按照预定计划完稿近乎成了"奢想"。好在自2018年年初以来，开始有了比较整块的时间，于是又重拾中断的教材编写工作，一鼓作气地全力推进，也算是完成了一项夙愿。

由于读者范围的不同，教材不同于学术专著，前者主要是对学科范畴基本概念与知识体系的传授，后者则是对某一学术专题进行深入研究探讨。为此，本教材立足于"编精品教材、惠本科教学"这个使命和出发点，力图在保证教材本身固有基本属性的基础上，实现某些创新与突破。一部纷繁复杂的教育管理发展史，实际上就是一部关于人的教育实践和教育思想的发展史，于是，我将《中外教育管理史》的体例划分为教育行政管理、学校教育管理、教育管理思想这三大知识模块，以系统化地呈现该领域的知识体系和知识脉络。而在年代的选择和时间的划分上，由于长期以来人们对于中外历史的划分早已达成了一定的共识，因此，教材中的年代划分按照既有的公认标准进行划分。以学科知识体系为"纬线"，以中外历史线索为"经线"，《中外教育管理史》就这样"编制"成型。

本教材得以最终顺利付梓，是团队共同努力的结果。最近几年我所教授的本科班的学生为本教材的编写提供了最直接的写作思路，与他们的教学互动成为我教材写作的灵感来源,有些学生的课堂反馈和课后作业直接被吸收到教材之中,增强了教材的教学针对性。我所指导的华南师范大学教育科学学院的几位硕士研究生,如胡雅婷、俞凌云、张月琦、邓慧琴等,为教材的文献校对等做了大量细致的工作,保障了书稿的推进速度。同时,需要说明的是,华南农业大学公共管理学院的张运红博士参与了本书中外教育管理思想史部分的撰写,并参与了本书的修改工作。这里要特别感谢的是中山大学出版社的金继伟编辑,我们在前几年学术专著出版中相识,金编辑谦逊的态度、严谨的精神给我留下了极为深刻的印象,之后我们一直保持联系。听说我要出版这本教材,金编辑给予了最为有力的支持,并为此事忙前奔后,成为推动本书面世的最直接动力。

本教材的出版,并非是为一段教学之旅画上一个句号,而是预示了另一个全新的开始。我们在教材编写中本着客观、严谨、求真的治学态度,用心撰写每一段教育管理的史料。但是囿于自身知识局限和视野范围,难免挂一漏万,出现谬误也在所难免,对此,恳请专家学者批评指正。书中史料引用,尽力做到一一注明,但肯定会存在疏漏,我们将在后续版本中不断予以修订完善,力图呈现教材精品以向默默耕耘在教学一线的广大教师致敬。

华南师范大学教育科学学院
马早明于 2018 年 12 月

目　　录

上编　中国教育管理史

第一章　中国古代的教育管理 …………………………………………（3）

第一节　中国古代教育行政管理体制 …………………………………（3）

一、先秦时期的教育管理体制 …………………………………（4）

二、秦汉时期的教育管理体制 …………………………………（7）

三、魏晋南北朝时期的教育管理体制 …………………………（10）

四、隋唐时期的教育管理体制 …………………………………（12）

五、宋朝的教育管理体制 ………………………………………（16）

六、辽金元时期的教育管理体制 ………………………………（20）

七、明清时期（鸦片战争前）的教育管理体制 ………………（21）

第二节　中国古代学校管理 ……………………………………………（24）

一、先秦时期的学校管理 ………………………………………（25）

二、秦汉时期的学校管理 ………………………………………（28）

三、魏晋南北朝时期的学校管理 ………………………………（30）

四、隋唐时期的学校管理 ………………………………………（31）

五、宋朝的学校管理 ……………………………………………（34）

六、辽金元时期的学校管理 ……………………………………（38）

七、明清时期（鸦片战争前）的学校管理 ……………………（41）

第三节　中国古代教育管理思想 ………………………………………（47）

一、以孔孟、董仲舒和朱熹为代表的儒家教育管理思想 ……（47）

二、以商鞅、韩非为代表的法家教育管理思想 ………………（55）

三、以庄周为代表的道家教育管理思想 ………………………（58）

第二章 中国近代的教育管理 (60)

第一节 中国近代的教育行政管理体制 (60)
一、晚清时期的教育管理体制 (61)
二、民国初年的教育行政体制 (66)
三、北洋军阀政府统治时期的教育行政体制 (71)
四、国民政府统治时期国统区的教育行政体制 (76)
五、革命根据地和解放区的教育行政体制 (80)

第二节 中国近代的学校管理制度 (88)
一、晚清时期的学校管理 (89)
二、民国初年的学校管理 (93)
三、北洋军阀政府统治时期的学校管理 (96)
四、国民政府统治时期国统区的学校管理 (99)
五、革命根据地和解放区的学校管理 (106)
六、全国解放战争时期解放区的学校管理 (110)

第三节 中国近代的教育管理思想 (113)
一、晚清张之洞的教育管理思想 (113)
二、民国初期蔡元培的教育管理思想 (114)
三、黄炎培、晏阳初、陶行知等的平民教育管理思想 (118)

下编 外国教育管理史

第三章 古代希腊、罗马时期的教育管理 (125)

第一节 古代希腊、罗马时期的教育行政管理 (125)
一、古代希腊的教育行政管理 (126)
二、古代罗马的教育行政管理 (130)

第二节 古代希腊、罗马时期的学校管理 (132)
一、古代希腊的学校管理 (132)
二、古代罗马的学校管理 (133)

第三节　古代希腊、罗马时期的教育管理思想 …………………… (134)
　　一、苏格拉底的教育管理思想 ………………………………… (134)
　　二、柏拉图的教育管理思想 …………………………………… (136)
　　三、亚里士多德的教育管理思想 ……………………………… (138)
　　四、昆体良的教育管理思想 …………………………………… (141)

第四章　西欧中世纪和文艺复兴时期的教育管理 …………… (143)

第一节　西欧中世纪和文艺复兴时期的教育行政管理 …………… (144)
　　一、西欧中世纪的教育行政管理 ……………………………… (144)
　　二、文艺复兴时期的教育行政管理 …………………………… (149)
　　三、宗教改革运动中的教育管理 ……………………………… (150)

第二节　西欧中世纪和文艺复兴时期的学校管理 ………………… (151)
　　一、西欧中世纪的学校管理 …………………………………… (152)
　　二、文艺复兴时期的学校管理 ………………………………… (154)

第三节　西欧中世纪和文艺复兴时期的教育管理思想 …………… (156)
　　一、奥古斯丁的教育管理思想 ………………………………… (157)
　　二、夸美纽斯的教育管理思想 ………………………………… (158)

第五章　近现代外国的教育管理 …………………………………… (162)

第一节　近现代外国的教育行政管理体制 ………………………… (162)
　　一、近现代英国的教育行政管理 ……………………………… (163)
　　二、近现代法国的教育行政管理 ……………………………… (166)
　　三、近现代德国的教育行政管理 ……………………………… (170)
　　四、近现代俄国（含苏联）的教育行政管理 ………………… (173)
　　五、近现代美国的教育行政管理 ……………………………… (177)
　　六、近现代日本的教育行政管理 ……………………………… (180)

第二节　近现代外国的学校管理制度 ……………………………… (185)
　　一、近现代英国的学校管理 …………………………………… (186)
　　二、近现代法国的学校管理 …………………………………… (193)
　　三、近现代德国的学校管理 …………………………………… (201)

四、近现代俄国（含苏联）的学校管理 ……………………（208）
   五、近现代美国的学校管理 …………………………………（213）
   六、近现代日本的学校管理 …………………………………（222）
  第三节　近现代外国的教育管理思想 ………………………（227）
   一、近现代英国的教育管理思想 ……………………………（228）
   二、近现代法国的教育管理思想 ……………………………（231）
   三、近现代德国的教育管理思想 ……………………………（233）
   四、近现代俄国（含苏联）的教育管理思想 ………………（238）
   五、近代美国的教育管理思想 ………………………………（245）
   六、近现代日本的教育管理思想 ……………………………（253）

参考文献 ………………………………………………………（259）

附件 ……………………………………………………………（261）

上编　中国教育管理史

第一章　中国古代的教育管理

导言

本章主要以朝代为主线，呈现了从学校教育尚处于萌芽状态的奴隶社会各朝，至学校教育已逐渐成熟的封建社会各朝的教育管理史发展图景。在学习时，要重点掌握各朝代教育管理制度的演变过程以及异同点。为更深入理解，也需了解统治者进行教育管理改革发展的缘由、背景，以及有代表性教育家的管理思想。本章主要讲述了中国古代的学校管理制度是如何通过不断地积累和发展，由松散走向严格，由简单走向完备的过程。

在中国古代，教育由偶然性的活动变为社会系统化的安排之后，统治者开始运用手中的国家权力影响教育活动，由此形成了中国古代教育管理体制的雏形。由于国家权力的介入和推动，学校教育兴起并走向繁荣，而随着学校体系的日益成熟与完善，对学校的管理需求与日俱增，因而促进了中国古代学校管理制度的产生和发展。与此同时，中国古代物质文明的兴盛为理论思想的发展提供了充足的物质基础，产生了一大批灿若群星的教育家、思想家，他们就教育管理思想展开争鸣并著书立说、传播教育思想，泽被后世。

第一节　中国古代教育行政管理体制

中国古代的教育行政管理体制反映了统治者的意志，并为其利益服务。先秦时期，统治者集行政管理与教育管理于一身，所谓"学在官府"便是这种教育管理体制的产物，教育管理权被绝对垄断。至春秋战国时期，中国由奴隶制向封建制过渡，思想上出现了空前繁荣的现象，百家争鸣，群雄并起，"学在官府"的局面被打破，学术下移，私学兴起，如何管理新出现的教育形式就成为封建统治者思考的新课题。对此，秦朝统治者推行"以法为教、以吏为师"的教育方针。其后，汉朝推崇以儒家学术统制天下，兴太学、重教育，通过培养人才和选拔人才来推动民众的教化，从而开启了以培养和选拔人才为主轴的教育机制模式。

一、先秦时期的教育管理体制

教育是人类所特有的社会现象,它随着人类社会的产生而产生,亦随着其发展而发展。中国是世界上教育产生和发展最早的国家之一。在原始社会时期,教育只是依附于社会生产和生活的活动之中,因此,也就没有一般意义上所说的教育管理。随着社会生产的发展和私有财产的形成,出现了阶级分化,原始社会开始解体,逐渐向奴隶社会过渡,又加之文字的产生,因而出现了脑力劳动和体力劳动的分工。奴隶主贵族垄断了政权,为满足培养其子弟成为统治人才的需要而设置教育机构,学校由此产生,教育也从此开始逐渐独立于社会其他活动之外,成为独立的专门事业。教育管理制度也随之走向专门化和制度化。也就是说,夏、商、周是中国专门教育开创的时期,也是中国教育管理的开创时期。我们这里所讲的先秦教育管理也是从夏、商、西周开始。

(一)夏、商、西周时期的教育行政管理

1. 学校的产生与发展

原始社会末期,中国就出现了学校的萌芽。"五帝"时期是指早于尧、舜的黄帝时代,"五帝"时期的"成均"之学,已经具有一定的专门化倾向,可视为中国古代学校的萌芽。而虞舜时有"庠",《礼记·明堂位》记载道:"米廪,有虞氏之庠也。"[①] 庠原为氏族敬老、养老之所。老人在庠,负责看护孩子,因此,庠逐渐演变为兼具养老职能的教育场所。夏朝已进入奴隶社会,应国家需要,比较正规的与生产劳动分离的学校得以成立,这也就是中国最早的学校。

由于夏朝前后开始产生了专门的教育场所,创立了奴隶制学校,因此,夏朝是中国奴隶制文明时代的开端。《礼记·王制》记载:"夏后氏养国老于东序,养庶老于西序。"有关注释说:"东序,大学,在国中王宫之东;西序,小学,在西郊。"序,原是射箭比武的场所,夏朝在"国"设"序"为大、小学,可见夏朝的教育以军事教育为重。[②] "校"是夏朝创立的另一类学校,一般设在"乡"里,承担着对乡民进行道德教化的任务。

到商朝,学校教育进一步发展,也逐步迈向正规。教育的各种管理制度也相应地建立。当然就整体而言,这一时期的教育管理制度仍处于萌芽阶段。商

---

① 《礼记·王制》。
② 参见《礼记·王制》。

朝的学校设置除继承已有的"庠""序"外,又创设了"瞽宗"和"学"。"瞽宗"即为祭祀鬼神、行宗教之礼的场所,也是进行礼乐教育的学校。"学"是进行一般文化教育和道德教育的场所。商代的"学"有大学和小学之分。

西周是我国奴隶制社会的巅峰时期,学校也集前两代之大成,形成了比较完善的学校系统。西周的学校包括国学、乡学两类,国学又分大学、小学两级。① 天子设立的大学,以辟雍为中心,分设东序、成均、瞽宗和上庠,规模完备。诸侯设立的大学称为"泮宫"。乡学则根据地方行政区域大小,分别设置校、序、庠、塾。②

2. "学在官府"的教育管理体制

"学在官府"是夏、商、西周时期教育管理体制的共同特点。奴隶主贵族建立国家机构,设官分职,从事管理。为了管理的需要,制定法纪规章,有文字记录,汇集成专书,由为官者来掌握,这种现象被称为"学术官守",并由此而造成"学在官府",民间私家无学术。西周时期虽然社会分工有很大进展,但是教师仍未成为单独的社会职业,由政府职官来兼任,国学由大司乐主持,而各级乡学则归大司徒主管,因此形成"官师合一"的局面。

另外,由于社会经济发展水平有限,没有条件提供大型公共建筑供各种专门活动之用,只能让一所公共建筑发挥多种用途。因此,西周的学校不仅是教学的场所,也是各种社会活动的场所。国学的辟雍,也是朝政、祭祀和献俘的场所。泮宫则是诸侯举行国事活动的地方。乡学的庠、序、校既是地方教育活动的场所,也是乡官议政、乡饮酒礼、养老尊贤的场所。这表明西周的教育机构与行政机关不分,即"政教合一"。这是官府办学条件下的必然结果,也反映出当时的教育与政治是紧密联系在一起的。

"学在官府"的教育管理体制是我国奴隶制社会的产物。由于奴隶主阶级垄断着社会物质生产资料和精神生产资料,文化教育自然为其垄断。当时,只有奴隶主贵族子弟才有受教育的权利,而世卿世禄制度又使这种垄断得到世袭,使官师代代相传。因此,学术一直为官学所垄断,民间不可能有学术。再者,由于当时生产力水平低下,无力供养,也不需要为官者以外的精神生产者,这是"学在官府"最为根本的原因。

(二)春秋战国时期的教育管理体制变革

自公元前770年周平王东迁至公元前221年秦统一六国,这期间的历史被

---

① 参见刘德华《中国教育管理史》,河南教育出版社1990年版,第11页。
② 参见刘德华《中国教育管理史》,河南教育出版社1990年版,第11页。

称为春秋战国时期。春秋战国时期是一个大变革的时代，也是文化、学术、教育、思想空前活跃的时代。随着社会政治经济形势的变革和科学文化的发展，原来"学术官守""学在官府"的政教一体、官师合一的体制，失去了经济基础的支持和政治权力的保证，不断走向衰败。《左传·昭公十七》记载道："天子失官，学在四夷。""竹帛"下于"庶人"，体力劳动与脑力劳动进一步分工，民间社会底层的知识分子、"士"阶层相继出现。① 随着西周官学的不断衰落，私家讲学传学之风悄然兴起，"百家之学"蜂起，儒、墨、道、法诸子竞逐于世，"百家争鸣"的子学思潮日益勃兴，形成我国历史上第一次文化学术教育思想发展的高潮。私学的产生意味着教育从政治权力的垄断中分离出来，使学校教育真正成了专门的事业。

孔子是大办私学的一个典型代表，他举办的私学规模最大、成就最高、贡献最巨、影响最为深远。② 孔子开创私学以讲学，建立儒家学派，为中国教育史开辟了新纪元，奠定了中国以儒家思想为主体的教育思想体系的基础。除此之外，儒、墨、道、法、农、阴阳、纵横等各家学者，都积极创办私学。

私学得以产生和发展的原因是多方面的。然而究其根本原因，主要是生产力的发展。由于生产力的发展，社会政治、经济制度发生了深刻的变革，随着社会的变革，文化教育不再是奴隶主贵族的特权，"学在官府"的局面被打破，原来的"官师"和受过"六艺"教育的贵族子弟等"文化人"流落民间，形成一个新的社会阶层，即士阶层。他们掌握一定的知识和技能，其中一部分适应社会的需求，招收弟子，进行授学，成为私学的教师。同时，官府的"书"和"器"也流落到民间，为私学提供了所需的教材和教具。在社会激烈的变革中，诸侯们逐渐认识到人才的意义，为了称霸争雄，他们冲破旧制，争相用士养士，于是，社会上人人争相改行从学，使私学有了广泛的生源，极大地促进了私学的发展。因此，社会变革对人才的需要是私学产生发展的内驱力。社会对教育作用的充分估价是私学发展的思想基础，人类认识水平、自我意识的提高，使人们认识到教育在人的发展过程、治国安邦的过程中，具有重要意义。

私学代替官学是中国教育发展史上的一次重大变革，它依靠自由办学、自由就学、自由讲学、自由竞争等四大自由来发展教育事业，满足了当时社会对人才的需求。私学冲破了西周以来"学在官府"、学校教育为官府所垄断的桎梏，打破了"政教合一"的枷锁，有利于社会底层的人享受到文化教育的权

---

① 参见《左传·昭公十七》。
② 参见黄仁贤《中国教育管理史》，福建人民出版社2003年版，第21页。

利。另外，私学作为专门的教育机构，专职于培养人才。因此，学校教育从此发生了质的变化，实现了学校教育的独立化。私学的兴起和发展还推动了学术下移，促进了百家争鸣，① 加速了当时的社会变革。

二、秦汉时期的教育管理体制

公元前221年，秦统一六国，建立起了中国历史上第一个统一的中央集权的专制国家。秦废分封，立郡县，从中央到地方建立了一整套专制的官僚统治机构，并继续以法治思想作为政治的指导思想。为了铲除六国残余贵族兴家复国的思想基础，秦对六国历史和儒家学说采取禁止传授的政策，在文化教育上实施严格的巩固统一的措施，以致发生"焚书坑儒"的悲剧。

公元前206年，西汉王朝代秦而起。西汉初，为缓解秦末酷政和战火给社会带来的紧张心理，统治者在政治上奉行黄老之学的"无为而治"思想，实行休养生息的政策。在文化教育方面，政府解除了对各种学派的钳制，包括儒家学说在内的各家学说重新得到了自由发展的机会。公元前140年，汉武帝为加强中央集权，统一统治集团的意志和思想，采纳董仲舒的"罢黜百家、独尊儒术"的建议，使以"君权神授"和"三纲"为中心的儒学获得独尊，成为之后中国封建社会文化教育的指导思想。

（一）秦朝"以法为教""以吏为师"的文教政策

秦是中国历史上第一个统一的中央集权的封建国家。秦朝的教育政策遵循着一个中心原则，即维护国家的统一和君主集权的封建统治制度，以法治思想指导教育实践，按照法家路线来构建国家教育。

1. "书同文""行同伦"

秦统一六国以前，各国文字很不统一。汉朝许慎有言："言语异声，文字异形。"这种文字混乱的局面不利于统一政令的推行，而且阻碍了各地区间的沟通与交流。因此，秦兼并六国之后，为统一法度、推广教化，遂采取"书同文"的政策，以小篆作为统一的文字标准，编成字书颁发全国。

政治集权离不开思想的统一和社会伦理与行为习俗的规范，然而，战国时期所形成的千差万别的社会习俗和行为规范却妨碍着秦朝统一大业的巩固。因此，在"书同文"的同时，秦始皇又推行"行同伦"政策。为"端平法度""匡饬异俗""黔首改化"，秦始皇曾五次出巡，目的不仅在于向人民显示威

---

① 参见黄仁贤《中国教育管理史》，福建人民出版社2003年版，第22页。

仪、标榜功绩，更为了规范民众、统一思想。

"书同文""行同伦"的文教政策虽然是秦统治者巩固和加强中央集权专制制度的举措，却在客观上促进了民族文化的广泛传播和各民族的大融合。

2. 设"三老掌教化"

为配合推行"以法为教"的基本策略，秦在每乡均设置掌管乡民法制教育、耕战教育和尊卑教育的"三老"。① 通过"三老"这种地方基层组织的乡官，直接对一般民众进行广泛的思想教化。这项政策有利于强化地方基层组织的管理，形成从中央到地方的思想教化系统，巩固国家统一。

3. 严禁私学、焚书坑儒

这是为统一政治舆论和学术文化，禁止儒生"以古非今"的文教政策。秦统一六国之后，建立了封建君主专制制度，战国时期"百家争鸣"的局面不利于封建王朝的统治，因此，秦始皇三十四年（公元前213），丞相李斯提出了"颁挟书令""禁私学"和"以吏为师"等措施。② 秦始皇采纳了李斯的建议，下令焚书，并禁止私学。这不仅是文化专制的反映，也是愚民政策的反映。在"焚书"的第二年，又爆发了更为残暴的"坑儒"事件。公元前212年，秦始皇下令活埋诸生460余人，其中包括一大批儒家知识分子。禁私学、焚书旨在堵截文化的传播途径，"坑儒"则是对活的文化载体的毁灭。

4. 以法为教、以吏为师

为实现思想的高度统一、彻底贯彻法家思想，也是为培养一批知法、执法的封建官吏，秦采取以法为教、以吏为师的政策。政府规定教育的内容限于法令，直接目的是使人成为知法守法、服从统治的顺民。众所周知，私学的发展促进了专职教师的出现，这是教育发展史上的一大进步。然而，秦的"以吏为师"政策再次将官与师结合起来，这无疑是教育发展史上的一大倒退，使得教育丧失了它的基本属性和功能。

（二）汉朝的教育管理体制

1. 汉朝"独尊儒术"的文教政策

汉初经过六七十年的"休养生息"，③ 政治上出现了汉景帝平息"七国之乱"后的安定局面，经济上得到了恢复和发展。公元前140年，汉武帝即位。汉初所推行的"无为"政治已不能适应封建统治的需要，需要寻求新的统治

---

① 参见李才栋、谭佛佑、张如珍等《中国教育管理制度史》，江西教育出版社1996年版，第104页。
② 参见黄仁贤《中国教育管理史》，福建人民出版社2003年版，第59页。
③ 参见黄仁贤《中国教育管理史》，福建人民出版社2003年版，第65页。

策略。因此，强调"文事武备"又契合汉武帝政治愿望的儒家学说便应时代需要登上历史舞台。

汉朝首先提出"独尊儒术"思想的是董仲舒。他是汉朝最负盛名的儒家学者之一，有"汉代孔子"之称。① 在应对汉武帝的贤良策问时，他说："故养士之大者，莫大乎太学者，贤士之所关也，教化之本原也。"② 他提出了独尊儒术、兴太学以养士、重视选举等三大文教政策。汉武帝采纳了董仲舒的建议，先后采取了立五经博士、开设太学和确立察举制等措施。

2. 汉朝的教育行政体制

国家的统一，生产力的发展，经济的繁荣，为汉朝教育的发展提供了良好的物质条件。在"独尊儒术"的文教政策指导下，汉朝的教育得到了空前的发展。汉朝是古代中央集权学校体制初创时期。汉朝的学校有官学和私学两类。官学包括中央官学和地方官学。中央官学最重要的是以传授儒家经典为主的太学，由九卿之一的太常领导管理。在东汉还设有宫邸学和鸿都门学等特殊性质的学校。地方官学由地方政府开办，汉平帝元始三年（3），汉朝统治者颁布地方官学学制，要求各级地方政府普遍设学：郡国曰学，县曰校，乡曰庠，聚曰序。私学按其程度可以分为书馆和经馆两类。汉代这种官学和私学并举的学校系统，奠定了我国封建社会学校教育的基本格局。

汉朝尚未有专门的教育管理机构来领导全国的教育，教育行政由太常兼管。太常是掌管宗庙礼仪的礼官，属"三公九卿"之一，具体管理史官记事、天象、文化和医药，事务庞杂，范围甚广。太常兼管太学事物，主要具体参与太学博士的选任罢免，以及太学生的选择、考试和推荐任用等事宜。太常还通过审定地方选送的太学生和察举等环节，对地方官学和私学行使行政管理权。

总体来说，汉朝的学校体制呈现单一化的特征，管理比较松散，其教育行政体制属于初创阶段，由中央官吏太常兼管全国教育的行政体制仍保留着"政教合一"的遗迹。但是，其中央集权的教育行政管理体系的框架基本形成，为后代教育行政管理制度的进一步充实和发展奠定了初步的基础。汉朝的学制系统在西周已有学制系统的基础上进一步拓展，形成了包括官学和私学两大类的高等教育、基础教育两层次在内的较完整的学制系统，勾勒出了中国古代社会教育管理制度的基本格局。

3. 汉朝的察举选士制度

汉朝统治者为了选拔贤才，提高各级官员素质，逐步建立和形成了一套选

---

① 参见黄仁贤《中国教育管理史》，福建人民出版社2003年版，第88页。
② 《汉书·董仲舒传》。

拔人才的制度，其中采用最多、较为制度化的是察举制度。察举制是由中央各部门和地方行政长官负责考察和举荐人才、朝廷予以录用为官的一种人才选拔制度。它既是统治阶级的选官制度，又是其对教育进行宏观管理的手段。

察举的科目一般分为两类：一类是经常性举行的科目，称作常科，一般是每年由州郡长官按规定的名额、标准向朝廷推荐人才；另一类则为特科，是由皇帝根据需要临时制定选士标准和名目的科目。其中常科通常包括孝廉、秀才等，而特科主要有贤良方正、明经、童子等科。"孝廉"是指孝悌、力田者或廉洁的官吏。"秀才"是指才华优异的人才。"贤良方正"是指选拔对治理国家能够进谏忠言之士。"明经"是指通晓儒家经典的人才。"童子科"主要面对的选拔对象是 12～16 岁的通博经典的青少年。

察举制创立的初期，对士人进德修业产生了一定的积极影响，为中央和地方行政选拔了干练的官吏，使中下层地主阶级知识分子有了受教育的机会，一定程度上清明了吏治，有利于文官制度的建立，加强了中央集权的力量。另外，在文化教育方面也发挥了积极的作用，主要表现为有利于形成尊重人才、知识和倡导注重德行的民风，因而有利于教育环境的优化，促进教育发展。但是，察举制也存在着弊端，一方面是权力分散，地方官吏控制了察举大权，士人没有靠山便很难被选中，具有不公正性；另一方面是其主要以"名声"取士，重名声、舆论，而考试因素较少。在这种情况下，士人不得不奔走于权贵之门，交游结纳，士风日下，出现了很多沽名钓誉的伪君子。而这一制度常被操纵选举的官僚大族所利用，朝廷难以得到真正的人才。此后，察举制也进行了一些改革，加重了考试的因素，为后世的科举考试选举制度选拔人才开创了先例。

三、魏晋南北朝时期的教育管理体制

自东汉末建安元年（196）曹操迁献帝于许昌，到隋文帝开皇九年（589）杨坚灭陈建立隋朝，历时 394 年，史称魏晋南北朝。[①] 魏晋南北朝时期，国家长期处于战乱和分裂中，中央集权教育行政体系受到了很大的冲击。社会的动乱冲击着汉朝的文化教育秩序，儒学失去了独尊地位。名法思潮、魏晋玄学、佛教、道教相继风行一时。剧烈变动的社会和频繁更迭的政权，极大地促进了学术文化的进步，丰富了各个学科的社会内容。这一时期，教育管理体制出现

---

① 参见李才栋、谭佛佑、张如珍等《中国教育管理制度史》，江西教育出版社 1996 年版，第 146 页。

了一些新的情况和特点，选士制度也得到了进一步的探索，为隋唐建立完备的官学制度奠定了基础。

（一）魏晋南北朝时期的教育管理制度

1. 设立国子学与太学并列

晋武帝咸宁二年（276），为了保证统治阶级内部的新贵族阶层（门阀世族）受教育的权利而设立国子学。国子学一名来自于《周礼》中"国之贵族子弟国子受教于师"。国子学的创立意味着门阀制度的巩固。自汉武帝兴办太学以来，教育对象不分士庶便是最大的特点。然而，到了东汉后期，随着士族阶层的产生，太学教育便日趋特权化，而且在教学管理上"考课不后，赏黜无章"①，魏晋南北朝时期开始整顿太学，正是为了保证贵族子弟入校受业的特权。然而整顿的效果并不理想，因此，国子学便应运而生。晋朝规定，五品官以上的子弟方可进入国子学，这说明了封建学校教育的等级性进一步加强。国子学的创办，使当时的教育体制由单轨制发展为太学与国子学并行的双轨制，体现了"贵族士庶皆需教"的原则。

2. 地方学制的正式确立

北魏献文帝诏令各地普遍设立州郡学，并按州郡的大小规定了博士、助教和学生的名额，正式建立了郡国学校制度。据《北史·高允传》记载：大郡立博士 2 人，助教 4 人，学生 100 人；次郡立博士 2 人，助教 2 人，学生 80 人；中郡立博士 1 人，助教 2 人，学生 60 人；下郡立博士 1 人，助教 1 人，学生 40 人。② 这标志着我国古代地方官学制度的正式确立。

3. 专科教育的兴起

三国魏明帝置律博士，教授刑律，招收律学弟子。这是我国古代法律分科设学之始。南朝宋文帝元嘉二十年（443）开设医学，这是中国医学专科教育的开始，也是世界上最早的医学专科学校。南朝宋文帝元嘉十五年（438）下令在京师开设单科性的"四学"，分别是玄学、史学、文学和儒学，这是中国最早的分专业的综合学校。尽管当时的专科教育在形式、内容、规模上都还未形成完备的制度，开办时间也都不长，但多学科教育的局面已经形成了。这打破了两汉以来"独尊儒术"的教育局面，为隋唐教育体制的完备奠定了基础。

（二）以"九品中正制"为主干的选士制度

魏晋是封建门阀制度高度发展的时期，士族地主把持朝政大权，控制仕途

---

① 《宋书·五行志·三》。
② 参见《北史·高允传》。

之路。为了维持其在政治、经济等方面的特权,在地主阶级内部"严士庶之别",选士制度要保证士族优先做官的权利。所谓九品中正制,就是朝廷在各州、郡设立大、小中正官,由地方上有声望的人充任,他们负责考察士人的家世和德才表现,据此将士人评定为九个品级,然后逐级上报,最后吏部选择前三个品级者授予官职。

"中正定品,三年一更。中正官的人选,是本处人在诸府,公卿及召省郎吏省德充才盛者为之。"① 为了保证选举的权威性,郡中正官必须由本地"著姓氏族"来充当,而州中正须由本地大士族在朝的现任官员来兼任。这样做是为了避免其他人干预选举事务,确保朝廷对选举的直接控制。这种选士制度要求大小中正帮助吏部筛选,从此州郡守的察举之权便移交至中正官的手中,意味着取士工作开始独立于政权工作,走向独立化。

九品中正制在实行之初曾发挥过积极的作用。魏晋之际,人们在品评人物时还比较注意乡里舆论,秉持较为客观公正的原则。然而,随着士族门阀的壮大,九品中正制逐渐沦为士族扩大势力、把持仕途和操纵政权的工具。从选士制度自身发展的角度来看,九品中正制的实施发挥了一定的积极意义。它试图通过品评的手段,客观、公正、全面地考察人才,克服东汉以来的浮华朋党之风,其出发点是好的,也制定了一系列的评定标准,但是,这种制度在实施的过程中,却受到了"中正官"的左右,"中正官"不能做到公平公正,那么即使评定标准再细致、再具有可操作性,也无法做到公正、客观,甚至会完全违背创立这一制度的初衷。魏末晋初,这种制度逐渐贵族化,品第变成了家世的代名词,严重阻碍了寒门士子的仕进之路,严重挫伤了读书人的积极性,使学校更加门庭冷落。②

四、隋唐时期的教育管理体制

开皇元年(581),杨坚统一南北,建立了隋王朝。武德元年(618),李渊灭隋,建立唐王朝。隋唐时期,尤其是唐朝,社会稳定,经济繁荣,促进了教育事业的蓬勃发展。隋朝在教育管理方面进行了许多重大的改革,例如,实行教士、取士之法,建立书、律、算学,设立进士科,创立了中国最早的专门教育管理机构——国子监。唐朝在教育方面,不仅完善和健全了官学教育体制,还完善和健全了科举制度,在中国古代教育管理制度史上发挥了巨大的影响。

---

① 《文献通考·选举考·举士》。
② 参见黄仁贤《中国教育管理史》,福建人民出版社2003年版,第120页。

（一）隋唐的文教政策

隋唐统治者为了巩固自己的统治，在整个思想文化领域中采取了重振儒术、兼重佛道的文教政策，即三教并重。

第一，尊儒。魏晋南北朝时期由于玄学、佛学的相继兴盛，儒学失去了独尊的地位。隋朝统一后，重用儒学，广征儒学经典，并组织人员分类整理，儒学有了复兴的趋势。到了唐朝，这种趋势继续加强，儒学的地位又有了显著的提高。其主要表现在尊孔、提高儒士的地位、重视儒经的整理和研究这几个方面。

第二，崇佛。佛教自西汉末年流入中国，经东汉的传播、魏晋南北朝的发展，至隋唐而达到了极盛的地位。隋唐诸多皇帝都信佛，建寺庙、造佛像、译佛经，十分盛行。

第三，重道。道教是中国土生土长的宗教，老子被尊为道教始祖。到了唐朝，统治者更是借口老子姓李，是唐天子的祖宗，因而奉道教为至尊。道教的地位进一步提高。

三教并重政策的实施，促进了学术文化的发展。儒学在对佛教和道教的斗争中，汲取了佛学和道教的思想，使儒、佛、道融合的趋势进一步发展。而佛学和道教对于文化学术的发展起了开阔眼界、活跃思维的作用，也极大地影响了封建士大夫的人生哲学。正是这种融洽的气氛，给思想界和教育界带来了一股开放的空气，为封建教育的发展和完善创造了十分有利的条件。

（二）隋唐的教育行政体制

1. 隋唐的学校教育系统

隋朝在中央设有五学，分别为国子学、太学、四门学、书学、算学。① 其中，带有专科性质的书学、算学皆初创于隋朝，这是中国专科学校教育的一大进步。隋朝在地方上也设置了州县学。而且，在官学中制定了相应的管理制度。据《隋书·礼仪志·四》记载，隋朝规定中央官学"每岁以四仲月上丁，释奠于先圣先师。年别一行乡饮酒礼。州郡学则以春秋仲月释奠。州郡学亦每年于学一行乡饮酒礼。学生皆乙日试书，丙日给假焉"②。

唐朝的学校教育比较发达，学校种类比隋朝更为丰富。中央官学有国子学、太学、四门学、律学、书学、算学，还有弘文馆、崇文馆、医学、崇玄学

---

① 参见黄仁贤《中国教育管理史》，福建人民出版社2003年版，第137页。
② 《隋书·礼仪志·四》。

等。前三学似属大学性质,学习儒家经典。后三学似属专科性质,律学学习律令,书学研习书法,算学学习历算。此外,唐朝在各府、州、县分别设有府学、州学、县学,在县还设有市学和镇学。各府州还设有医学和崇玄学。唐代的私学也有长足发展,有乡村蒙学、学者讲学等多种办学形式。

总之,唐朝从中央到地方普遍建立了学校,有官学也有私学,有经学学校和专门学校之分,有小学、大学和专科性质学校之分等,学校的类型多种多样,学校系统相当完备。唐代的学校体制更能适应和满足封建社会的发展需要。整个学校形成了一种多学科并举的教育格局,能从政治、经济、科技、文化等方面满足社会发展的需要,为培养各方面人才创造了较好的条件。中央官学与地方官学的完备,满足了中央和地方发展教育的需要,并通过完整的学校网络有效控制了全国教育的发展。另外,它既照顾了士族子弟的利益,又满足了庶族子弟奋发上进的需要,这对于扩大和巩固封建统治阶级基础十分有利。

2. 隋唐教育行政管理制度

隋朝统一后,为了巩固统治,在教育上采取了一系列措施,对后来唐朝教育的发展产生了积极的影响。为了加强对教育事业的管理和领导,隋朝在中央设立国子寺(607年改名为国子监)作为专管学校教育的行政机构,并内设祭酒一人作为最高的教育行政长官。国子监及国子祭酒的设置,是中国历史上第一次由中央政府设立专门管理教育的机构和官员,标志着中国封建教育已经发展到了成为独立部门的时代,这在中国教育发展史上具有重大的意义。[①]

唐朝由于学校教育发展迅速,规模扩大,种类增多,进一步促进了教育行政管理制度的完善。唐朝的教育行政系统根据学校制度的分类可分为中央和地方两级。在中央,礼部是兼管教育的最高行政机构,归于尚书省管辖。礼部"掌礼仪祭享,贡举之政"[②],是属于唐朝文教、外交、礼仪等方面的政务机关,但其最重要的职能是主持科举考试。另外,中央还有专门的教育行政机关——国子监。据《新唐书·百官志·三》记载,国子监的职责是"下掌儒学训导之政,总国子、太学、广文、四门、律、书、算凡七学",并主管天子视学释奠诸礼。国子监是集教学、行政、研究于一身的教育机构。由于唐代的官学种类丰富,所以除国子监掌管七学外,其他专业性质的官学依附于行政部门并由其领导。这是唐朝教育行政管理制度的一大特色,也是世界教育史上出现最早的一种管理体制。它的出现从教育行政的角度论证了教育与社会需求相结合的教育规律。在地方,唐朝没有设专门的教育行政机构。地方官学归各级地

---

① 参见黄仁贤《中国教育管理史》,福建人民出版社2003年版,第134页。
② 《新唐书·百官志》。

方政府直接管辖,具体的地方教育长官为长史。学生的毕业考试由长史主持,合格者由其于每年冬季报送尚书省礼部参加科举考试,亦可以升入中央四门学。另一地方教育长官为司功参军事,其职掌的内容为:"掌官吏考课,假使、选举、祭祀、祯祥、道佛、学校、表疏,书启、医药、陈设之事。"① 此外,《新唐书》载太学官"谴博士出外,兼领郡官,以教生徒"②。唐朝的地方教育行政管理虽然较前朝有了一定的发展,但与中央教育行政管理相较,还是不太完善,这也反映了唐朝教育制度的等级性。

(三) 科举制的产生与发展

1. 科举制的产生和原因

中国古代选士制度发展到隋唐,发生了重大变革,选举制度改成了科举制度。这是古代选士制度的一大分界线。科举制度是指朝廷允许普通士人自愿向官府报名,经过分科考试,根据成绩从中选拔人才、分别任官的一种选士制度。科举制度的特点是专门用考试的方法来挑选人才,而不是由地方察举。隋朝统一中国以后,为了加强中央集权、巩固统一,在政治、经济、文化方面进行了一系列的改革。因为无论是汉代的察举制还是魏晋南北朝的九品中正制,选用人才的大权都不是真正掌握在中央政府手中,这对于巩固中央集权是十分不利的。而要巩固统治,必须最大限度地网罗和笼络知识分子,为他们提供参政机会,以扩大统治基础。另外,全国统一,封建官僚机器日益完善,必须选拔大量的适应封建大一统政治需要的人才来充任各级官吏。于是,适应时代发展的科举制度应运而生,其在中国历史上推行了1300年之久,对教育及其管理产生了极其重大的影响。

2. 唐朝的科举考试制度

唐朝建立后,在选士制度上沿用了隋朝的科举制,经过一段时间的实践,逐步形成了一套较为完整的考试制度,为以后历代科举考试奠定了基础。唐太宗曾"私幸端门,见新进士缀行而出,喜曰:'天下英雄入吾彀中矣'"③,唐朝科举依汉代察举制分为常科和制举。制举为天子特招而举行,以求非常之士。而通常所说的科举指的是常科。唐代科举考试的生源主要分为两部分,一部分称为"生徒",指中央官学的毕业生;另一部分称为"乡贡",指非中央官学出身的读书人,包括自学者和地方官学的毕业生,由个人向州县报名,经

---

① 《唐六典》卷三十。
② 《新唐书》。
③ 《唐摭言》,卷一《述进士》。

州县考试合格报送尚书省，准备参加礼部主持的省试。

唐代科举考试科目繁多。较为常行的有秀才、进士、明经、明法、明书、明算等六科。[①]他们分别注重不同的方面，如秀才注重博识高才，进士科考试注重诗赋，明经科考试注重经义，明法科考试注重法律知识，等等。这些科举科目中，其中明经科和进士科最为普遍。明经科自汉代以来就有，考试的主要内容是对五经义理的记忆和解释，同时也答时务策问。唐代进士科备受推崇，有重进士、轻明经的倾向，进士科每年所录用的人数远远高于明经科。

科举考试的考试方法常有帖经、墨义、对策、诗赋这四种。帖经即相当于现在的填空题，去掉经文中的一部分要求应试者填出来，这种考试方法相对比较简单，只要求应试者熟读经文即可应付。墨义是指对经典内容的回答，不需发挥，按原文对答即可。对策是要求被试者在熟知经、史的基础上，关心时政，题目是人事、政治方面的称方略策、时务策。对策要求学子通晓经史、才思敏捷、有见解、有主见，是考试政治才能的较好方法。诗赋则不仅能考出士人的思想，更能反映一个人的文化修养和文化水平。当然，任何方法一旦制度化、固定化都有可能走向形式主义，引导知识分子将精力消耗于死记硬背和咬文嚼字中。

3. 科举制的作用和影响

科举制是选士制度的巨大进步，它面向全社会公开招考，实行公平竞争、优胜劣汰，不仅为封建国家选出了许多优越的人才，有效地笼络了士人，提高了吏治水平，而且加强了对教育的宏观控制能力，对教育管理产生了直接而深刻的影响。科举制度不拘门第，面向全社会公开招考，给每位读书人提供均等的竞争机会，大大地调动了世人的学习兴趣，促进了教育的发展。但是，科举制以功名利禄为诱饵，以公平竞争为推动力，在激发世人读书积极性的同时也使教育变成了科举考试的附庸。

五、宋朝的教育管理体制

两宋时期，包括北宋（960—1127年）和南宋（1127—1279年），历时300余年。宋朝的建立，结束了自唐"安史之乱"以后至五代十国的分裂割据局面，重建了统一的中央集权国家。为了进一步加强和巩固中央集权体制，维护封建统治的长治久安，宋统治者逐步确立了"兴文教，抑武事"的治国方针，相应的文教政策也随之确立下来。在文化教育及其管理上，宋朝也取得了

[①] 参见黄仁贤《中国教育管理史》，福建人民出版社2003年版，第151页。

一些显著的成就。

(一) 宋朝的文教政策

同历朝历代一样，宋朝文教政策的制定，不仅综合了统治集团的利益诉求，也内含了一些适应教育发展规律的合理因素。宋初的统治者吸取唐朝藩镇割据的教训，采取削弱地方权力、加强中央集权的措施，在统治策略上，也由原来重视"武功"改为强调"文治"。宋太宗明确指出："王者虽以武功克定，终须用文德致治。"① 与统治策略的这一转变相适应，文教政策方面也确立了重视文教、提倡科举，鼓励兴学、广设学校，尊孔崇儒、兼容佛道等内容。

1. 重视文教、提倡科举

北宋统治者鉴于唐末、五代各地节度使拥兵自重、割据称雄的危害，为了巩固政权，一方面采用政治威慑和物质利诱的手段迫使将帅交出典兵之权；另一方面重用文人，让他们充任全国各级政权的官吏，军队也受文官节制。

实施文治需要大批的文官，进而需要通过科举选拔人才，因此宋朝十分重视科举考试。宋建国当年即开科取士，开宝六年（973），宋太祖在讲武殿亲自批阅试卷，由此殿试作为一种制度被确定下来。由于朝廷对科举考试寄予厚望，宋初每科录取人数之多，大大超过了前代。有学者统计，两宋通过科举共取士115427人。另外，宋朝还规定凡中进士者立即授官，不需再经吏部考试。

2. 鼓励兴学、广设学校

宋初统治者基于历史经验和当时用人需要，重视科举选士，选拔了很多人才，有利于中央集权的建立和巩固。但是，过分地偏倚科举取士，导致了重科举、轻学校的现象，忽视了通过兴建学校来培育人才。随着时间的推移，重科举、轻学校的弊端日益暴露，士人为科举功名而劳碌，无心研究学问，导致真正的人才日益匮乏。因此，从宋仁宗庆历年间开始，统治者便将"兴文教"政策的重点放在兴学育才之上，自庆历四年（1044）后，宋朝历史上先后出现了三次著名的兴学运动。

第一次兴学运动由范仲淹于庆历四年（1044）发动。范仲淹认为，为政莫大于求贤，求贤莫先于教育。因此，本次兴学的重点是：令州县立学，规定士子必须在学300日方许应科举考试；改革科举考试，罢帖经、墨义，着重策论和经学；改革太学，取胡瑗的苏湖教法为太学改革的模式。第二次兴学运动由王安石在熙宁、元丰年间发动，他认为国家衰弱，欲求改革，首先在于人才，欲陶冶人才，在于教之、养之、取之、任之有其道而已。本次兴学的重点

---

① 《续资治通鉴》卷一。

是：改革太学，创立"三舍法"；恢复和发展州县的地方官学；恢复和创立武学、律学、医学等专科学校；编撰《三经新义》作为统一教材。第三次兴学运动由蔡京发动于崇宁年间（1102—1106年），本次兴学的重点是：令全国普遍设立地方官学；建立县学、州学、太学三级相联系的学制系统；新建辟雍，发展太学；恢复医学，创立算学、书学、画学等专科学校。这三次兴学运动皆围绕着学校育才与科举选士的矛盾关系来调整，重点在于兴办官学。经过这三次兴学运动，宋朝建立起中央和地方官学体系，形成了更加完备的学制系统。

3. 尊孔崇儒、兼容佛道

宋朝推行"兴文教"的政策，更是将儒学作为统治的指导思想。建隆三年（962）六月，宋太祖命令在国子监中"增葺祠宇，塑绘先圣、先师之像"，并亲自撰文颂扬孔丘和颜渊。太宗也明确规定选人才"须通经义"。真宗时期，尊孔崇儒尤为突出，更是加谥孔丘为"至圣文宣王"。

宋朝出于政治需要实行尊孔崇儒的策略，促使儒学的复盛。而在新形势下，儒学也为适应中央集权统治的时代需要进行理论改造，最终产生了名为理学的新儒学。在尊孔崇儒的同时，宋朝统治者也大力提倡佛教和道教以争取更多的支持，从而使儒、道、佛三教进一步融会贯通、互相补充、相互为用。理学以"理"为最高范畴，以伦理道德和忠孝节义为核心，有利于统治者维护封建统治秩序，因此成为官方理论。此后，佛道两家逐渐向理学靠拢，理学也不断吸收佛道两家的思想，最终建立起极具思辨性的理学体系，后经元、明、清统治者不断提倡，成为中国封建社会后期的统治思想。

（二）宋朝的教育行政机构

宋代的其他教育行政管理制度基本上沿用唐制，各项政策都着眼于进一步加强和巩固中央集权制。中央仍以礼部统管全国文化教育，在教育行政管理方面主要负责总管全国的贡举和学校试补三舍生的事宜。礼部"掌国之礼乐、祭祀、朝乡、学校贡举之政令"①。礼部之下专设的教育行政机构是国子监。②宋朝的国子监具有教学和行政管理的双重职能。在教学职能方面，国子监是国家的最高学府，专收京朝七品以上官员子弟为生徒，而且有200人的限额；在行政管理方面，其负责管理所属的国子学、太学、辟雍、四门学、广文馆、律学及宫廷小学的日常行政事务。元丰官制改革后，国子监的教学职能被完全并入太学之中，国子监进而成为专门的教育行政管理部门。另外一些附设于中央

---

① 《宋史·职官志》。
② 参见黄仁贤《中国教育管理史》，福建人民出版社2003年版，第171页。

政府所属业务部门学校，则归该业务部门自行管理。

宋朝的地方教育行政管理有较大发展，并建立了专门的地方行政机构。为了加强对地方教育的管理，宋朝于崇宁二年（1103）在诸路设置专门的地方教育行政机构——提举学事司，简称"提学司"，[①] 主要职能是对州县学校的视导、审查任免教师、监督生员以及科举诸事。提学司的最高长官称"提举学事使"，简称"提学"，[②] 负责管理所属州县教育，包括遴选考察教师、督查学生课业、主持和协调科举事宜。这是我国设置专门地方教育行政机构的开始。

隋唐以前的学校并没有固定的教育经费，宋朝对官学除赐予缗钱外，还赐予土地，称为"学田"由学校独立经营，以充经费。学田制的创立为官学的稳定发展提供了物质保证，促进了宋元时期地方官学的大发展。对学田的经营管理也就成了学校的一项重要事务。

（三）宋朝科举制的改革和完善

宋初，宋太祖沿袭前制，仍然在一些地方实行察举制，诸州举奇才，进行考试后竟无一人及格，于是宋代终止了察举之法，只以科举取士。宋代科举考试在继承唐代制度的基础上有了新的发展。

第一，科举取士的权力由皇帝直接控制，殿试成为定制。殿试始于唐朝武则天，在宋太祖开宝六年（973）时，正式以殿试取代礼部试，将科举取士的权力收归皇帝手中。

第二，考试规制完备。在考试期限上由宋初的每年一次到英宗治平三年（1066）定为每三年一次，"三年大比"之制正式确立，此后的科举均依此例。另外，还创立了"权知贡举"制，即主考官实行临时差遣制，届届改派，考前保密，以杜绝请托舞弊之风。

第三，考试内容发生了较大的变化。唐代的科举考试比较注重的是诗赋，不重经义。到宋代，科举考试的内容转变为以经义和诗赋并重，两者所占的比重在不同的时期有所不同。北宋前期采用了苏轼等人重诗赋、轻经义的主张，王安石改革后，反对以诗赋取士，主张务实，罢诗赋，以经义和时务取而代之。

第四，提高了及第后的待遇。宋代一改唐朝的做法，及第与入仕直接挂钩，士人登进士第后，立刻按照考试的等级授官。

[①] 参见黄仁贤《中国教育管理史》，福建人民出版社2003年版，第171页。
[②] 参见黄仁贤《中国教育管理史》，福建人民出版社2003年版，第171页。

六、辽金元时期的教育管理体制

我国北方少数民族契丹族和女真族，先后建立了辽（916—1125 年）、金（1125—1234 年）政权。1279 年，我国北方的又一少数民族蒙古族灭南宋，建立全国统一的元朝（1271—1368 年），历时共 98 年。辽金元政权，积极推行"汉化"政策，逐步建立了封建统治秩序。在文化教育上，他们也采取了相应的汉化政策和措施，同时也不失本民族的特色，促进了各民族之间的融合。

（一）辽金元时期的文教政策

为了加速本民族的封建化过程，巩固对中原地区汉人的统治，辽金元统治者都大力推行"汉化"的文化教育政策。在文教政策方面，他们分别在不同程度上倡导尊孔崇儒、兴学设教的政策，以儒家思想作为指导思想，同时又保持本族的特色，建立既有民族传统特点，又具有鲜明汉化特点的文化教育体系。

辽太祖耶律阿保机于神册三年（918）下诏建孔庙，第二年又亲谒孔庙，尊儒的政策由此奠基，以后诸帝采取多项措施加以落实。尊孔崇儒的文教政策作为封建化过程不可缺少的部分，金比辽贯彻得更加彻底。金太宗首先确立尊孔崇儒的文教政策。天会元年（1123），他下令开科举，以经义取士。天会五年（1127），下令建太学，修国子监。天会十五年（1137），在上京建孔子庙，并在各地陆续修复诸州县孔子庙。[①] 金熙宗又于皇统元年（1141）亲祭上京孔子庙，北面如弟子礼，并对侍臣说："孔子虽无位，其道可尊，万世敬仰。"[②] 元朝蒙古族作为一个长期以武力征伐为功的并以游牧业为主的少数民族来统治中国，逐渐认识到自身"武功迭兴，文治多缺"的特点，因此，忽必烈采取尊孔崇儒和崇尚理学的文教政策。忽必烈之后的诸帝也都坚持尊孔崇儒的文教政策。元朝统治者还模仿汉人设立太学，吸纳汉人参政。世宗、穆宗、景宗时期，地方州县学都有所发展，不少汉人官居要职。此外，元朝还立程朱理学为官方哲学，规定科举考试从"四书""五经"中出题，确定了程朱理学在我国封建统治社会后期的统治地位。

---

① 参见黄仁贤《中国教育管理史》，福建人民出版社 2003 年版，第 168 页。
② 《续文献通考·学校考》。

（二）辽金元时期的教育行政机构

辽在教育行政管理方面，先仿唐制继又仿宋制。① 而金的教育行政制度较辽更为完备。元朝教育行政制度则比较复杂，由于朝廷内部各族官僚权力斗争的需要，元代设置了三所国子监，它们分别是国子监、蒙古国子监、回回国子监，分别管理国子学、蒙古国子学、回回国子学。② 蒙古国子监下辖的蒙古国子学是以教授蒙古文字为主旨的学校，国子监下辖的国子学主要是传授儒家经典的学校，而回回国子监下辖的回回国子学是一所以培养波斯文字翻译人才为宗旨的学校。这种监学合一的体制，表明国子监的教育行政职能逐渐向学校职能转变。元朝的教育行政呈现"政出多门"的特点，中央没有统一的教育行政机构，国子监归集贤院统辖，蒙古国子监归蒙古翰林院统管，回回国子监隶属于翰林兼国史院。

元朝的地方教育行政与中央教育行政一样，也是政出多门。地方官学有诸路医学、阴阳学、蒙古字学和儒学等名目，并设置了诸路政统辖地方学校。另外元朝还要求各地创办社学。社学是元朝首创的一种地方基层教育组织，主要任务是将化民成俗的工作深入地域辽阔的广大农村，这一做法具有积极意义，并为明清所继承。

（三）元朝的科举考试制度

元朝科举基本上沿袭宋制，仍分为乡试、会试、殿试三级，但也有所变革。一方面，元朝科举考试分组进行，蒙古人和色目人一组，汉人和南人一组。两组考试内容有所差异，汉人和南人组的试题题量和难度大大超过了另外一组，然而授官则处于其下。这样做完全是为了让学养较次的蒙古人和色目人不至于落选。另一方面，元朝考试的试题均出自"四书"，并用朱熹的《四书章句集注》为依据，这是程朱理学成为封建统治官方统治思想的具体表现。

七、明清时期（鸦片战争前）的教育管理体制

明清（鸦片战争前）是我国封建社会发展的一个重要历史阶段。在这一时期，封建统治者建立了最为完备的封建制度，封建教育管理制度也在前代的基础上达到近乎完善的程度。在思想文化和教育上，明清统治者采取笼络和压

---

① 参见黄仁贤《中国教育管理史》，福建人民出版社 2003 年版，第 172 页。
② 参见黄仁贤《中国教育管理史》，福建人民出版社 2003 年版，第 186 页。

制相结合的政策,以期实现控制人民思想和加强专制统治的成效。明清统治者推崇程朱理学,采取八股文取士的策略,从而进一步加强专制主义中央集权统治。然而,随着封建教育管理制度的不断成熟和完善,资本主义也悄然萌芽,不断冲击着日益空疏无用和呆板僵化的程朱理学和八股取士制度。因此,一些进步的思想家和教育家积极呼吁革新教育和取士制度,并躬行实践,创办书院,讲求实学,于是实学教育开始兴起,为专制化教育带来了一丝生机。

(一) 明清时期(鸦片战争前)的文教政策

明清统治者吸取了前朝统治的经验,把封建专制主义更向前推进了一步。其文教政策具体表现在两个方面。

第一,尊孔崇儒,推崇理学。明代统治者屡次表彰程朱后裔及其门人,并在官学教育和科举取士中确立了程朱理学的正宗地位。陈鼎在《东林列经》中说:"我太祖皇帝即位之后,一宗朱子之学,令学者非五经、孔孟之书不读,非濂、洛、关、闽之学不训",进一步提高了程朱理学的地位。[①] 为了使这项文教政策得到切实执行,明朝对科举制度进行了重大的调整,首创八股取士,从"四书"和"五经"中命题。与此同时,明代统治者对其他学派的思想施以严厉的压制和打击,从而确立了程朱理学的"至尊"地位。

清朝是满洲贵族建立起来的少数民族政权,为了统御全国,他们在尽力维护本民族传统的同时,也十分注重学习中原文化,对儒学也采取了尊崇的态度,以利用它来扩大统治基础。清朝在尊孔的同时还大力提倡读经,把"六经"当作帝人修身治人之道。清朝统治者尤为推崇程朱理学,把它当作支配人们思想和行为的最高纲领,要求人们只准学习和奉行,不得有一丝的违背。并且和明朝一样,优待朱熹的后裔和门生,进一步提高了程朱理学的地位。清朝尊孔崇儒得到了汉族地主和官僚的拥护,缓和了汉人与满人之间的矛盾,巩固了清王朝的统治。

第二,明清均实行文化专制,禁锢思想。为了维护君主专制的中央集权的统治,明王朝采取了种种政治措施,实行文化专制,禁锢思想。为了禁锢士人的思想,朱元璋还创设了八股取士,题目只能出自"四书"和"五经",必须以固定的格式"八股文"作文,而且不能发挥己意,必须以古人语气,以圣贤立言,并且以朱熹的《四书章句集注》为标准答案。[②] 此外,明朝还采取了一系列的专制措施来禁止不同思想的传播,使人们只能遵从信服孔孟之道、程

[①] 参见《东林列经》。
[②] 参见黄仁贤《中国教育管理史》,福建人民出版社 2003 年版,第 208 页。

朱理学。另外，明初还大兴文字狱，用血腥的屠杀来扼杀知识分子的不同思想，使其臣服于明朝的统治。

清朝基本上承袭明朝文教政策的精神，一方面将"程朱理学"推向"至尊"的地位；另一方面推行极端专制的文教政策，对知识分子采取压制和笼络兼施的手段进行控制。清王朝对我国古代学术文化也进行了大规模的整理，对过去和当时具有爱国精神及反对封建统治或批判封建伦常的书籍加以销毁、禁止。清王朝的所作所为无非就是利用理学来控制人们的思想，巩固封建专制政权。他们还严格控制了社会思想和舆论，推行极端的专制的知识分子政策。多次大兴文字狱，屠杀、打击知识分子，完全剥夺了他们思想、言论、出版、结社的自由，明令知识分子不得干预政治。这种文化专制的文教政策，不可避免地影响了文化教育的进一步发展，它是封建专制统治走向没落的典型体现。

（二）明清时期（鸦片战争前）的教育行政体制

1. 明清时期（鸦片战争前）的学校系统

明清时期，在君主专制制度和文化专制制度政策的推动下，封建中央集权制的教育制度更加完备，管理措施更加具体得力，其显著特点就是国家对教育的宏观调控的程度更加集中。因此在这一时期，官学、私学和书院都有很大的发展。官学仍由中央官学和地方官学所组成，有国子监，地方府、州、县学和社学，清代还有义学。此外还设有武学、医学、阴阳学等专科学校。这样，从中央到地方形成了一个宝塔型的学校教育体系。

清朝很注重发展本民族的教育，在明制的基础上，又为宗室设立了学校，如宗学，选满、汉教习，授予宗室子弟满书、汉书，兼习武义；觉罗学，收爱新觉罗氏族子弟，着重学满文和骑射，兼习汉文字书；八旗官学，满、蒙、汉各依旗别，各设学馆，满、蒙、汉分馆教学，并均定时数练习骑射。

明清的私学教育也很兴旺，不过，这个时期的私学主要承担蒙养教育的任务，高层次的私学和一般的读经教育多被书院所取代。

2. 明清时期（鸦片战争前）的教育行政机构

明清时期，掌握全国教育行政的机构仍然是礼部，其职能与隋唐时期的礼部基本上一致，即管理全国学校、贡举等事项。明清的地方官学由中央任命各省提学官全权负责领导。提学官是省教育行政长官，其任务是监督学校，巡视省内各府州县学，检查教学质量，选拔送国子监学习和参加乡试的生员。提学官还有考核府州县学教师的职权。这种体制使地方学校教育统一在中央的管理之下，避免了以往各朝各自为政、参差不齐的散乱现象，进一步强化了国家教育的宏观调控能力。明清两代教育行政管理的一个显著特点是管理权力高度集中于中央。明清的最高学府为国子监，国子监直接受朝廷的控制和管理。明清地方教育的管理权也直接由朝廷掌握。

（三）明清时期（鸦片战争前）的科举制

明清统治者推行专制的文教政策，在教育上施行高压和笼络相结合的政策。因此，这两代在施行科举时做法基本上同出一辙，即加强对知识分子的控制力度，提高科举地位，用科举来诱导知识分子。另外，明清时期严格科举考试制度，使之更为形式化，规条更加烦琐。其间推出的"八股取士"政策更是导致教学呆板、思想僵化，学校、教育完全成了科举的附庸。

明清科举定为四级考试：第一级是童试，在州县举行，及第者为秀才；第二级为乡试，在各省会考，及第者为举人；第三级为会试，在京师礼部试，及第者称贡士；而第四级为殿试，由天子主持，及第者为进士。明清特别重视科举取士，明朝曾规定非进士莫入翰林，非翰林莫入内阁。这样，各级官学实际上成了科举的预备场所。科举的童试是州县学的入学考试，应乡试的举子必须是各州府县学的成绩优秀者。这样，明清学校教育从体制上纳入了科举考试的轨道。另外，明清时期的科举考试科目简单，只有进士一科，每三年举行一次。考试内容和形式比以前更为狭隘、教条和程式化。科举考试的文体规定一律使用"八股文"，而考官评定成绩的优劣只重视"八股文"。八股文是一种严格注重内容和形式的文体，包括破题、承题、起讲、起股、中股、后股、束股和大结等几个部分。它源于宋代的王安石改革科举，罢诗赋，采用经义取士，并以具有严格程式和内容标准的八股规限之，以此来束缚士人思想，是文化专制的工具。

明清八股取士，对教育产生了直接的影响。当时，教育内容、教育方法，仅仅局限于训练八股文，学校完全变成了八股文的训练基地。读书人终日沉溺于八股的套术之中，严重地败坏了学风。读书人为了应付考试，极尽其心去钻研如何侥幸通过，而不是用心钻研真才实学。这种侥幸之风，严重地妨碍了学术的进步。

第二节　中国古代学校管理

中国古代学校管理制度既体现了统治者的意志，又凝聚了教育管理的智慧，顺利实现了培养统治者接班人的任务。统治者通过操控学校管理制度，借此实现统治者自己的教育管理意志。与此同时，随着社会物质基础的发展和教育功能的完善，教育与普通老百姓的结合成为可能，官学之外的私学兴盛繁荣起来，中国古代学校教育管理的体系得到进一步扩展和完善。

一、先秦时期的学校管理

（一）夏、商、西周时期的学校管理

"学在官府"是夏、商、西周时期的教育管理体制的共同特点。"学在官府"的主要表现为官师不分，教育机构和行政机构不分，即学校与官府合一。如国学，既是教育教学的场所，又是国家处理行政事务的场所，朝政、祭祀、献俘等都在辟雍进行。

在教学内容上，夏、商、西周都不同程度地重视军事训练和宗教教育。除此之外，还根据当时具体的社会情况有所侧重。夏朝时期因要依靠武力去镇压奴隶，所以特别注重军事教育。商朝不仅崇尚武力，还用天命鬼神来教化民众；又由于其经常需要伴随相应的乐来烘托气氛，因而商朝的礼乐教育较为盛行。西周在继承夏、商的基础上，逐渐形成了以礼、乐、射、御、书、数等"六艺"为主的教育内容。[①] 这说明西周的教育讲求文武兼备，重视礼乐道德教育，而且还讲求知识和能力兼备，以适应当时政治、经济和文化的发展。

西周时期，国家还非常重视对教育进行宏观调控，建立了视学制度和选贤贡士制度。视学包括两种：一种是天子象征性地视学，以示尊老敬德，重视教育；另一种是督导性的视学，这种视学隔一年进行一次，每次视察的内容包括德行和道艺两个方面，对学生进行全面的考察，以督导、引导学生的学习。

（二）春秋战国时期私学和稷下学宫的管理

1. 儒墨私学的管理

春秋战国时期，私学盛行。虽然是私人创办的教育机构，但其管理方面也有共同的特点，如招收学生不限身份与出身、由某学派大师主其事、较少受统治者支配等。但与此同时，由于各家私学的政治主张和文化背景不同，在管理方面也有各自的特色，其中尤以儒墨两家私学的管理制度最具代表性。

（1）儒家私学的管理。儒家私学由孔丘首创，其私学号称弟子三千、贤人七十又二。其后儒家学派的继承者，战国时期的孟子和荀子，更是堪称一代

[①] 参见顾树森《中国历代教育制度》，江苏人民出版社1981年版，第31页。

宗师。① 儒家私学教育在长期的实践中积累了十分丰富的管理经验，形成了鲜明的管理特色。

第一，在培养目标方面。儒家私学向来坚持培养德才兼备、以德为主的治国人才。孔子明确规定要培养"君子"，即满足"仁者不忧，知者不惑，勇者不惧"的仁、智、勇三方面的要求。② 孔子的学生子夏曾经把孔子私学的教育目标概括为"仕而优则学，学而优则仕"③。孟子私学教育的目的在于"明人伦"，而"人伦"指的是"父子有亲、君臣有义、夫妇有别、长幼有序、朋友有信"。荀子适应战国后期统一大势，提出培养"以浅持博，以古持今，以一持万"的"大儒"，进一步体现了儒家私学积极入世的态度。

第二，在招生原则方面。对于招生对象，孔子首先提出"有教无类"的主张，学生的入学条件基本不设限，除以"束修"行执见礼外，其余一概不论。孔子之后，儒家学者基本上继承这一招生原则，从孟子的"人皆可以为尧舜"、荀子的"涂之人可以为禹"的主张，可知孟子、荀子的私学也是为社会各阶层的人士敞开大门的，实行"来者不拒，去者不止"的原则。

第三，在教学计划的实施方面。儒家私学有稳定的教学计划，对内容和教材有明确的规定。教学内容包括文学、品行、忠诚、信实这四个基本方面，具体内容包括礼、乐、射、御、书、数等"六艺"。基本教材又有《诗》《书》《礼》《乐》《易》《春秋》等"六书"。④ 教学形式方面采用个别教学的"一对一"形式，有助于根据每个弟子的道德面貌、个性特点、智力差异、特殊才能等方面的情况因材施教。

第四，在私学的组织管理方面。儒家私学的管理不是凭借规章制度，而是倡导道德理性。私学领导者要言传身教，这是基本的管理准则。而且，孔孟私学管理民主色彩浓厚，提倡"当仁不让于师"。孔子不以在学生面前承认自己的过错为羞，他说："丘也幸，苟有过，人必知之。"⑤ 孔孟私学不重纪律与规章的约束，提倡自觉自愿，因此氛围融洽。

（2）墨家私学的管理。墨家私学成员多为"农与工肆之人"，在教育管理上形成了与儒家不同的风格。⑥ 墨家私学以培养"贤士"作为其教育目标，贤士的主要品德是"兼爱"，即"有力者疾以助人，有财者勉以分人，有道者劝

---

① 参见黄仁贤《中国教育管理史》，福建人民出版社2003年版，第22页。
② 参见黄仁贤《中国教育管理史》，福建人民出版社2003年版，第23页。
③ 《论语·子张》。
④ 参见黄仁贤《中国教育管理史》，福建人民出版社2003年版，第24页。
⑤ 《论语·述而》。
⑥ 参见黄仁贤《中国教育管理史》，福建人民出版社2003年版，第26页。

以教人"的治术人才。① 墨家的兼士虽然与儒家的君子同属于治术人才，但与"爱有差等"的君子在外表与内质上有很大区别，表现了完全不同的人格追求，反映了在自然力和社会力双重压迫之下的小生产者追求社会平等的社会理想。墨家的招生对象，同儒家"有教无类"的原则一样，也是不分地域庶鄙、贫富贵贱、民族种类，只要能奉行墨家的"道义"，遵从墨家的信条，都可以成为墨家私学的弟子。② 墨家私学有独特的教学内容，墨家教学重实践、重创造，将被常人称为"役夫之道"的生产和科技知识列入其教学。科学和技术的教学、思维能力的训练是墨家私学课程的特色。这正是墨家私学教学价值的精髓所在，因为其突破了传统的六艺教学。在组织管理方面，墨家私学重视组织、纪律与法的约束作用，忽略教育感化作用和人的自觉性，因此形成了有别于儒家私学管理的风格。

2. 稷下学宫的管理

稷下学宫是战国时期齐国的一所著名学府，③ 是齐桓公创办的大型养士机构。早在桓公时，就"为游士八十人，奉之以车马衣裘，多其资币，使周游于四方，以号召天下之贤士"④。稷下学宫前后延续大约150年之久，是战国时代唯一的一所官办高等学府，四方学者云集于此，进行了丰富多彩的学术和教学活动。稷下学宫是当时百家争鸣的重要园地。

稷下学宫创立的动力来自于齐政权招纳贤士的需要，这就决定了其官办的性质。稷下学宫由官方出资而由私家主持。齐统治者对来游学的私家学派来者不拒，保证各家在学术和教学活动方面的自由。官方出资保障了办学经费充足，私家主持保证了学术繁荣和思想自由。稷下学宫实行门户开放，并将讲学、著述、育才和咨政结合起来。齐统治者为鼓励学者自由地从事学术研究和理论探讨，实行"不治而议论"的办学方针，从而保证了各派独立的思想体系，也体现了稷下学宫办学自主、学术自由、管理民主的特色。另外，稷下学宫也给教师以很高的待遇，齐王对教师不论其思想观点、政治立场、学术派别，只问其学术水平和社会声望，并根据不同的条件授予不同等级的官职称号。教师在稷下学宫不仅可以获得政治礼遇，更可以得到人格尊重和思想自由。因此，学者竞相来齐，学宫因之长盛不衰。在学生管理方面，稷下学宫实行制度化管理。《管子》中的《弟子职》是稷下学宫的学则，这也是中国教育

---

① 参见黄仁贤《中国教育管理史》，福建人民出版社2003年版，第26页。
② 参见黄仁贤《中国教育管理史》，福建人民出版社2003年版，第27页。
③ 参见黄仁贤《中国教育管理史》，福建人民出版社2003年版，第29页。
④ 《国语·齐语》。

管理史上第一个比较完备的学生守则,① 对学生的生活、修养和学习提出了全面的要求。首先,强调学生要尊重老师,并且要积极贯彻到听讲受业和饮食起居的各个方面;其次,重视对学生日常生活常规和行为习惯的培养;最后,明确提出对学生学业的规定和要求。这些都体现出稷下学宫管理的目的性、计划性和组织性。

二、秦汉时期的学校管理

秦汉时期是我国封建教育管理制度的创立时期,也是我国古代学校的创立时期。这一时期,封建统治者经历了从"焚书坑儒"到"独尊儒术"的发展过程,并且找到了适应中国封建社会政治、经济要求的文教政策。在此基础上逐步建立了以太学为重点的、官学与私学并举的教育体制,也在此过程中积累了丰富的教育管理经验,为后世的教育管理奠定了基础。

（一）太学的管理

虽然古代中国在秦朝已经开始出现了官学和学校教育,但是严格意义上的官学是从汉武帝创办太学开始的。按照汉代体制,汉代太学隶属于太常寺,太学归太常兼管。这样,太学博士的考选、博士祭酒的选定、太学生的录取,太学并无权决定,一切都由太常直接掌管。可见汉代太学不具备独立的管理权限。

1. 太学的管理体制

古代官学虽然缺乏对外的适应机制,但其内部的管理机制却一直处于强化的状态之下。汉代的太学是封建官学的初始阶段,在管理体制上,它只有博士和太学生两部分。其中博士取"履行清淳,通明典义者"。② 博士是朝廷命官,其在太学的教学职责只是兼职,其主要职责是各掌一经教授弟子或作为皇帝的顾问,咨询议政。博士之间不相统辖,太学只是各位博士教学的一个共同场所而已。西汉末年开始设置祭酒作为博士的领袖,后人将其比喻为太学"校长",其实当时也并没有明确这一职责,太学的内部管理体制还处于一种松散的状态。

2. 太学的学生管理

学生管理是学校管理的目标所在。汉代太学生最初称为"博士弟子",后

---

① 参见黄仁贤《中国教育管理史》,福建人民出版社2003年版,第23页。
② 参见《通典·职官志》。

来称太学生。太学的学生主要是由以下几部分组成：一是由太常选送的，二是由郡国县官选送的，三是按规定一定级别的官吏子弟享受进入太学的权利而入学者，四是察举明经科考试下第者。这些学生有正式和非正式之分，太常选送和明经下第的为正式生，地方选送或者其他途径入学者为非正式生。由此可见，汉代太学生没有出身的限制，这一方面是由于官僚子弟有另外的途径入仕，另一方面是因为西汉王朝刚刚建立之时，地主阶级由昔日布衣发展而来，官僚世家尚未形成一个阶层，整个社会风气不太重视出身，到东汉时期，经学在政治生活中的地位越来越重，对官僚的文化素质的要求也越来越高，所以统治者也开始要求官僚子弟入学读书。封建学校由此开始逐步显现出封建官僚特权的性质。

3. 太学的教学管理

在教学管理方面，汉代实行"独尊儒术"的文教政策，所以儒家经典是太学唯一的教学内容。为了使儒经的学说传播不致随心所欲，汉代释经，严守师法和家法。所谓师法，就是以汉初博士对某一经书的解释为准绳，传经和考试都必须以此为标尺。所谓家法，是指经学大师的弟子立为博士后，传经有所发展，形成一家之言，经皇帝批准后也能作为教学的依据。汉代学者如不遵守师法和家法，考试不得合格，官职也会被撤。如学《易》的孟喜，即因改师法而不能作太学博士。[①] 太学没有修业年限的规定，教学以自学为主，鼓励学生自学和相互辩论。由于博士少而学生多，博士讲授往往是大讲堂授课，或者由高足弟子代为讲授。太学督促和检查学生学习效果的形式是定期考试。考试是支撑太学教学管理的指挥棒，是太学生求取官禄而寒窗篱下的寄托所在。汉代太学的考试是定期进行的，西汉时由于官吏比较缺乏，所以规定每年太学考试一次，东汉时期改为两年一次。考试及格的学生按成绩的优劣分派不同的官职。另外，汉代太学考试按题目的难易程度分为甲乙两科或者甲乙丙三科。每科中额数有规定，中额者所授官职也有所差别。汉代的考试方法主要是射策，这种方法类似于今天的抽签考试。主考者将考题按难易程度分为甲乙两等，再由被试者随意抽取其中之一，根据上面题目进行阐述和作答。

（二）地方官学的管理

汉代地方官学的一般情况是学、校配置经师一人，庠、序配置孝经师一人，负责地方学校的教学和管理工作。经师由郡国县中被称为文学或文学官、文学博士、郡国文学、文学掌故的官吏兼任，他们多为太学考试获得丙科者。

---

① 参见《汉书·儒林外传》。

此外，也有由察举而为文学官者，其中以明经科最多。地方学校的学生多为当地官吏的子弟，一般称文学子弟、郡学生等。地方官学有两项主要的职能：一是培养能通晓儒家经术的郡国的属吏，同时为朝廷或太学输送优秀的学生；二是通过学校定期举行的"乡饮酒""乡射"等行礼活动，向社会普遍推行道德教化，将育才和社会教化两项职能结合起来。

（三）私学的管理

汉代的私学没有统一规定和约定俗成的等级标准，教学内容和程度往往受教师学术造诣的限定，但还是可以一般性地将其划分为书馆和经馆两级。

书馆也可称为书舍，主要进行识字和书写教育，也教授一些数学常识。而且已经有了比较适用的教材。所用的字书有《仓颉篇》《凡将篇》《急就篇》等。[①] 初级程度的书馆一般只进行启蒙识字教育，程度较高的书馆在基础的识字教育之后还会进行儒学基本的经书教育，教材一般有《论语》《孝经》《尚书》《尔雅》等。书馆一般实行个别教学，重视口授和背诵。经馆是从事专经教育的私学，也可称为精舍或精庐。这类私学部分设在经学大师自己的家乡，还有的设在山水圣地，专门教学一经或数经，教学水平和学生学习的程度往往不次于太学。教学内容主要是儒家经典，并采用次第传授的方式进行教学，教师对从学时间较长的高业弟子进行直接传授，再由高业弟子转相传授初学弟子。这种方式提高了办学效率，但是也在一定程度上降低了教学效果。

三、魏晋南北朝时期的学校管理

魏晋南北朝时期的官学数量比汉代有了明显的增加。除了有学习儒学的国子学、太学外，还有学习专门知识的书学、算学、史学、文学、医学等，这些学校大部分还是隶属于太常。这时已出现由其他政府部门开办的专科学校，这些学校也是归属政府部门管辖，学校本身并不能独立对外与社会发生联系。北齐时设置的国子寺是中国古代最早的教育管理部门。虽然设立国子寺后，教育管理趋于独立，但是其中的国子学、太学、四门学并没有成为独立的实体，而只是国子寺的一个下属机构，管理权限在国子寺而不是在学校。

魏晋南北朝的官学管理体制有了进一步的发展。它对教师和学生的编制有了较为明确的规定，在教师系列中还增加了助教一职。并且，博士依然是由官员兼职，除了负有学校教师之职之外，其只要职责是为朝廷提供咨询。因此才

---

① 参见黄仁贤《中国教育管理史》，福建人民出版社2003年版，第79页。

设置了助教一职,来协助博士教授专司教学。对于教师的要求,魏晋南北朝各朝有所差别,但是其基本条件即教师应要学问渊博,并且应在社会上具有较高的知名度。

魏晋南北朝时期对于学生的管理和要求逐渐上升,此时期官僚氏族的地位得到了巩固和加强,他们为了提高和显示自己的尊贵地位,迫切要求严格区分士族与庶族之间的区别,打压庶族上升的机会。"九品中正制"的选官制度很好地体现了这一点,即所谓"上品无寒门,下品无世族"。同样,在教育上,他们依然不甘心自己的子弟与庶族子弟同堂读书。于是在西晋时在太学之外又另立国子学,以此来区分士族与庶族。这一做法直接导致了魏晋南北朝时期官学的封建等级制加强,甚至达到无门第学生入学无门之地。

魏晋南北朝时期官学的教学管理基本上沿袭了汉代的做法,而同时各国又有自己的创制。其中魏国在太学推行"五经课试法",初入学者称为"门人",经过两年学习之后,考试通过能通一经者,才称为"弟子",成为正式的太学生,考试不及格者则革除学籍。此后每两年考试一次,直到能通五经为止,然后授予一定的官职。魏国这一政策把太学教学管理的目标更为具体化,分级递进的教学管理模式已开始出现。西晋、南朝、北朝各国不断延续和发展太学,太学的规模越来越壮大,教学管理越来越成熟。

四、隋唐时期的学校管理

(一) 官学的管理

1. 管理机构和人员设置

隋唐时期是封建教育体制高度发展的一个时期,隋唐官学的管理已经渐趋完备。唐代设置了国子监,为专门管理中央官学的行政机构。国子监中设有祭酒、司业等职,并对其每一个职位的职责做出了明确划分,使中央官学的管理得到了加强。地方官学校内的事务由博士和助教负责。

2. 教师管理

中央官学的教师有博士、助教、直讲等级别。博士分经进行教授,助教帮助博士进行教学活动,直讲辅助助教工作。律、书、算学博士,助教,各以专业教授学生。中央官学的师生都有定额,如国子学的师生比是1:25,而太学和四门学的师生比例分别是1:45 和1:72。地方学校教师编制和学生名额也是法定的。

隋唐官学教师都属于政府品官,有规定的品秩、待遇和职责。官学教师的选任、考核有一定制度。尚书吏部是主管选任和考核的部门，因为官学教师是朝廷命官，所以要遵循官员考核制度。学官任内要接受考核，考试分小考和大考两种，小考每年一次，大考 3～5 年一次。据《唐六典》卷二记载，考核内容是"四善"和"二十七最"，可理解为一般考核和专业考核。① 吏部按照考试的情况，以决定其升降奖惩。唐代对教师的考核还特别强调教学方面的因素，一旦开课，课程没有完成，不得中途调离或充任他职。②《登科记考·中》卷二十一中说："诸博士、助教皆分经教授者、每授一经，必令终将。所讲未终不得改业。"③

3. 学生管理

唐代官学的学生被称为"生徒"，入学后要行拜师礼。据《通典》和《唐会要》记载：学校择日举行仪式，学生行礼，再三拜请为弟子，得博士应允后，即将束脩献于博士，④ 然后持经书随博士进入教室。这种仪式被称为"束脩之礼"，以示学生对教师的尊重。

唐代儒学各学所学课程相同，难易程度相当，但学生地位的高低由学生的身份等级决定。唐朝所有学校中以弘文馆和崇文馆等级最高，这"二馆"只限于皇亲国戚和宰相功臣子弟，而且身份条件具备后还须拣选"性识聪敏者"。这就相对保证了"二馆"学生的智能和品德构成。"六学"中以国子学地位最高，学生必须是文武三品以上官员的子孙。其次是太学，然后为四门学等，封建等级分明。书学、律学、算学等专科学校面向八品以下官员的子孙和庶人招生，但是其学额极少，很难满足社会下层人士对求学的需求。

官学学生在学期间一律享受官费食宿，而对于学习成绩不佳者，则会有"停公膳"的处罚。唐代的中央官学建立了初步的学生守则，每学众推一人为知学，协助监司管理"生徒"。凡学生有操行恶劣、屡教不改、艺业不勤、不守法度、连续 9 年在学无成等现象则勒令其退学，即是开除其学籍。而强暴打斗者，解回原籍。结聚朋党、谩骂有司者，不仅要开除学籍，还要送司法机关处置。

4. 教学管理

隋唐时期官学的教学管理在借鉴前代成果的基础上更为规范化。

第一，在课程设置方面。各类学校都设置了自成体系的课程。弘文馆、崇

---

① 参见《唐六典》。
② 参见黄仁贤《中国教育管理史》，福建人民出版社 2003 年版，第 141 页。
③ 《登科记考·中》卷二十一。
④ 参见黄仁贤《中国教育管理史》，福建人民出版社 2003 年版，第 142 页。

文馆和国子学、太学、四门学及州县经学实施儒家经学教育,以学习九经为主。大经为《礼记》《春秋左传》,中经为《诗经》《周礼》《仪礼》,小经为《易》《尚书》《春秋公羊传》《春秋谷梁传》。[①] 大经和中经是必修科目,小经是选修科目,《孝经》和《论语》是公共必修科目。另外,在修业年限方面也做了规定。国子监统领的专科学校也有各自独立的课程设置,其修习、考试和毕业要求均要遵循国子监的统一规定。

第二,在考试制度方面。学校平时的教学与考试相结合,使教学过程更加丰富与规范。唐代官学考试频繁举行,国子监系统主要有"旬试""岁试"和"毕业试"。"旬试"是小考,即对学生10天内学习的课程的掌握程度进行检测,对不及格者进行惩罚。"岁试"即年终通考全年所学习的所有课程内容,问大义10条,通过8条为上,通过6条为中,通过5条为下,下第的学生必须重新学习,相当于今天的重修或者留级。"毕业试"即学习完所规定的全部课程通考一次,凡通过考试者准许毕业,如考试及格并自愿继续学习者,四门学学生可补入太学,太学学生可补入国子学。其实这种升迁并不是加深其学业程度,只是表示提高了其社会地位而已。

（二）私学的管理

隋唐时期,私学颇为兴盛。私学传授的教学内容广泛,发挥着对官学的重要补充作用。虽然隋唐私学不如官学有严密的制度规定,但是办学的灵活性和教学内容的丰富多样性,促使私学成为隋唐教育不可或缺的一部分。

隋唐私学大体可分为村学、家塾、家学、书院和学者授徒等形式,从不同层次和不同方面发挥着重要的教育作用。虽然私学分布零散,但政府却通过种种手段以实现对其的掌控。首先,中央向全国颁布统一的文教指导思想,推行统一的道德规范和礼仪准则,从而使零散的私学有了统一的政策指导;其次,向全国颁布统一的教学内容和教科书,如唐太宗时颁布的《五经正义》、唐玄宗时颁布的《孝经》、唐文宗时颁布的《开成石经》等,教学内容的统一成就了私学实质上的统一;最后,将科举考试作为全国官私学的指挥棒,引导私学拥有和官学一致的教育目标,这也水到渠成地将私学纳入了国家教育管理的统一轨道。

---

① 参见黄仁贤《中国教育管理史》,福建人民出版社2003年版,第144页。

五、宋朝的学校管理

（一）宋朝官学管理的完善

1. 宋朝的官学系统

自三次兴学运动之后，宋朝在中央和地方陆续建立起完备的官学教育体系。中央官学属于国子监管辖的有国子学、太学、辟雍、四门学、广文馆等，[①] 属于中央各局管辖的有医学、算学、书学等，直属于中央政府的有资善堂、宗学、诸王宫学、内小学等。到南宋时期，国子监统辖的学校只剩国子学和太学两所，管理全国教育的行政职能开始有所削弱。宋朝地方学校有两级，即由州或府、军、监设立的，称州学或府学、军学、监学；由县设立的称县学；地方官学属于地方政府和诸路提举学事司管辖。中央官学和地方官学还建立了相互衔接的学制，州县学生可以逐步升入太学，即"凡京府，镇、州、诸学，各以汉进士长贰官提控其事，具入官衔"[②]。由此，宋朝建立健全了从中央到地方的教育行政管理机构系统，促进了全国教育的发展。

2. 宋朝中央官学的管理

（1）学官的编制与管理。宋朝中央官学的管理人员和教学人员均为朝廷命官，因此也被称为"学官"。国子监所属各学与各专门学校由国子祭酒总掌政令，领导课试、升黜、教导之事。设司业一人，作为祭酒副手，辅助管理学务。设丞一人，参与领导监中事务。再设主簿一人，掌文簿。无论是国子监所属各学还是各专门学校，凡官学皆有学官编制，具体的设置会不断发展和变动，而且人员的编制与官学的类型、规模、分工有直接联系。但是，其学官设置的共同特点是人员精简且职责分明。

在学官的任用方面，宋朝制定了一系列的标准。首先，要求学官本身具有高尚的德行；其次，在经术方面有较深的造诣；最后，在学官的年龄上也有一定的限制，元祐二年（1087）诏"内外学官选年三十以上历任人充"。在学官的考核方面，不仅要纳入整个管理考核系统，还要考察其履行教职的职掌情况，实行定期考核，三年一任制度，满一年一考，根据三考结果，决定其升迁或贬谪。

（2）学生管理制度的发展。宋代官学的封建等级制依然存在，但较之唐

[①] 参见黄仁贤《中国教育管理史》，福建人民出版社 2003 年版，第 171 页。
[②] 《金史·选举志》。

代,学生入学的门第限制则大大放宽。国子学在当时的地位是最高的,但只是规定招收七品以上官员的子弟。而当时办学最有成效的太学则面向八品以下官员的子弟和庶民子弟。宋代后期还允许地方官学的生徒经一定考试后选送太学深造或是科举落第者补入太学。这些做法都大大地调动了庶民子弟进取的积极性。

另外,宋代太学及州县学均制定了学规,管理是比较严格的。元丰元年(1078)颁布的《太学令》140条,规定太学生升舍必须参考行艺,即操行和学业成绩两个方面。而且还设学正执行学规,有犯规者要视情节的严重性被处以"五等之罚"。种种处罚措施虽然严厉,但仍体现以教育为主的精神。

(3)教学管理的发展。宋朝的教学管理得到了进一步发展,学校的教材有了一定的更新,宋初普通学校的教材依然是以"五经"为主,王安石兴学时改用"三经新义"为标准教材。南宋以后,朝廷十分推崇理学,所以理学所提倡的"四书"的地位上升,与"五经"同为钦定教材,而且朱熹的《四书章句集注》成了必读之书。

宋代还实行王安石创立的"三舍法",即按学生的学业水平实行分舍教学,按学生平时操行及各次考试成绩综合决定升舍的管理方法。这种教学管理方法目的在于整顿太学,提高学校教育的地位和教学质量,学校不仅具备养士的职能还增添了取士的职能。崇宁兴学时,蔡京把三舍法扩大实施于地方官学,从而使其成为遍及所有官学的一种教学管理制度。

南宋时期还创设了与"三舍法"相对应的"积分制",其主要操作过程是:月考优等积1分,一年10次月考累积8分以上者作为升舍的重要依据。这种累积方法强调平日的教学与管理,对于学生的日常教化具有积极的意义。

3. 宋朝地方官学的管理

第一,在学官的任用和管理方面。地方官学的教师选用十分严格,主要有地方荐举和朝廷任命两种形式。① 具体到教师的选用方法,采用"教官试"的策略。熙宁八年(1075),"诏诸州学官先赴学士院,试大义五道,取优通者选差",从此改变了以往地方官学教师由地方官吏聘任和在落第举人中选用的惯例,建立起授予教师资格的制度。② 教师任职期间还要进行考核,宋朝重视地方官学学官的执教态度,要求教师专心教导生徒,不得兼营他业。

第二,在学生的管理方面。宋朝的地方官学对学生入学的身份限制较前朝有进一步的放松,庶民子弟也具备入学资格。但宋朝强调伦理道德,要求学生

---

① 参见黄仁贤《中国教育管理史》,福建人民出版社2003年版,第181页。
② 参见黄仁贤《中国教育管理史》,福建人民出版社2003年版,第181页。

安分守己，拒收缺德违法者。此外，宋朝官员子弟享有免试入地方官学的优待。宋朝为规范地方官学的管理，制定了相应的学规，具体到学校的教学形式、考试形式、学习进度和教学管理等各个方面。这些学规的施行保证了州县之学的正常教学秩序和管理措施的实行，确保了地方官学的教学质量。

第三，在教学管理制度方面。宋朝的地方官学建立了很有特色的教学管理制度。州县学受"苏湖教法"的影响，分设经义、治事两斋，实行分斋治理。此外，王安石提倡的"三舍法"也对地方官学的教学管理产生了重要的影响。元符二年（1099）州学推行三舍法，崇宁元年（1102）县学也采用三舍法。州县学均实行学生在学升黜法，通过定期考试，成绩合格者升舍，不合格者降舍。自县学考选升州学，州学生每三年考选贡入太学。三舍法的实行密切了县学与州学间、州学与太学间的联系，形成了相互衔接的学制。

第四，在学校经费的管理方面。宋朝的地方官学规模较大，学生数量众多，因此需要充足的经费来保障学校的正常运转。宋朝地方官学通过多种渠道来筹措教育经费。一是由政府出资支持学校的发展；二是建立学田制度；① 学田是官田的一种，出租给佃户，充当州县学的经费，这是学校经费的主要来源，使州县学能为学生提供基本生活条件，保证州县学的稳定发展；三是收专项捐税以充学费；四是社会资助；等等。

（二）宋朝书院的组织管理制度

1. 书院的产生与特性

书院最早出现在唐玄宗开元年间（713—741年），初建时的主要功能是为国家修书藏书，也即皇家图书馆。至唐朝中后期，藩镇割据，官学衰微。随着私人讲学的兴盛，印刷业的发展，以及受佛教禅林寺院教学的影响，民间藏书的书堂、书屋、书舍和私人教学的书馆、精舍不断发展，逐渐演化为学者讲学说书、学子读书求学并进行学术研究的专门教育机构，这就是民间最早的书院。宋朝是书院发展的高峰，最为著名的有白鹿洞、岳麓、应天府、崇阳、石鼓和茅山六大书院。其管理体制基本上已实现正规化、制度化，形成了有别于官学和以往私学的许多特点。

书院是培养人才的机构，承担三项基本任务。一是讲学。讲学是书院首要的经常性的活动，为此书院专门建有讲堂和斋舍，分别供主持者讲学论道和生徒们读书与休息。二是藏书。凡是书院都特别重视收藏典籍，而收藏图书的途径主要有奏请赐书、接受捐赠、多方购置、雕版自印等。三是祭祀。祭祀先圣

---

① 参见黄仁贤《中国教育管理史》，福建人民出版社2003年版，第183页。

先师属于学校固有的活动，而书院也尤其重视这一传统，定期开展释奠活动。这也是对学生进行思想教育的一种良好方式。

2. 书院的管理

（1）书院的管理体制。书院最主要的负责人是山长，或者称院长、洞主等，多由学识渊博、德高望重的著名学者担任。山长主要担任行政事务三管和教学主讲，为书院各项工作的主要领导者。山长聘请学行兼优的学者为教授，负责教学讲授。此外，书院还委派学生担任管干、斋长等职务，主要管理总务后勤、经费收支、膳食等事务，由院中公举"有才而诚实者为之"。书院设斋长以负责管理生徒的学习和生活。书院还设典谒二人，负责"谒圣引礼"。

（2）书院的教学管理。宋朝理学家积极倡导利用书院来进行理论宣传和教学活动，促进了书院的迅速发展。书院的主持者多为理学家，因此他们以理学思想为指导来制定教学计划和教学内容。宋朝书院的课程内容以《诗》《书》《礼》《易》《春秋》这"五经"为主。① 发展到后来，理学大师朱熹所著的《四书集注》超过"五经"的地位而成为书院的主要教材。书院由此开始遵循特定的学习程序，先四书后五经。

书院的教学形式区别于官学，多采用自由讲学的形式。书院名师不仅有独到的学术见解，还有的以自己的著作作为教材。书院的讲学不受政府的限制，因此教学内容可以彰显各自学派的学术特色。发展至南宋，参与讲学之人身份多样、数量增多。因此，书院主持人除自讲之外，还会礼聘院外的名师来做专题讲座，或者令自己的高足弟子代为讲学，这也就是后世西方所说的"导师制"。

书院的教学活动，按照教学对象数量可划分为三种基本形式：一是集体讲授，即面对书院的全体生徒进行讲学活动，这也是最基本的形式；二是个别指导，即针对具体问题进行单独辅导，以提高生徒的思想认识水平；三是开放性会讲，这种讲学形式给院外求学士子以学习的机会，从而扩大了教育范围。

（3）书院的学规。宋朝的书院普遍订有严格的学规，② 主要由当时著名的学者、教育家制定。学规通常是一所书院教育的总纲领和从事聚徒讲学活动的基本规范，它规定了书院的培养目标、进德修业的基本要求与原则，还有的囊括了书院教学生活的基本守则，可以充分彰显一所书院的办学特色。宋朝书院的学规中，影响最为广泛和深远的是朱熹制订的《白鹿洞书院揭示》。

《白鹿洞书院揭示》首先明确规定要以"明人伦"为学习的目的，要谨记

---

① 参见黄仁贤《中国教育管理史》，福建人民出版社2003年版，第193页。
② 参见黄仁贤《中国教育管理史》，福建人民出版社2003年版，第194页。

"父子有亲，君臣有义，夫妇有别，长幼有序，朋友有信"的教条。其次，在修身和待人接物方面也给予学生详细的指导。"修身之要"要求"言忠信，行笃敬。惩忿窒欲，迁善改过"，"处事之要"要求"正其义不谋其利，明其道不计其功"，"接物之要"要求"己所不欲，勿施于人。行有不得，反求诸己"。最后，规定了学习的次序和方法，即"为学之序"，要求"博学之，审问之，慎思之，明辨之，笃行之"。此学规选取儒家经典当中圣贤的格言，用以概括理学教育的基本主张，从宏观上明确了书院的立教规范。此后，《白鹿洞书院揭示》成为历代书院制订学规的范本。

（4）书院的经费来源。书院所开展的一系列教育活动的正常运行都离不开必要的物质基础，这就需要书院开拓多方的经费渠道。宋朝书院的经费来源主要有以下几种。一是朝廷或官府拨给。书院为了保持自身的稳定发展，并逐步扩大社会影响，可以通过地方政府申奏朝廷，朝廷经过认可便有赐予或赐田。还有的地方政府，为了对书院施加影响，也会主动提供资金和赐田。二是私人捐赠。一些富有的个人或家族会积极捐资办学。如宋初应天府富人曹诚，独首捐私钱，建书院于城中，前庙后堂，旁边斋舍，继又买田市书，以待来者。宋代书院的经费来源主要是依靠朝廷或官府赐给或是私人捐赠的学田的田租来维持，其经费的管理一般有严格的规章制度进行限制。

六、辽金元时期的学校管理

（一）官学的管理

1. 学校管理体制

辽金元的学校管理制度基本上模仿唐宋，分别在中央和地方设立以儒学为主的各类型的官学。在中央，均设有国子学、太学，在地方，也依行政区划设立了相应的地方官学。另外，辽金元也十分重视发展本族和其他少数民族的教育，在中央和地方都分别针对其民族特色设立了学校。如元朝在中央除设立国子学以外，还特设蒙古国子学、回回国子学，在地方诸路设立蒙古字学。

在学校管理体制方面，辽金元较多地吸收汉族的经验。在中央，各朝皆设置国子监作为中央官学的行政机构，但各朝的具体情况又有所区别。金朝国子监不仅要管辖国子学，还要统领太学、女真国子学和女真小学，在行政上隶属于礼部。而元朝在中央没有统一的教育行政机构，国子监归集贤院管辖、蒙古国子监归蒙古翰林院管辖、回回国子学隶属于翰林兼国史院，呈现出"政出多门"的特点。在地方，辽金没有设置专门的教育行政机构来管辖地方官学。

元朝的地方管理机构包括提举司、肃政廉访司和地方官府。提举司分为儒学提举司、蒙古提举司和医学提举司。肃政廉访司是地方监察机关，监察的对象主要是地方官府，因此也就涉及地方官学。地方政府则担负起修整校舍的责任。

2. 教学管理

在教学内容方面，辽金元的中央官学和地方官学，除本民族的语言文字教学外，如蒙古国子学的教学内容主要是蒙古字的学习和被译为蒙古文的《通鉴节要》，其他学校均以儒家经典为主。许衡在元朝任国子祭酒时就确定以理学作为主要的教学内容，首先是《孝经》《小学》《论语》《孟子》《大学》《中庸》，然后学习《诗》《书》《礼记》《周礼》《春秋》《易》。

元朝在教学管理制度上，还继承并发展了宋朝的三舍法和积分制，实行分斋教学和考试积分制。许衡任国子祭酒时曾倡导实行分斋教学法，此后，元仁宗时期开始改革国子学贡试之法，实行分斋升等。国子学分为六斋，东西相向。下两斋为游艺斋、依仁斋，进行诵书讲说和小学属对；中两斋为据德斋、志道斋，讲说四书和学习诗律；上两斋为时习斋、日新斋，讲说《易》《书》《诗》《春秋》，学习经义等。六斋中每斋学生人数不等，每季考试，合格者如没有违反学规，就可以依照从下到中再到上的顺序上升。

考试积分与科举之间具有密切的联系。而且汉学生的考试内容比蒙古、色目学生的难，汉学生验日新、时习两斋，蒙古、色目学生考志道、据德两斋。在国子学坐斋2年以上且无犯规的学生方能参加考试。汉人孟月试经疑一道，仲月试经义一道，季月试策问、表章、诏诰一道。蒙古色目人孟仲月各试明经一道，季月试策问一道。辞理俱优者为上等，准一分；理优辞平者为中等，准半分。每年终总算其一年积分，满8分以上者升为高等生员，限额40名，其中蒙古、色目人各10名，汉人20名。年终时积分合格者可以参加贡举。

3. 教师管理

辽朝国子监的教职官员仿汉朝设置，教学内容也主要是儒家经典。辽朝官学的师资主要依靠汉族儒士，有的是被辽军虏获的宋朝国学教师，也有的是自愿归顺辽朝的汉族儒士。至金朝，教师队伍的主体仍然是汉族儒士，但契丹族、女真族和其他少数民族的知识分子也占有一席之地。国子学与太学均设有专职人员管理教务，国子学有博士、助教和教授等职，太学则设博士与助教。金朝对学官任职资格要求比较严格，任教者不分民族，不分学校等级，一般都要求进士出身。而且，《金史·选举制志》中的考课法有规定："训导有方，生徒充业，为学官之最。"[①]

---

① 《金史·选举制志》。

元朝在教师的任职资格、选拔条件、编制和晋升考核等方面都做了严格的规定。元朝对教师的选任从总体上提出两方面的要求,一是学术造诣方面的"才",另一个是道德素质方面的"德",二者缺一不可。凡是符合这两方面要求的学者,不论蒙、汉还是其他少数民族,均有机会得到任用。在教师的选任方面,元朝中央官学的教师有朝廷直接任命的,也有为进士而被委以教职的。地方官学的教师来源方式多元化,多为进士或落第的举人。元朝对教师的职责也做了详细的规定,据《元史·选举志》记载:国子学"设博士,通掌学事,分教三斋生员;讲授经旨,是正音训。复设助教,同掌学事,而专守一斋。正录(即学正、学录)申明规矩督习课业"①。另外,在对教师的监管方面,《学规》中有明确的规定。中央官学中的国子监教授,如有过失,由监察御史处理,对不称职的进行罢免,并追究当初荐举官员的责任。地方官学中的教职人员则由地方官府和廉访司监督管理。

4. 学生管理

辽金元三朝官学学生的入学资格有严格的等级限制,契丹族、女真族和蒙古族在各自占统治地位的朝代享有特权,表现出一定程度上的民族歧视。

金朝规定国子监招收宗室及外戚皇后大功以上亲、诸功臣及三品以上官僚子弟,15岁以下进小学,15岁以上进太学。元朝规定国子学招收学生200人,其中半数是蒙古贵族子弟,另一半是色目人和汉人贵族子弟。蒙古国子学、回回国子学皆有严格的身份限制。至于地方官学,则首先招收地方官子弟。

学生在学期间,不但有廪膳供应,在赋役上还有一定的照顾,学生可免除一身杂役,还有旬假、节辰假等休假,政府采取这些措施的目的在于调动学生学习的积极性,使其安心读书。同时,也有严格的学规,对违反学规者采取惩罚措施,不率教者斥退;成绩优秀又遵守学规者,可以直接授官或参加科举考试。

(二) 书院管理的官学化

所谓书院管理官学化,指的是封建统治者通过加强对书院经费、师资、招生乃至教育宗旨、教学管理等方面的管理和控制,从而限制书院的活动,改变书院自由讲学的性质,力图将书院纳入国家教育机制的轨道之中。

元朝建立之后,为了缓和民族矛盾,争取汉族知识分子,元统治者因势利导,对书院持认可态度,并积极倡导书院的开办和发展。但与此同时,元统治者也运用国家政权的力量加强对书院的管理和控制,改变宋朝书院的私学性

---

① 《元史·选举志》。

质，使其走向官学化。

首先，元朝向书院拨给学田，为书院提供必要的物质基础，保证其学田不受地方豪强及佛道寺庙的侵占，也借此控制书院的经济命脉。《元史·选举志》记载："凡路府州书院设直学以掌钱谷，从郡守及宪府官试补。"① 元朝政府从而控制了书院经费的使用权。其次，掌握书院的领导权，对书院的教职、生徒加以制约。元中期，政府规定书院山长须经礼部、行省或宣慰司任命以及在朝廷备案。

山长的资格，可以由朝廷和地方官推荐，也可以由地方官学的学谕、学录历经两考后升任，后又改为由下第举人担任。山长与地方官学的学正一样，如经考核合格，得升散府上中州学教授，最终可升为路学教授。此后，元朝有相当数量的书院山长被纳入朝廷命官的管理系统之中，进而书院的独立性也不复存在。另外，元朝还规定，书院的学生在学有所成之后，可由地方官推荐，经监察机关考核通过后可做教官或任官吏。《元史·选举志》中记载道："自京学及州县学以及书院，凡生徒之肄业于是者，首令举荐之，台宪考核之，或用为教官，或取为吏属。"② 从而导致书院生徒与官学学生无异。总之，元朝通过种种策略，从多方面控制了书院的发展。书院管理的官学化，在一定程度上限制了学术的发展，但也促进了书院管理的制度化。

七、明清时期（鸦片战争前）的学校管理

（一）教育行政体制

1. 学制系统

明清时期，学校系统主要由官学和私学两大系统构成。官学又分为中央官学和地方官学两个部分。中央官学的主干是国子监。地方官学的主干是府州县学和社学，清朝还有义学。此外，还设有武学、医学、阴阳学等专科学校。清朝在明朝官学系统的基础上又增加了宗学、觉罗学和旗学，反映出清统治者对本民族教育的重视。

明清的私学教育也取得了很大进展，较低层次的私学承担蒙养教育的任务，书院则扮演着高层次私学的角色，承担着经学教育的任务。书院在这一时期虽然历经坎坷，但也取得了一定的进步，官学化是这一时期书院管理的主要特点。

---

① 《元史·选举志》。
② 《元史·选举志》。

2. 教育行政机构

明清时期，礼部仍掌管全国教育行政，而且其职能与隋唐时期基本一致。在地方官学的行政机构设置方面，由中央设置专职的地方教育管理人员——提学官，清朝称之为督学政、学政或学院。提学官虽然没有具体的教学任务，但却拥有管理地方一切教育事务的权力。提学官是省教育行政长官，其任务便是"奉敕专督学校"，于其3年任期内巡视省内各府州县学，对每所学校生员进行一次"岁试"和一次"科试"，检查学生的学习情况，选拔优秀者送国子监学习并参加乡试。此外，提学官还有权考核府州县学的教师。明朝府州县学实行在提学官领导下教职人员分工负责的管理体制，其管理体制是直线式的。提学官作为领导层，全面统辖府州县学的教育事业；内部管理人员，如教授、学正、教谕和训导则负责具体事务，训导职专教诲。这种管理层级的设置简洁明了，有利于在教育体制内高效率贯彻执行统治者的思想意志。

（二）官学的管理

1. 学校管理体制

明清时期将国子监的教育行政管理职能与教学职能合二为一，因此国子监既是中央官学的行政机构，也是全国的最高学府。"顺治元年，始置国子监官，详定规制。"① 明朝的国子监依然隶属于礼部。清朝国子监逐渐从礼部独立出来，由皇帝选派大臣管理，直接受朝廷的控制。

明清时期国子监内部管理体制完备，各类官员职、责、权分明，有利于提高国子监的管理技能。国子监的教职员主要有三类：一是管理人员，包括祭酒、司业和监丞；二是教学人员，包括博士、助教、学正和学录；三是后勤服务人员，包括典簿、典籍和掌馔。国子监实行的是祭酒领导下的分工负责制。国子监内部的管理体制是直线职能制，从领导层到执行层形成一条从上至下的直线。祭酒由皇帝亲自任命来总辖国子监的所有事务，司业是协助祭酒管理国子监的副长官，祭酒和司业得到授权，拥有划分明确的管理权限，并承担相应的责任。在祭酒和司业的领导下，各属官各司其职。监丞负责管理师生的教学活动和后勤膳食等的卫生状况；博士掌分经讲授，并按时考课；助教、学正和学录掌六堂之训诲；典簿掌管监中金钱出纳收支、往来文件收发以及课业文册等事项；典籍负责管理国子监的图书；掌馔负责供给师生膳食。

明清时期的地方官学由朝廷任命提学官代表皇帝监管所辖区域的地方官学，主持地方官学的各种考试，检查和考核地方教育官员的工作。这样一来便

---

① 《清朝文献通考·学校考三》。

剥夺了自汉唐以来地方官府对教育的管理权,进一步强化了国家教育的宏观调控机能。由此看来,在封建专制制度下的中国古代官学管理的主权在朝廷,官学的办学宗旨、培养目标、教学内容,乃至教师的任免考核、招生数额等都由朝廷一手掌控。地方官学的内部事务也设一系列教职人员来具体管理和执行。府学设教授,州学设学正,县学设教谕,各学皆设训导。教授、学正、教谕和训导既是府州县学的教学人员,又是教育行政管理人员。

2. 教师管理

明清时期,教育的目的仍然是培养忠于君皇的官僚,因此,对于教师道德、学问和言行的要求很高,监督也十分严格。如国子监必须选学识渊博、德高望重的大儒。据《明会典》记载,祭酒必须"整饬威仪,严立学规,表率属官,模范后进"①。司业则要由特简大学士、尚书或侍郎充任。同时,教师要以身作则、为人师表。地方教官则要求由举人担任。国子监教官必须接受国子监监丞的监察,地方教官则由地方提学官负责监督。如有失职之处,则要接受严厉的惩罚。

明朝朝廷对教师的考核也是多种多样的,既有和其他官吏相同的考满、考察之法,又有特殊的"学官考课法",还有平时的考核。由此看来,中国古代官学的教师管理始终坚持了德才兼备的原则,以保证"传道、授业、解惑"的任务能够顺利完成,这一原则是具有积极意义的。为了表示对官学教师的重视,各朝代都将教师列入朝廷命官的系列,给予品位、给予俸禄,这从政治上体现了古代官学教师的社会地位。在考核教师的做法中,各朝代基本上按照朝廷命官的标准统一执行,但也逐渐加强了教师职业的专业因素。

3. 学生管理

从明朝开始,学生入官学的等级身份限制基本取消,因此国子监监生来源广泛,主要有贡监、举监、荫监和例监四类。贡监生包括岁贡、选贡、恩贡三类,属于地方官学向国子监输送的人才;举监生是落第举人被翰林院选送至监肄业;荫监生有京官之子,即"官生",也有"恩生",即被特恩入监读书者,还有"功生",即文武官死于忠谏者或守土官死节而荫子入监者。此后,清朝还依据是否具有府、州、县学生员的身份,分为贡生和监生两大类,前者的地位和待遇高于后者。

国子监对监生言行的管理十分严格,监内有严格的监规。监规不仅对学生的基本行为规范做了严格的规定,如尊师重道等内容,重点更在于加强思想控制,使监生"循规蹈矩""养成忠厚知之心"。国子监内设有"绳愆厅",由

---

① 《明会典》。

监丞负责，专门监督师生的言行，惩治违犯学规者。此外，明清的地方官学也有严格的学规。

监生的出路一般有两种途径，即直接入仕或者参加科举考试。府州县的学生经毕业考试后，或者贡入国子监继续深造，或者继续参加科举考试。

4. 教学管理

国子监的教学内容主要由四个部分组成：一是经过理学家注释的儒家经典著作，如《四书五经大全》《性理大全》等；二是由皇帝制定或编著的教材；三是劝善抑恶方面的内容；四是专科性的知识技能。地方学校的课程分礼、射、书、数四类，① 颁经、史、律、诰、礼仪等书要求学生学习。

明清国子监的教学管理制度较前朝更为完备。首先，建立分堂教学和积分制。国子监教学组织分为六堂，其中"正义""崇志""广业"为初级，"修道""诚心"为中级，"率性"为高级。监生按其程度进入各堂肄业，然后逐级递升。监生入率性堂后，便开始采用积分制，积分不合格者继续坐堂肄业。其次，健全监生课业管理制度，国子监对课程安排、教学方式方法和教学计划，都做了较详细的安排。最后，实行监生历事制度。该制度创始于明朝洪武五年（1372），据《明会典·国子监》记载："监生分拨在京各衙门历练事务，三个月考核引奏。勤谨者送吏部附选，仍令历事，遇有缺官，挨次取用。平常者再历，才力不及者送监读书。奸懒者发充吏。"② 监生历事的目的在于使监生通过"历事各司"以锻炼并考查监生的治事能力。

未进入府州县学的读书人，无论其年纪皆统称为童生。欲入地方官学要经过严格的考试，即童试。在学期间，府州县学生也要接受"考课"，除月考、季考和岁考外，还有毕业考试，也称科考。月考和季考由校内教职人员主持，岁考和科考由提学官（学政）主持。岁考依成绩将生员分为六等。据《明史》记载："提学官在任三岁，两试诸生，先以六等试诸生优劣，谓之岁考。一等前列者，视廪膳生有缺，依次充补，其次补增广生。一、二等皆给赏，三等如常，四等挞责，五等则廪、增递降一等，附生降为青衣，六等黜革。"③ 科考是地方官学的毕业考试，也是科举的预备考试，岁考成绩得一二等者，才可以参加科举考试的乡试或被贡入国子监，再由国子监参加科举或历事任官。毕业考试不及格者，便取消应乡试的资格。除了提学官（学政）三年两次对生员进行考查外，"令教官举诸生行优劣者一二人，赏黜之以为劝惩"。这对府州

---

① 参见《明会典·学校》。
② 《明会典·国子监》。
③ 《明史》。

县学生的平时考核也做了明确的说明。

(三) 书院的曲折发展

1. 明朝书院的管理

明朝的书院由于受到统治阶级文教政策及内部矛盾的影响,书院的发展经历了沉寂、兴盛,再到被禁毁的曲折过程。①

明初统治者热衷于发展官学,对书院采取漠视的态度,所以,此时的书院处于沉寂状态。明朝中叶,统治阶级内部矛盾激化,出现宦官专权,明王朝的统治日趋衰败,导致官学空疏、科举腐败。于是,一批有志于学术研究的士大夫纷纷创建书院、力倡讲学,促进了书院的勃兴。但也同时引起了明统治者的恐慌,引发了明统治者的禁毁书院之举。明嘉靖之后,明朝发生过四次大规模的禁毁书院事件,这是封建君主专制制度与书院自由讲学之间矛盾斗争尖锐化的集中反映。

明朝书院的官学化程度很高,与科举考试的关系也十分密切。一些书院的山长由儒学教官来担任,而且学习内容也是"四书"和"五经"这些经典通用的儒家经典。② 随着科举取士的影响日益加深,书院的教学逐渐以应举为目的。明朝后期,书院与科举的联系更加紧密,其教学内容、考课制度,基本上与科举的要求相适应,最终成为与各级官学一样的科举考试预备机关。为了进一步控制书院,明统治者将大量民办书院改为官办,剥夺了书院自由独立的特性,促使各级政府牢牢掌握了书院的管理权。

明朝众多书院中,最具影响力的莫过于东林书院。东林书院,位于江苏无锡,前身是北宋理学家杨时讲学的场所。明正德年间,无锡举人邵宝继承杨时讲学之志创建书院。万历三十二年(1604),顾宪成与高攀龙、钱一本等复建东林书院,聚众讲学,形成著名的"东林学派"。③ 东林书院有一套完整的院规和会约仪式,而顾宪成亲拟的《东林会约》更是闻名于世,集中反映了东林书院的讲会制度和学生管理条例。④

东林书院以"为圣为贤"的"实学"为务,不空谈,不专为"科名",以避免丧失教育的根本目的。书院继承了"会讲"的传统,并将其制度化。《东林会约》规定:书院定期会讲,年一大会,月一小会,会期三天。讲论的

---

① 参见黄仁贤《中国教育管理史》,福建人民出版社2003年版,第232页。
② 参见黄仁贤《中国教育管理史》,福建人民出版社2003年版,第233页。
③ 参见黄仁贤《中国教育管理史》,福建人民出版社2003年版,第234页。
④ 参见黄仁贤《中国教育管理史》,福建人民出版社2003年版,第234页。

内容不限于学术，还可以针砭时政。正如顾宪成为书院所题的对联上所说："风声雨声读书声，声声入耳；家事国事天下事，事事关心。"东林书院影响日趋扩大，逐渐成为全国的学术和议政中心。然而却遭到以魏忠贤为首的宦官集团的忌惮，于是被下令毁废，"东林党人"也惨遭迫害。

2. 清朝（鸦片战争之前）书院的管理

清朝初年，统治者继承明朝的做法，对书院采取抑制的态度。顺治九年（1652）敕令"各提学官督率教官生、儒，务将平日所习经书义理，着实讲求躬行实践，不许另创书院，群聚徒党，及号召地方游食无行之徒，空谈废业"[1]。但一些思想家和教育家仍然坚持书院的讲学活动，书院在清政府的抑制下完全没有减退之意，清政府意识到抑制的政策已经行不通。又加之至雍正年间，清朝的封建君主专制秩序已经巩固，统治者采取文化专制政策也促使朱学独尊的局面得以稳固。因此，清政府为进一步控制思想，开始转变对待书院的态度，提倡书院的建设，加强管理，使它能够为政府所用。此后，各省相继建立书院，但这时候的书院实质上已经成为官学的一种形式。发展至乾隆二年（1737），省会书院甚至成为古代侯国的"大学"，也就是高于府州县学一个层次的教育机构，书院的官学化程度越来越高。

清朝书院的官学化管理集中表现在以下几个方面：①清朝统治者决定于各省省会创办书院，这就有利于封疆大臣和各省督抚对书院进行直接管控。②清统治者加强对书院经费的控制。据《清会典》记载，清朝从雍正朝开始，规定"各省书院公费，各有恩赏银，委员经理。或置产收租，或筹备赏借，以充膏火。不敷，在存公项下拨补，每年造册报销"[2]，"其余各府州县书院，或绅士捐资倡立，或地方官拨公款经理，俱申报该管官查核"[3]。③书院主持人由官府聘请。宋元时期的书院山长一般由创办者自行选聘，而至清中叶之后，政府不仅掌握书院主持人和讲学者的任命权，而且还制定了相应的考核、奖励、提升制度。④书院的学生由官府选择录取和考核，从而有效地防止书院"群聚徒党"。清政府对书院学生的考查制度与官学学生并无二致，从而剥夺了书院自由讲学、自由择师的特性。⑤将书院教育纳入科举考试的轨道之中，这也是促使书院官学化的根本措施。至此，书院教学目标与官学同出一辙，彻底成为科举的预备机构。鸦片战争后，在新教育的冲击下，光绪二十七年（1901），清政府下令将书院改为学堂，书院这种教育组织形式完成其历史使命。

---

[1] 《儒学·学规》。
[2] 《清会典》卷十九。
[3] 《清会典》卷十九。

清朝书院按照其讲学倾向大致可以分为以下几类：一是以讲求理学为主的书院，如清初李禺页讲学的关中书院。二是以学习制义为主的书院，也就是学习八股文以应科举的书院，实质上与官学没有多少差别。三是以讲求"经世之学"为主的书院，如颜元主持的漳南书院，他制定《习斋教条》，主张教学要重"实学""实用""实行""实习"。他还在书院设"文事""武备""经史""艺能""理学""帖括"六斋，分别学礼、乐、书、数、天文、地理、兵法、战法、射御技击、十三经、历代史等内容。四是以博习经史辞章为主的书院，如阮元创设的诂经精舍（杭州）和学海堂（广州），[①] 促进了清朝文化学术的发展。

第三节 中国古代教育管理思想

中国古代产生了众多著名的教育家，他们提出了许多有关教育发展的理论和观点，涉及教育管理的方方面面，即使在今天看来，仍然有重要的现实意义。根据观点的异同，大致可以把中国古代教育管理思想分成三大派别：以孔孟为代表的儒家教育管理思想、以韩非为代表的法家教育管理思想和以庄周为代表的道家教育管理思想，这些都是中国教育管理思想宝库的瑰宝。

一、以孔孟、董仲舒和朱熹为代表的儒家教育管理思想

儒家学派是春秋战国时期最有影响，也是最重视教育的学派之一，同时是一个立足教育、积极干政的学派，他们富有办学经验，孔孟荀及其后继者都提出了很多十分有价值的教育管理思想。

（一）孔子的教育管理思想

孔子（前551—前479年），字仲尼，春秋末鲁国陬邑人。他是我国古代伟大的思想家、教育家，也是儒家学派的缔造者和中国传统教育思想的奠基人。他一生办学，从教40余年，他的教育思想精神博大、自成体系，后来成为指导古代中国社会治理的主流思想，后世有"半部《论语》治天下"之说。

1. "有教无类"的办学方针

孔子对当时的办学招生对象进行了一次全面的改革，他提出了具有革命意

---

① 参见黄仁贤《中国教育管理史》，福建人民出版社2003年版，第239页。

义的"有教无类"的主张。对于"有教无类"的含义，历来就有不同的理解，关键是在于对"类"做何解释。东汉马融说："言人所在见教，无有种类。"梁朝黄侃说："人乃有贵贱，同宜资教，不可以其种类庶鄙而不教之也，教之则善，本无类也。"他们皆把"类"解释为"种类"。"有教无类"本来的意思就是：不分贵贱贫富和种族，人人都可以入学接受教育。

孔子招生不分民族种类、庶鄙贵贱、华夏夷狄、贤良顽鄙、智慧愚钝，均可入学，一概招收。这种办学思想冲破了贵族垄断教育的局面，也冲破了"礼不下庶人"的等级制度，把教育对象从贵族转移到平民，扩大了教育的社会基础，大大开发了人才的来源，促进了科学文化及教育事业自身的发展，在教育史上具有划时代的意义。

在具体的入学要求方面，孔子说："自行束脩以上，吾未尝无诲焉。"只要本人有学习的愿望，主动奉送10条干肉以履行师生见面礼，就可以成为弟子。事实表明，孔子的弟子来自各个诸侯国，分布地区较广。而且弟子的成分复杂，出身于不同的阶级和阶层。孔子门下弟子人品混杂，皆能兼收并蓄，教之成才，这说明教育家胸怀的宽大能容，教育艺术的高明善化。

实行开放性的"有教无类"方针，满足了平民入学受教育的愿望，适应了社会发展的需要，孔丘私学成为当时规模最大、培养人才最多、社会影响最广的一所学校。"有教无类"是顺应历史发展潮流的进步思想，它打破了贵族对学校教育的垄断，把受教育的范围扩大到一般平民，有利于中华民族文化的发展。

2. 以"举贤才"为核心，培养"成人"的目标管理

孔子的教育目的，是要把人培养成"士"和"君子"。对君子的要求是："君子道者三，我无能焉：仁者不忧，智者不惑，勇者不惧。"① 对士的要求是："行己有耻，使于四方，不辱君命。"② 总的来说，就是要培养"成人"，塑造完美的人格，具体的要求如下：①"智"，就是要好学，以学达智；③②"仁"，孔子说，"克己复礼为仁"；③"勇"，是"见危授命"的表现；④"艺"，指的是精通六艺，即礼、乐、射、御、书、数。以上四项辅之以"礼、乐"便构成最高的"成人"标准。

此外，针对当时社会上流行的"亲亲世袭"的用人原则，孔子在"成人"的基础上，提出了"举贤才"的主张，构成了"成人"与录用相结合的完整

---

① 《论语·宪问》。
② 《论语·子路》。
③ 参见李才栋、谭佛佑、张如珍等《中国教育管理制度史》，江西教育出版社1996年版，第59页。

的人才管理体系,主张"任人唯贤",反对"任人唯亲"。这是孔子在教育培养人才的目标管理方面所建构的一个统一完整的体系,不仅对我国,甚至对世界教育史都是一大贡献,其影响之深远,在世界教育史上也是绝无仅有的。①

3. 诲人不倦、以身作则的教学管理原则

孔子认为,在教学中,教师要做到诲人不倦,最根本的是必须以身作则、为人师表。孔子在这方面不论一言一行都堪称典范,故被尊为"万世师表",完全当之无愧。无论做任何事,孔子都保持言行一致,做学生的榜样。

孔子教学生好学,自己则做到废寝忘食;他教学生要不耻下问,自己则做到"每事问";②他教学生恭谦、慎言,自己则不敢作"圣"称"仁",提倡"知之为知之,不知为不知"的治学态度;③他要求学生学思结合,则要求自己首先做到,"吾尝终日不食,终夜不寝,以思,无益,不如学也"④。孔子认为,正人必先正己。这种以身作则、为学生楷模、行无言之教的管理原则,正是孔子取得成功的重要保证。

4. 忠信、仁爱的师生关系准则

孔子对于师生关系所奉行的准则是忠信与仁爱。最根本的就是要忠于职守、热爱学生。忠于职守,自然会取得学生的信任,所以孔子反复强调要"主忠信","四教"中也有"忠信"。他自己就是"忠信"的榜样和表率。⑤忠信还要体现在仁爱上,只有热爱自己的事业,诲人不倦,学生才会尊师重道。

孔子还提出,在"仁"面前,师生一律平等,这也反映出教学的民主。孔子教育弟子要"当仁,不让于师"⑥。这表现出师生之间教学相长、互相学习的民主作风,也是建立师生关系的根本保证。孔子在教学中多次虚心接受学生的启发与批评,当着学生的面承认自己的错误,而且感到莫大的喜悦。对学生,年长者视若兄弟,年幼者视若亲子。孔子与学生之间的感情至深、情谊至厚,关系非常融洽,堪称教育史上的典范。

(二)孟子的教育管理思想

孟轲(约前372—前289年),字子舆,战国中期邹人。孟轲一生崇拜孔丘,自称:"乃所愿,则学孔子也。"其经历也与孔丘十分相似。他一生聚徒

---

① 参见李才栋、谭佛佑、张如珍等《中国教育管理制度史》,江西教育出版社1996年版,第60页。
② 参见《论语·八佾》。
③ 参见《论语·述而》。
④ 《论语·卫灵公》。
⑤ 参见李才栋、谭佛佑、张如珍等《中国教育管理制度史》,江西教育出版社1996年版,第61页。
⑥ 参见黄仁贤《中国教育管理史》,福建人民出版社2003年版,第37页。

讲学，率弟子周游列国，也曾列名于稷下学宫。因其倨傲的性格和"仁政"的主张而不见用于诸侯。晚年归邹，专心著述与讲学。他非常热爱教育事业，以"得天下英才教育之"为人生三大乐趣之一，并"序《诗》《书》，述仲尼之意"，成为孔丘正传，以思孟学派著称，被奉为位次于孔丘的"亚圣"。孟轲的教育管理思想与仁政学说相通，突出了管理的主体精神。

1. 基于"性善论"的教育管理思想

"孟子道性善"，孟轲认为，人性应当是指"仁义礼智"之类的道德属性，他说："恻隐之心，仁之端也；羞恶之心，义之端也；辞让之心，礼之端也；是非之心，智之端也。""仁义礼智，非由外铄我也，我固有之也，弗思耳矣。"孟轲认为，人性的趋善是由人的内在本质决定的，因此，教育管理不是对人的约束和控制，而是发掘和顺应人的内在自觉，教育的作用就在于引导人保存、找回和扩充其固有的善端。这就决定了孟轲管理思想的着眼点。

2. "仁政"强调教育与管理

孟轲痛感于当时诸侯国之间频繁征伐的严酷，以及王公大人"庖有肥肉，厩有肥马"和"民有饥色，野有饿莩"之间对比的不公，出于统治者的长远利益，他主张通过施行"仁政"以保天下的统一。其仁政主张主要包括：①"制民之产"，使人民"不饥不寒"；②承认"民为贵，社稷次之，君为轻"，重民心民意；③设立学校，发展教育。他认为："善政不如善教之得民也。"通过教育形成"父子有亲，君臣有义，夫妇有别，长幼有序，朋友有信"的社会秩序。这些要通过建立由学校教育到社会教育的完整体制来实现。孟轲的思想表现了从建立教育管理体制入手重建社会管理秩序的努力。

3. 教育管理是社会分工的需要

分工思想是孟轲的重要经济思想，也是他的教育理论中重要的基础思想。对于社会分工及其必要性的认识，孟轲认识之清晰，在古代学者中是很少见的。孟轲认为，国家管理者与民众之间，学者和农夫、织女、梓匠、轮舆之间是分工不同；管理者以其管理活动、学者以其道德学问，"以其所有易其所无"，实现着与体力劳动者"通功易事"的过程。通过分工，人从事不同的职业，各尽其所能。所以说："或劳心，或劳力，劳心者治人，劳力者治于人；治于人者食人，治人者食于人，天下之通义也。"脑力劳动与体力劳动的分工是十分必要的。孟轲从社会分工角度充分评价了教育管理者和管理活动的价值。

4. 不假外求的教育主体观

孟轲认为"人性本善"，"万物皆备于我矣"，也就是说世上最宝贵的东西是内在于每个人自身的，这就是人的道德品质和精神境界，这些精神财富的价值远远高于外在于人的物质财富和权力地位。据此价值标准，孟轲提出了"大丈夫"的理想人格，要求就是"富贵不能淫，贫贱不能移，威武不能屈"。这里，孟轲认为管理的价值在于高扬了教育管理主体的理性自觉。

首先是道德自觉。孟轲主张遇事要坚持真理和正义的标准。真理在自己的内心之中，所以绝不能无原则地顺从。而且，当行动未得到预期效果时，要先"反求诸己"。并且要"乐取于人以为善"，既有助于管理者，也促使被管理者更加积极趋善，以有效地促进管理活动的实现。其次是注重理性的思考。孟轲主张遇事要独立思考，有独立的见解。因此，孟轲要求教育管理者要善于激发管理对象的自觉性，无须做硬性规定和过多的强求。

（三）荀子的教育管理思想

荀况（约前313—前238年），字卿，又叫孙卿，战国末期战国人。荀况是先秦儒家最后一位大师，也是先秦思想的集大成者。荀况为孔丘再传弟子子弓后学，其学重礼法，讲究文献师传，形成与孟轲相对立的学派。

1. 基于"性恶论"的教育管理思想

荀况认为人性理论的基本命题是"人性恶"，他认为人生而有"饥而欲食，寒而欲暖，劳而欲息，好利而恶害"的本能，人的本能无理性可言，如果不加以节制，必然导致罪恶。荀况认为孟轲的根本错误在于不懂得"人之性伪之分"，把应当属于后天的"伪"的范畴的东西也归之于本然的人性。基于此，荀况指出，必须通过教育和管理，人才会为善。与孟轲的主张相反，荀况认为管理的实现主要不是靠人的自觉，而是借助于外加的师法和礼义对人的规范。

2. 礼与刑兼治的社会管理策略

与孔孟所主张的以德服人不同，荀况虽然认同以德服人的重要性，但也强调以力服人，明确提出"治之经，礼与刑"。因为荀况坚信人性本恶，因此仅仅靠道德感化去管理社会是远远不够的，因此必须"为之立君上之势以临之，明礼义以化之，起法正以治之，重刑罚以禁之，使天下皆出于治、合于善也"。由此可见，荀况把管理手段分为刑与礼。这就表明，荀况认为不能夸大教育的作用，"政教习俗，相顺而后行"，只有将教育放在合适的位置上才是可行的。荀况所主张的教育的内涵既非孔丘的仁，也非孟轲的义，而是"礼义"，而且荀况所谓的礼，既指伦理关系，更包含法权关系，是礼法为一。因此，荀况主张礼义与刑政并行的社会治理策略。

3. 以"大儒"作为人才培养目标

出于走向统一的时代需要，也出于荀况礼法兼治的政治理想，他要求教育培养推行礼法的"贤能之士",也即具有儒家学者身份且长于治国理政的各级官僚。荀况把儒者划分为几个层次,分别为俗儒、雅儒和大儒。其中,大儒是最理想的一类人才,他们不仅知识广博,而且能"以浅持博,以古持今,以一持万",以已知推未知,自如地应对从未闻见过的新事物、新问题,自如地治理好国家。这种人治国即使只凭借"百里之地,久而后三年,天下为一"。不仅如此,荀况还设想了人才考察任用办法。主张创设变动的环境,考验其一贯表现。如规定严格制度,视其遵行与否;改变环境,观其所应;接以声色或险患,察其能否自持等。考察须有过程和周期,以3年为期,在始、中、终不同阶段有不同要求。然后,"论德而定次,量能而授官",放手使用,以达到"使贤者为之,则与不肖者规之"的管理效果。

荀况主张"化性起伪",他认为教育是"起伪"的过程,是不断地积累起礼义或知识、道德,使原始状态下的人性得到改变的过程,这是"外铄"的过程。荀况的教育管理思想更倾向于依赖外部规范的约束,形成与孟轲倡导内在自觉相异的管理流派。

(四)董仲舒的教育管理思想

儒学在其发展演变的过程中,经过了两次重大的改造,西汉的董仲舒和南宋的朱熹,是这两次儒学改造的关键人物。董仲舒不仅是西汉儒学的代表人物,也是一位有重大历史影响的教育家。

董仲舒(前179—前104年),广川(今河北景县)人。汉代最著名的经学大师,长于《公羊春秋》,有"汉代孔子"之称,[①] 汉景帝时曾为博士。他以学术上的高深造诣和"三年不窥园"的治学精神,赢得了当时读书人的尊敬,继之收徒授业,"下唯讲诵"。武帝诏举贤良,他以三篇对策,为汉代"独尊儒术"文教政策奠定了理论基础。

1. 论"化民成性"的教育目的

董仲舒吸取秦王朝的"严刑峻法"导致迅速灭亡的教训,主张实行"德教"。他提出:"凡以教化不立,而万民不正也。夫万民之从利也,如水之走下,不以教化堤防之,不能止也……古之王者明于此,是故南面而治天下,莫不以教化为大务;立大学以教于国,设庠序以化于邑,渐民以仁,摩民以谊,节民以礼,故其刑罚轻而禁不犯者,教化行而习俗美也。"[②] 他用天道"阳尊阴卑"的思想,为儒家的"德治"找到了"天意"的根据。他说:"天数右

---

① 参见黄仁贤《中国教育管理史》,福建人民出版社2003年版,第88页。
② 《举贤良对策》。

阳而不右阴，务德而不务刑"，王者应"承天意以从事，故任德教而不任刑"①。从而从理论上论证了"任德教而不任刑罚"的治术主张。

董仲舒总结了先秦孟荀两人关于人性善恶的争论，认为人性只是"天"创造人类时赋予的一种先验的素质，这种素质具有善的可能性，也具有恶的可能性，只有通过教育才能使它进而为善。而"善"的标准，他定义为："循三纲五纪，通八端之理，忠信而博爱，敦厚而好礼，乃可谓善。"②而教化万民使之为善，则是上天赋予帝王的责任。董仲舒认为教育是王者必不可少的权力和不可推卸的职责。

2. 关于三大文教政策的论述

董仲舒的教育管理思想集中反映在他的贤良对策之中。他向汉武帝提出了三大文教政策的建议，对两汉的学校教育及教育管理产生了极其深刻的影响。

（1）罢黜百家，独尊儒术。董仲舒认为，治理国家首先要实现思想的统一，以改变汉初的学术混乱局面。他以儒家思想为基础，博采诸子百家之学，尤其是糅合阴阳五行之说，建立以"天人感应"为核心的神学理论。为了实现封建大一统，他认为不仅要立儒家学说为正统，而且要将它作为判别是非、统一思想的唯一准绳，其他学说都在禁灭之列。这一独尊儒术的主张实质上是一种文化专制主义的文教政策，但董仲舒的目的就是要通过大力尊崇儒学来达到统一思想的目的。"独尊儒术"作为政治的指导思想，必然要反映到文化教育领域上。

（2）兴学校以广教化、育人才。推广德治的关键在于办学育才，推广普遍的教化。因为养士是用贤的基础。董仲舒在贤良对策中说："故养士之大者，莫大乎太学。太学者，贤士之所关也，教化之本原也。"③他建议在中央设太学以培养贤士，造就符合国家需要的官吏。在地方设庠序以教化百姓子弟，授予儒家纲常伦理之道，达到"渐民以仁，摩民以谊，节民以礼"的目的。

（3）重视选举以选拔人才。董仲舒认为，汉武帝虽然"尽思极神"，却没有得到应有的政治功效，原因在于没有得到贤才辅佐，而得不到贤才的原因之一是汉初不养士，不办教育；原因之二就是人才的选拔和使用不当。因此，董仲舒主张建立常规化的选拔贤士的制度，建议"使诸侯、郡守二千石各择其吏民之贤者，岁贡各二人以给宿卫。且以观大臣之能；所贡贤者赏，所贡不肖

---

① 《春秋繁露·精华》。
② 《春秋繁露·深察名号》。
③ 《汉书·董仲舒传》。

者罚。夫如是，诸侯、吏二千石皆尽心于求贤，天下之士可得而官使也"①。董仲舒的论述为汉代察举制度的创立奠定了理论基础。

（五）朱熹的教育管理思想

朱熹（1130—1200年），字元晦，后改为仲晦，号晦庵。祖籍婺源（现江西婺源县），出生于福建尤溪。朱熹一生主要是从事学术研究和教育活动，他是南宋著名的理学家，继承和发展了二程学说，成为南宋理学思想的集大成者。他一生编著了大量书籍，其门类之广、数量之多，在古代学者中实属罕见。尤其是他整理和编著的《四书集注》，对中国封建社会后期的学校教育产生了极其深远的影响。

1. 关于教育阶段的划分与分级管理

早在朱熹之前，学校教育就被划分为"大学"和"小学"，但这种划分缺乏理论上的阐述和制度上的规范，各阶段间的界限也比较模糊。朱熹在总结前人教育经验的基础上，根据人的年龄和心理发展的特征，明确地将学校教育划分为大学与小学两个阶段，并且规定了大学、小学的入学年龄、教育目标、教育内容和修业年限。② 此外，他还把小学教育和大学教育看作统一的教育过程中相互衔接的两个阶段，而教育的总体目标是培养圣贤。在具体的各阶段培养目标方面，朱熹认为小学教育的重点是"学其事"，即须从洒扫应对进退开始，将伦常礼教教给儿童，进而教他们诗书礼乐之文，使儿童在日常生活上熟悉伦理纲常，达到存养已熟、根基已深的程度。③ 大学教育则是小学教育的深化和提高，重点是在小学"学其事"的基础上以"明其理"，即按照格物、致知、正心、诚意、修身、齐家、治国、平天下的步骤，使其"明明德"，最后达到"止于至善"的目的。④

2. 关于教育管理权的主张

朱熹认为教育是治国之本，关系着一国命运的生死存亡，是朝廷治理国家的头等大事。他希望最高统治者能以《大学》为治国的纲领，推行教化，改变士风。他说："盖自天降生民则既莫不与之以仁义礼智之性矣；然其气质之禀或不能齐，是以不能皆有以知其性之所有而全之也。"⑤ 因此，只有上天和圣贤才有权主宰学校。他希望当朝皇帝承担起"万民之师"的责任，实施并

---

① 《汉书·董仲舒传》。
② 参见黄仁贤《中国教育管理史》，福建人民出版社2003年版，第200页。
③ 参见黄仁贤《中国教育管理史》，福建人民出版社2003年版，第201页。
④ 参见黄仁贤《中国教育管理史》，福建人民出版社2003年版，第201页。
⑤ 《大学章句序》。

管理好全国的教育。

3. 关于学校的教学管理

朱熹认为，学校要充分实现育才功能，首先要严格教学管理，将学校教育界重新纳入先王之道中来。朱熹主张严立课程，制定出细致的教学计划，认真地执行计划。此外，他认为教学不仅要按照教材内容的逻辑顺序，还要顺应学生的接受能力。朱熹还主张设科分年考试，经、子、史、时务诸科当分定年数，以《易》《书》《诗》为一科，于子午年试之；《周礼》《仪礼》及"二戴"之礼为一科，于卯年试之；《春秋》及三传为一科，于酉年试之。① 这种设科分年考试的办法，使课程设置和修业年限达到比较标准的水平，是改善学校教学管理的重要措施。而且，朱熹在教育管理过程中主张正面说理教育与规章约束教育的结合，肯定了管理规章在教育管理中的作用。他亲手制定《童蒙须知》和《训蒙斋规》，并为其弟子拟订《程董二先生学则》作跋。这些规章制度对封建社会后期的学校管理产生了十分重要的影响。

二、以商鞅、韩非为代表的法家教育管理思想

在战国各派中，法家实际影响了战国时代的历史进程。商鞅（约前390—前338年）促使法家成为独立的一个学派，并且与儒家对立，而韩非（约前280—前233年）则是法家思想的集大成者。

（一）法家教育管理思想的理论基础

法治管理思想是主张在教育管理中依靠国家行政权力，并借助法律手段，采用强制或者强硬政策向全体人民推行法制政策，人民必须服从的一种教育思潮。其管理方式表面上是"法治"，但实际上只是"人治"的一种掩饰，行政权力依然凌驾于法律之上，其管理主要是依赖国家权力运用命令或指示等对教育方式、教育内容以及人才选拔等所采用的强硬的管理方式。

先秦的法家学派为了维护地主阶级的统治，把封建专制制度看成最为理想的社会形态。在当时学术上百家争鸣、政治上混战动荡的情况下，法家提出了"以法治国"的主张，认为社会是不断变化发展的，所以，治理国家也不能固守成规，应该积极变法革新，顺应社会发展的潮流。韩非子在《有度》中强调："国无常强，无常弱。奉法者强则国强，奉法者弱则国弱。"② 因此，他们

---

① 参见黄仁贤《中国教育管理史》，福建人民出版社2003年版，第202页。
② 《有度》。

坚持主张以法治国。

法家在强调法治的同时并不否认道德的重要性，并且他们认为道德教育必须寓于法治教育之中。他们衡量仁义道德的尺度是建立在"去私心行公义"的基础上，也就是说无论是君王还是臣民都必须做到忧国忧民、尽心尽责，为国家各尽自己的本分，如果视国家利益或者人民利益不顾而只追求自身利益，则不能称其具有"仁义"道德。他们从维护的所谓国家的"公利"（其实是统治阶级的利益）出发，把"明于公私之分"作为区分道德与不道德的唯一标准。韩非子还指出，要使人为善去恶，行公去私，仅仅依靠道德感化是不够的，道德的培养只有在遵守法律的前提条件下才可能实施。国家只有坚持法治，采用重刑威慑，才能使"民莫敢为非"，才能取得国家和平安定、人人皆向善的社会效果。

为了贯彻以法治国的方针，法家主张以普遍的社会法治教育来确保社会向法治方向发展，使人人都能够知法、懂法，并且严格依照法律办事，对于如何在国家建立一套适应封建专制统治的国家教育机制，法治主义教育思潮否定儒家道德教育的主张，认为应该将政治上"以法治国"那一套模式引进教育管理中，在教育领域强化法律的控制作用，以此来实施统治阶级的意志。韩非子总结了法家各派关于教育改革的主张，归纳法家教育管理的基本方针为"明主之国，无书简之文，以法为教；无先王之语，以吏为师"，这一方针成为法家关于建立封建国家的教育机制的基本国策。

（二）"以法为教"的教育策略

法家主张把"以法治国"定为基本的教育国策，并把法制知识作为教育内容，完全是为了维护和巩固新生的地主阶级政权而服务的。春秋战国时期，法家主张革除旧体制、建立新体制。法律为封建君主提供了治理国家的客观尺度，可以避免因为个人因素给封建政治造成的损失，并保证政策的连续性。另外，法家所宣扬的法制知识并不仅仅是法律知识，还是新生地主阶级的改革政策、方针，是新生的封建政权的统治秩序。所以，宣传法制知识、普及法制知识是当时政治发展的需要，是当时社会进步的需要。从法律知识本身的性质特点看来，普及法律知识也是十分必要的。一是因为法律具有客观性、公开性、民主性等特征，所以把法律知识作为教育内容可以有效地统一思想，移风易俗，调动人民的主动性，提高国家的政治效能。韩非子主张任法不任智，杜绝那些善于高谈阔论，爱做不切实际辩解以及耍弄个人小聪明的人破坏社会风气。二是成文法律的公布可以限制统治者的个人私欲，以缓和君主和臣民的矛盾，调整上下关系，为国家治理步调一致奠定坚实的基础。三是加强道德教育的需要。法家认为只有加强了法治、增强了国力才可能在全社会推行道德风尚。由此看来，在社会中推行法制知识的教育，实质上是主张用封建国家的法令政策来统一思想、统一舆论、统一人们的行为，进而实现澄清吏治、革新政风的目的。

（三）"以吏为师"的教育体制

法家还主张"以吏为师"的教育体制，指的是法制教育的实施者应该是各级政府的在职官吏。这一措施体现了国家从体制上对全民教育管理的加强。从这一政策主张出发，法家坚决主张禁止私学的发展。商鞅认为私学是动摇人心的罪魁祸首，私学所宣扬的知识内容是非判断标准与法家的法制观念相抵触，他们只是代表臣民的个人私利，而这与法家所代表的封建国家公利所冲突，不可调和。韩非子也认为墨家等私学所造成的社会舆论，不但会制造非法行为，而且还会削弱法的效力，使之无法制止非法行为，所以，韩非子主张用行政命令强行禁止私学。于是，"以吏为师"的教育管理有了其现实意义。

"以吏为师"的主张首先是由商鞅在秦变法提出来的，他认为圣人治国之意通过法令形式设置于官府，以官吏为天下之师，向全民宣讲法令，才可以使等级名分昭示天下。按照商鞅的设想，吏师的设置应该由中央、诸侯和郡县三个部分构成。中央设置国君殿、御史府和丞相府。御史府、诸侯和郡县均设一名法吏，他们都受朝廷法官的管辖。这样可以形成一个从中央到地方的吏师网络，便于将法制教育推向全体人民。韩非子继承了商鞅的"以吏为师"的主张，不过韩非子提倡的是以全体官吏为师，而不是商鞅所提倡的以法官、法吏为师。按韩非子的设想，如果全体官吏都懂法、执法、守法、讲法，那向全体民众普及法制教育便成为可能。

（四）法家的人才管理观

在人才管理方面，法家坚持尚法不尚贤的主张，一是认为在选拔人才中，选拔贤才固然重要，但是选拔贤才的目的是为了明法；二是在人才选拔的过程中必须坚持公平公正而不可以偏颇，使人才的选拔不受君主和贤者个人的三观意志干扰，一切以法律为准绳，以保证人才政策的准确性、连贯性和政治的稳定性。法家所坚持的尚法不尚贤、任公不任私的原则实质上是指坚持以符合法律规范为人才管理的手段，以调节社会关系和规范人们的行为。所以法家反对根据众人的评价或者口辩使用人才，而是应该通过各种规范的考试和考验以选拔人才，君主所任用的人才也必须是通过自下而上的逐级提拔，而不应该单凭虚名去任用那些未经过考验的人。另外，法家还强调人才推荐者必须自负责任,与其推荐的人同赏同罚。

法家教育管理将教育内容、封建政治、社会管理统一起来,达到管理与教育的一致,对促进教育的发展具有积极意义。但不可否认的是,这种由剥削阶级国家制定或认可,体现统治阶级意志并以国家强制力保证实施的法律规范,不可避免地表现出偏私和野蛮的性质,具有一定的局限性。

三、以庄周为代表的道家教育管理思想

道家以老子和庄周(约前369—前286年)为代表。史载孔丘曾向老子学"礼",道家思想可以看作中国管理文化的另一源头。道家在战国形成声势,作为一个避世的学派,虽不像儒墨那样积极入世,但其对社会人生的独特看法对于教育管理问题也具有一定的启发作用。

(一)教育管理主体观

在道家看来,儒墨所推崇的社会管理者以礼义治人,但也受礼义束缚最甚,不能顺从天性。庄周所追求的是一种无所依赖、无所羁绊的逍遥人格,既不受礼义束缚,也不以礼义束缚人。道家表达了对伦理型管理的怀疑和否定,也流露出退避的管理主体观。还有,道家十分重视对个性自由的追求,否定个人的社会责任。道家认为从保全人的自然本性的要求出发,任何社会和群体的规范都不足挂齿,个体人格独立和自然天性的存在本身就是目的。此外,道家认为被奉为楷模的管理者其实并不值得推崇,因为君子未必君子,小人未必小人,应该尊重下贱者,但也削弱了社会管理中的必要权威。如在《庄子》一书中,孔丘师生等峨冠博带的圣贤显得平庸,而独腿者、驼背者、屠夫等人却充满智慧。

(二)"自然""无为"的管理原则

道家的教育管理思想强调在教育管理的过程中不要过多地强力施加教育政令,而应该遵循人自身身心发展的规律,顺应自然地促进学生个性发展:"为学日益,为道日损,损之又损,以至于无为。无为而无不为,取天下常以无事,及其有事,不足以取天下。"在教育管理过程中,不要强作妄为,而应采用自然而然地促使事物自化的弹性管理方式。

在道家看来,于天地万事万物之外存在着一个天然的"道"。老子认为道是先天地而生的混合之物,不是人的主观意志强加的;而且它是万物的根源,宇宙之本体;是一种独立存在的,永恒运动着的客观规律。在道家看来,人的

本质就像世界的本质一样是自然的。人性无所谓善恶，一切善恶只是社会道德的产物，这些东西本身就是对人性的背叛。老子认为，人性的本然状态犹如婴儿一般"无知无欲"。庄子则进一步指出人性即自然，它与天地万物合为一体。所以，道家认为教育的作用应该是促进人的自然本性的发展，而不应该破坏其自然本性。

道家认为，要发展人的自然本性，就必须从以下三个方面着手。一是必须反对用外在的、人为的所谓知识去教育人们，这些强加给人们的准则自身就是违背自然的产物。将其用来进行教育、管理社会，只会带来社会更大的混乱和人性的堕落。二是要从现实生活的种种困扰中摆脱出来，回归自然无为的状态。道家认为要求人们以有限的生涯去追求无尽的知识，只会增加人们的负担，使人们备受疲惫之苦，只有顺从自然之道，才能达到"保身""全生""养亲""尽年"的境界。道家认为一切道德的极致便是自然无为。三是社会不应该对人进行过多的干预，以违背自然法则的"有为"来损害人的自然本性。他们认为如果人人都能够从自然的学习体验中受到教育，就可以更好地获得自由的生存和发展，社会也会走向安宁。

道家的主张主要是针对当时社会出现的种种弊端以及当时儒、墨、法三家的主张而提出的，其主要目的是想解决统治阶级教育原则与人的个性发展中的矛盾与冲突，并尝试用自然法则来解释教育的本质，表达了一种要求教育按照自身的规律来发展的意向。道家抛弃功利主义的思想，重视人的个性发展，具有一定的合理性。但这些教育主张又带有一定的片面性，它否定了人的社会性，逃避人对社会所应该具有的责任感，在一定程度上否定了学习知识的必要性，陷入了不可知论的泥沼。

思考与练习

1. 请简述隋朝时期，在中央设的"五学"包括哪些内容。
2. 请论述汉朝时期，学校教育管理体制的发展特点。
3. 请论述唐朝时期，科举制在选拔人才方式上有哪些改革以及影响。

第二章 中国近代的教育管理

导言

本章主要以时间顺序为主线,介绍了从晚清时期到中华人民共和国成立前中国各个时期教育管理的发展图景。这一时段的历史发展风起云涌、波澜壮阔,在学习中要从历史发展的视角来把握教育管理发展的内容与特征,并深刻领会各个历史发展背后教育管理的形成逻辑。具体而言,要运用历史知识分析和理解教育管理体制的形成原因及其运行机制,认识当时历史条件下学校教育管理的使命、特点与规律,并把握特定化的历史条件下教育思想家提出的教育思想。

1840年到1949年的100多年时间,是中华民族历史上最为苦难深重的一段时期。外敌入侵、列强欺辱,中国一步步丧失国家主权和领土的完整,滑进了半殖民地半封建社会的历史深渊。中国近代教育也由此打下了深深的时代烙印,被赋予了时代使命,教育富国、强国的梦想也由此开始形成。在历史变迁和社会变化的同时,教育管理体制不断突破传统体制的束缚,并在睁眼看世界的开放格局中进行着自我革新,与政治变革形成遥相呼应之势。在国家危难关头,学校以培养救国救民的人才为己任,演绎着教育改变社会的历史传奇,学校教育管理体制在这种变革中完成了从传统向现代的过渡。乱世之际,国家的苦难让一些爱国知识分子忧心忡忡,他们纷纷以教育作为手段,阐述教育变革强国之道,由此引发了一系列的教育改革浪潮。

第一节 中国近代的教育行政管理体制

近代中国的大门被列强强行撬开之后,国家主权遭受践踏,教育管理体制也受到极大冲击,最初是一片混乱。经过了思想沉淀式的大讨论之后,中国逐渐在学习西方发展道路的基础上,建立起一套独立的教育管理体制,并根据中国当时的国情进行了一系列改革。由于中国政治的动荡,教育管理体制体现出了强烈的时代色彩,服务于一定时期的政治目的,在这一过程中形成了具有历史特色的教育管理体制。

一、晚清时期的教育管理体制

这一时期教育的总特点可以概括为资产阶级的"新学"反对封建主义的"旧学"的斗争。体现在教育管理体制方面，便是西方先进的教育管理经验冲击着传统的教育管理模式，并促进后者的更新与发展。

（一）"中学为体，西学为用"的文教政策

鸦片战争以后，社会形势发生了巨大的变化，国家面临内忧外患的局面、中西方文化的碰撞，他们企图用折中中学与西学的办法，维护中国文化的尊严，维护濒临穷途末路的清朝统治，由此提出"中学为体，西学为用"的改革思想。

1. "中学为体、西学为用"思想的提出

"中学为体，西学为用"作为一种社会思潮最初出现在魏源的"师夷长技以制夷"的主张中，其体现了"西学为用"的思想。而1861年冯桂芬在《校邠庐抗议》中用"以中国之伦常明教为本，辅以诸国富强之术"①两句话，进一步发展了魏源的思想，勾勒出"中体西用"的基本框架。其后无论是洋务派，还是早期改良主义者，以至资产阶级维新派，为引进西学，都分别阐述和发展了这一思想。最早表述"中学为体，西学为用"这一概念的是沈寿康，他在1896年的《匡时策》一文中说"中西学问本自互有得失，为华人计，宜以中学为体，西学为用"。同年8月，孙家鼐在《议覆开办京师大学堂折》中说："今中国创办京师大学堂，应以中学为主，西学为辅；中学为体，西学为用。中学有未备之者，以西学补之；中学有失传者，以西学还之。以中学包罗西学，不能以西学凌驾中学。"②他们所说的"中学"和"西学"尽管内容不尽相同，但是，他们的思想均反映了中学和西学相结合的时代意愿，并且比较一致地将二者的关系表述为"体用"关系。

2. "中体西用"文教政策的确立

"中学为体，西学为用"作为清政府文教政策直接源于张之洞于1898年4月份发表的《劝学篇》，其中系统地阐述了他关于"中学为体，西学为用"的文教政策思想。所谓"中学"，即中国传统的经史之学，核心是中国君主专制

---

① 《校邠庐抗议》。
② 《议覆开办京师大学堂折》。

政体和封建伦理道德；所谓"西学"，包括西文、西艺、西政，即西方现代自然科学和社会科学一系列的知识。需要指明的是，西方国家的政体以及与政体有关的思想理论，不在他所说的"西学"之列。在张之洞看来，"中学为体，西学为用"就是要以中国传统的经史之学为根本，在此基础上，选择西学中可以补我国之缺者和可以治我国之弊者，使其为我所用。他认为只有这样兼学中学和西学，而且以中学为体、以西学为用，才能在风气日开的国际形势下，既不因噎废食，也不会歧多亡羊，达到保国保教保种的目的。随后，清政府认为张之洞的《劝学篇》"于学术人心，大有裨益"，颁发各省督抚、学政各一部，命广为刊布，实力劝导，正式成为清末的文教政策。

虽然"中学为体，西学为用"有很大的局限性，在当时的中国社会的实施中也遇到了重重的障碍，所达到强国的效果并没有那么明显，但是把西学置于中体的轨道上，使它有用武之地，这本身就是一个进步。事实上，中国近代化的第一步正是在"中体西用"的旗帜下迈开第一步的。中体西用的思想给封闭僵化的封建文化打开了一个缺口，为中国近代社会的变革注入了新的物质力量和精神力量，其对冲击传统教育价值观、新式教育的产生、西方教育制度的传入具有积极的推动作用。

（二）晚清时期学制的建立和科举制度的废除

1. 近代学制的颁行

义和团运动之后，清政府在内外交困的处境下，开始推行"新政"，而建立新学制正是"新政"的重要内容。鸦片战争以后，封建旧教育远远不能适应社会的需要。为了富国强兵，洋务派、维新派积极创办新式学堂，发展新教育。然而各学堂之间没有横向联系和纵向隶属关系，缺乏统一的学制和系统的学校制度，不利于教育的管理和协同发展。为了便于对教育进行统一管理，促使教育的系统化和规范化发展，有识之士纷纷提出改革教育的主张，促使清政府建立了中国近代的学制。

1902年，清政府令管学大臣张百熙拟定中国近代第一套法定的学校教育体系章程，即《钦定学堂章程》。该年为壬寅年，故史称"壬寅学制"。该学制主要参照的是日本学制，分三级七段，规定了各级各类学堂的性质、培养目标、入学条件、学习年限、课程设置，以及普通教育、实业教育、师范教育之间的关系，然而由于种种原因，这个学制只是颁布并没有实行。1904年1月，清政府颁布了由张百熙、张之洞、荣庆重新拟定的一系列系统更为完备的学制文件，统称《奏定学堂章程》。1904年年初为旧历癸卯年，故又称"癸卯学制"。这是我国历史上第一个比较完整的、经过法令正式公布并全国实行的学制体系。

（1）癸卯学制的学校系统。"癸卯学制"包括各级各类学堂章程，还附有学校管理法、教授法等。整个学制可以分为两部分，由直系和旁系组成，直系为普通教育，旁系是实业教育和师范教育。

普通教育可分为三段七级：第一阶段为初等教育阶段，设蒙养院4年、初等小学堂5年、高等小学堂4年；第二阶段为中等教育，设中学堂，一级，5年；第三阶段是为高等教育，设高等学堂（或大学预科）3年、分科大学堂3年或4年、通儒院5年。

旁系是实业教育和师范教育。与高等小学堂平行的有实业实习学堂、初等农工商实业学堂和徒艺学堂，与中学堂平行的有初等师范学堂、中等农工商学堂，与高等学堂平行的有优级师范学堂、实业教员讲习所和高等农工商学堂。在该学制中，学生按规定逐级递升，可以接受普通教育，也可以接受实业或者师范教育。

（2）癸卯学制的特点。"癸卯学制"从公布起一直沿用到1911年清王朝覆灭，对以后的学校制度发挥了重大的影响，后来学校制度的建立，实际上是在这个学制的基础上演变而来的。

从"癸卯学制"中有关学校设置、教育内容、教学方法的规定来看，其内容大多学习日本近代的学制，与中国传统的教育模式有着本质的区别：该章程拟定了一个从学前到大学的完整的学制系统，学习有固定的入学年限和入学年龄限制。普通学校教育与专门学校教育相结合以培养近代社会发展所需要的人才；在学科和课程的设置上较为合理；由师范学校培养师资，学生按程度编班，实行班级授课制，这些制度体现了"癸卯学制"的进步性。

但是，其仍然是建立在"中学为体，西学为用"基础上，在学习内容和学校的管理制度方面还保留了不少封建旧制的内容。具体表现在以下几个方面：一是修学时间过长。整个学制系统的修学时间总计30年之久，即使不算两段的蒙养院和通儒院，也有20年以上。二是经学课程所占比例过重。读经讲经课，初等小学堂占总课时的40%，高等小学堂占总课时的1/3，加上与之密切相关的修身课，仍占40%；中学堂的读经讲经和修身课也占总课时的1/3。三是奖励科举。各学堂保留旧的教育体制，而且毕业考试由地方官会同学堂监督和教员主持，各类毕业生分别赋予相应的科举出身。四是男尊女卑。该学制没有包含女子教育的内容，后来迫于舆论压力，又加之蒙养院的设立要求有受过教育的女性师资，才于1907年批准设立女子小学堂和女子师范学堂，但仍保持"男女大防"的封建礼教。

2. 科举制的废除

科举制度不仅仅是中国封建社会选拔人才的制度，也是封建统治者对教育进行宏观管理的手段，在中国历史的发展过程中曾经发挥过积极的作用，但随着封建社会的日益没落，资本主义的萌芽、发展，科举制度成了文化专制的工具，其历史存在的合理性逐渐丧失，要求改革科举、废除科举的呼声日益高涨。

晚清时期科举制度的改革废除经历了三个阶段：①鸦片战争以后，日益僵化的八股取士制度不断遭受批评。甲午中日战争以后，康有为等维新派对八股取士进一步猛烈抨击并"公车上书"要求立刻停止"八股试贴，推行经济六科"①。戊戌变法期间曾下令废除八股取士，一律改试策论。1901年，朝廷第二次明令废除八股，改试策论。②庚子事变以后，为了推动学校教育发展，官僚和封疆大使们纷纷要求递减科举取士的名额，而将这些名额转为学堂取士。③1905年，在朝野的共同要求之下，清王朝下令各省停止科举考试。这标志着我国实行了1300多年的科举制度正式被废除，宣告了封建的教育在形势上的结束，为我国新教育的发展扫清了一大障碍，中国教育从此开始进入一个新的发展阶段。

3. 厘定教育宗旨

1906年3月，根据学部的建议，清帝下谕，正式确定以"忠君、尊孔、尚公、尚武、尚实"为教育宗旨。② 宗旨的前两项强调维护君主专制制度和儒家礼教，不仅体现了封建教育的根本性质，也反映了当时的时代背景。当时民权思想盛行，资产阶级革命派活动频繁，迫切需要以"忠君""尊孔"来"距异说"。后三项分别与德育、体育和智育对应，但出发点皆为国家本位。"尚公"要使人"视人如己，爱国如家"，强调国家利益和公民道德；"尚武"要求"各级教科书，必寓军国主义"，设体操来锻炼身体，目的是强兵；"尚实"强调学以致用，造就"可农可工可商之才"③，目的是使国家富强，在个人发展方面却并没有涉及，这也是中国传统封建教育的基本特点。

（三）晚清时期近代教育行政管理制度的形成

1. 中央教育行政管理机关

中国古代，中央教育行政机构一直与朝廷的教育行政机构不分，教育行政

---

① 《公车上书请变通科举折》。
② 参见《学部奏请宣誓教育宗旨折》。
③ 龚育之：《中国二十世纪通鉴》，线装书局1920年版，第28～287页。

机构的职能一直都是由行政机构兼任。1862 年，洋务派创办了近代新式学堂京师同文馆后，陆续兴建起一批新式学堂。当时仍然以主办科举为主要职务的中央礼部和各省学政无法满足新式学堂的需求，这就需要设立与之相应的教育行政机构，赋予其相应的教育职能。

"百日维新"时创办的京师大学堂便临时充当了这一角色。1898 年，戊戌变法期间创办京师大学堂，规定大学堂管辖各省学堂，对教育事业进行组织、管理和领导。京师大学堂设管学大臣，他既是京师大学堂的"校长"，又是全国最高的教育行政长官。随着"新政"的实施和学制的建立，新式学堂迅猛发展，京师大学堂的管学大臣逐渐难以监管全国的教育。1903 年，按照张之洞等人的奏请，在京师设立专门的总理学务大臣，管理全国的教育，京师大学堂另设总监督。学务大臣下设专门、普通、实业、审定、游学、会计六处属官分别主管专门学校、普通学校、实业学校之学务，以及教科书、图书仪器设施、留学教育、教育经费等事务。

1905 年，朝廷根据政务处的建议下令在京师设立学部，作为管理全国教育事业的教育行政机关，使教育管理整齐划一。学部与礼部平行，最高长官是尚书，其次为左右侍郎，皆为政务官。学部下设 5 司 12 科并设司务厅、咨议官、视学官与 5 司平行。5 司 12 科和司务厅是执行单位，为学部的主体；咨议官负责议事；视学官负责视导。学部的设立开启了中国近代教育行政制度的新篇章。

2. 地方教育行政管理机关

（1）省级教育行政机关。1905 年科举取消之后，各省学政进行改制，不再隶属于礼部而是隶属于学务大臣，既不受地方督抚的节制，也不受当地官员的管辖。因此学部奏请裁撤学政、学务处等省级教育行政机关，改设提学使司，设提学使一人。提学使接受双重领导："照各直省藩臬两司例，为督抚之属官，归其节制考核；一面由学部随时考查，不得力者即行奏请撤换。"①

提学使司机关设在省会，将原学务处改为学务公所。学务公所属于省教育行政机关，提学使是省教育行政的最高长官。其主要职责是总理全省教育行政事务，筹划全省教育经费，管理全省各级学堂。提学使为正三品官，受各省督抚的节制。学务公所内设议长 1 人，议绅 4 人，协助提学使筹划学务，供督抚咨询。在选拔要求方面，提学使必须具有相当的教育素养，并且要接受有关的教育学、教育管理诸法，以及教育行政、视学制度等方面的培训。

（2）府厅州县教育行政机关。晚清时期，维新派积极倡导"国民教育"，

---

① 郭秉文：《中国教育制度沿革史》，福建教育出版社 2007 年版，第 55 页。

受此思潮影响，《学务纲要》提出以初等教育为国民教育阶段的主张，并要求各地普遍设立初等学校。初等教育的迅速发展及国民小学的普遍设立，迫切需要设立地方教育行政机构来加强管理。

1906年，学部奏定各厅州县设劝学所，归地方监督，任务是"划定区域，劝办小学，以期逐渐推广普及教育"①。劝学所成为厅州县的教育行政机构。劝学所设总董一员，由县视学兼任。县境内划分若干学区，每区设一劝学员，推广普及小学教育，推动本区的教育工作。

3. 教育视导制度

癸卯学制颁布后，掀起了兴学高潮，为了加强对学校的管理和控制，清政府先后建立了中央、省、县三级教育行政体制。与此同时，还相应地设置了中央视学、省视学和县视学。视学可以通过巡查发现问题，督导地方进行整改，并把政策执行情况反馈回学部，从而为决策提供依据。

1906年，在确定学部制的同时，拟设视学官，官阶五品，专门巡视京外学务。京内学务则由京师督学局负责。同年5月，学部在《奏陈各省学务官制折》中提出，提学使下设省视学6人，奉命巡视各府厅州县学务，省视学须由师范出身并从事过教育的人充任，官阶六品。各厅州县劝学所设县视学1人，兼任学务总董，正七品虚衔，巡视各乡村镇学堂。1909年，学部制定的《视学官章程》出台，其中规定了视学官的资格、责任、权限范围、视学日期、经费，以及与地方教育行政的关系等，从而使教育视导制度有章可循。②

二、民国初年的教育行政体制

1911年，孙中山领导的辛亥革命，推翻了清王朝260余年的君主专制统治。1912年1月1日，孙中山在南京就任临时大总统，宣布中华民国成立。中华民国的成立掀开了中国文化教育发展的新篇章。中华民国成立后，教育界针对清末形新而质旧的教育进行了多方面的改革，包括制定新的教育方针、确立新的教育管理体制等，力求建立起真正的资产阶级的新教育。然而，辛亥革命的果实很快被袁世凯篡夺。为了复辟帝制、管控教育，袁世凯肆意更改已确立的资产阶级教育体制。对此，民初教育界的广大人士进行了坚决的斗争，使得中国近代的教育管理制度较清末有了显著的进步。

---

① 王炳照：《中外教育管理史》，湖南师范大学出版社2000年版，第124页。
② 参见王炳照《中外教育管理史》，湖南师范大学出版社2000年版，第125页。

（一）民国初期教育行政机构的建立和改革

1. 中央教育行政机构

南京临时政府成立以后，蔡元培被任命为临时政府的教育总长。1912年1月9日，在蔡元培的主持下，南京临时政府教育部成立，开始对清末专制主义教育进行改革。1912年8月，临时政府公布《参议院议决修正教育部官制》，规定将清学部原设的总务、专门、普通、实业、会计五司的规制改为教育部下设的普通教育、专门教育、社会教育三司以及总务厅。教育部设总长一人，属政务官，为最高教育行政长官，受命于大总统，负责管理本部事务，监督全国学校及所辖官属。总长之下设次长一人，属事务官，辅助总长处理部中事务。普通教务司设司长一人，下设五科，分别管理蒙养院、小学、中学、师范学校、实业学校和蒙藏回学校等事务。专门教育司设司长一人，下设两科，分别管理大学及游学生、高等专门学校等事务。社会教育司设司长一人，下设三科，分别管理宗教、礼俗、社会文化设施、通俗教育等事务。教育部的总务厅事务庞杂，因此设立了两处四科，即秘书处、编审处及文书、会计、统计、庶务四科。此外，还有视学16人，负责视察全国的学务。

该章程对于教育部内部组织的划分是以现代教育的分类为标准的，整个结构紧凑且合理。该章程的实行，以法令的形式，使资产阶级共和国性质的中央教育管理机构从理论变为实际，确立了这一时期中央教育行政的基本格局。在这一基本格局的基础上，民国初年又分别于1913年12月和1914年7月对教育部官制进行了两次修订，尤其是第二次修订，对原有格局的各个方面都做了更加详细而合理的规定，使得中央教育行政体制逐步走向完善。

民国初年的教育部的建制主要有以下几个特点：一是重视成人教育，以提高整个民族的文化素质。社会教务司的设立很好地体现了这一点。二是注重初等教育的发展。民国教育部设立了普通教务司，并强调对于私塾的改良，要求对儿童入学进行调查，奖励小学教师，并要掌管专管初等教育的教育行政部门的变更事项等，使得初等教育的管理在普通教育司中占有重要的地位。三是教务总长的权限提高。教育总长有权监督地方最高行政长官对教育的实施情况，使教育具有相对的独立性，而不同于以往完全从属于国家的教育行政机构。四是开始建立近代教育行政视导机构。教育部内设立了视学处，是我国近代教育部设立视导机构的开始。

2. 地方教育行政机构

（1）省级教育行政机构。民国建立后，各省在军政时期，一切行政均隶属于军政之下，各省的教育行政制度也不相同。或在都督府民政司设置教育科学教育管理机构，或在省公署设置教育司为教育管理机构。随着省行政机构的变迁，教育管理机构也无法统一。直至政府北迁，省级教育行政机构的设置才逐步完善。

1917年，教育部颁布《教育厅暂行条例》，在各省开始建立起独立的教育行政机构——教务厅。教务厅直属教育部，设厅长一人，其职责为"秉承省长执行全国教育行政事务，监督所属职员及办理地方教育之各县知事"。厅内分设三科，各设厅长1人，科员1~2人。另设视学4~6人，视察全省教育工作。

（2）县级教育行政机构。民国初年，县级教育行政的设置十分混乱。或设立学务委员会，或仍然保留着晚清劝学所的建制，或将劝学所并入县公署，或设立教育公所。各县的教育行政制度相差甚远。

1914年12月，教育部正式公布了《劝学所规程》，通令各县市设立劝学所，"辅助知事办理县教育行政事宜，并综核各自治区教育事务"。该规程规定，劝学所设所长1人，劝学员2~4人，劝学所经费在地方公款项下自筹等。至此，纷乱一时的县级教育行政机构大体稳定下来。

这一时期的地方教育行政机构改革，未能像中央教育行政机构改革那样引起人们高度的重视。因而其教育管理的职能也就没有得到充分的发挥，这必然会影响到地方教育事业的发展。

（二）民国初年的教育政策

1912年元旦，南京临时政府成立，应当时形势发展的需要，在政治、文化、教育等方面迅速采取了一系列改革措施。1月9日，南京临时政府成立教育部，蔡元培任教育总长。在蔡元培的主持下，中华民国教育部制定了一系列的教育改革方针，敦促各地迅速恢复正常的教学秩序，革除清末教育的封建性，为全国教育提供指导意见。

1. 教育宗旨政策

中华民国成立以后，需要确立适应资产阶级民主共和政体需要的教育方针，以适应新的社会形态发展的需要。蔡元培作为第一任教育总长，十分关心民国教育大政方针的确立。1912年2月，蔡元培发表了《对于教育方针之意见》。其中，他批判了清末"忠君、尊孔、尚公、尚武、尚实"的封建主义教育宗旨，并明确宣布"忠君"和"尊孔"等观念与当下追求自由的共和政体格格不入，必须予以废除。另外，他反对在中小学开设读经讲经课以及在大学里开设经学科。根据资产阶级的需要，他提出了军国民教育、实利主义教育、公民道德教育、世界观教育和美育"五育"并举的教育方针。蔡元培认为，在当时社会动荡时期,实行军国民教育可以使人民拥有强健的身体和自卫能力;而学习西方先进的科学技术,进行职业技能的训练有利于使中国摆脱贫困、走向富强,所以实利主义教育不可或缺;另外,为了创造和谐的社会环境,杜绝以强欺弱、以富欺弱的风气的盛行,又必须通过道德教育予以引导;世界观教育和美育则是使人们精神境界得到升华,促使公民道德形成的重要途径。在"五育"中,他特别强调公民道德教育的重要地位,这与中国重视道德教育的传统相一致,但是他这里所说的道德教育是指资产阶级倡导的自由、平等、博爱,而非封建主义道德。

1912年7月,南京临时政府召开全国临时教育会议,会议热烈讨论并通过了蔡元培提出的"五育"并举的教育方针。9月2日,南京临时政府教育部正式颁布了"注重道德教育,以实利教育、军国民教育辅之,更以美感教育完成共道德"的教育宗旨。统而观之,这是德、智、体、美"四育和谐发展"的教育方针。该教育宗旨体现了资产阶级政治、经济的新要求,是中国资产阶级革命派反对封建旧教育的一个重大胜利。

袁世凯上台之后,在教育上推行复古主义,篡改了教育部公布的教育宗旨,并于1915年另行颁布《颁定教育宗旨》,基本上沿袭清末的教育宗旨。但其复辟的行为,遭到了广大人民的强烈反对,其所拟定的教育宗旨并未产生很大的影响。1916年,在广大教育人士的要求与努力下,教育部恢复了民国元年的教育宗旨。由此可见,民国元年所制定的教育宗旨对民国初年的教育影响颇深。

2. 教育法令政策

为保证教育方针的顺利贯彻,民国临时政府教育部颁布了一些重要的教育法令。1912年1月19日,教育部发布《教育部普通教育暂行办法通令》和《普通教育课程之标准》,主要内容有:改学堂名称为学校;初等小学允许男女同校;小学读经科一律废止,加重手工科,三年级以上加设珠算;各种教科书必须合乎共和国宗旨,清末学部颁行的教科书一律禁用;废止学校毕业生奖励出身等。[①] 1912年9月,随着民国教育宗旨的颁行,同时发布了《小学校令》《中学校令》和《师范教育令》;10月,还发布了《专门学校令》《大学令》。此后,教育部还公布了若干有关的教育法令和规程。这些法令规程的宗旨皆在于用资本主义的新教育来取代封建专制主义的旧教育,体现了资产阶级的教育意志。

---

① 参见王炳照《中外教育管理史》,湖南师范大学出版社2000年版,第136页。

3. 教育内容政策

教育宗旨的落实必然要通过教育内容的革新来实现。因此，革除封建旧教育的首要步骤就是要制定新的教育内容。1912年1月19日，教育部颁布《教育部普通教育暂行办法通令》，其中明确规定，清末学部颁行的一切教科书一律禁止使用，对于民间使用的教科书也要进行审查，对清末学校所设课程进行改革。教育部还根据民国各类学校的办学宗旨，对各类学校课程的内容、科目和各学年每周授课时数做了具体规定。各类学校一律执行教育部颁布的课程科目和课程表。这些教育内容是全新的，区别于清末的学校课程设置，从受教育者本体的角度着想，体现了民国教育方针的精髓。

4. 教育方法政策

新的教育原则和方法是贯彻执行新教育宗旨和内容的重要手段。教育部十分重视在教学过程中对新教育方法的运用，并发布"教则"，明令执行。新教育方法的主要内容包括：一是教育教学要适应儿童身心发展的特点；二是教育要与实际生活相结合，从而培养学生具备生活和生产方面的实际知识技能。

（三）民国初年的学制改革

南京临时政府成立之后，废除了晚清时期颁布的"癸卯学制"，并在蔡元培的领导下着手对学校教育制度进行改革。1912年7月，教育部召开中央临时教育会议，讨论教育政策和改革措施等重要问题，并于9月3日公布了《学校系统令》，因该年旧历称壬子年，故称"壬子学制"。此后，教育部又相继颁布了《小学校令》《中学校令》《大学校令》《专门学校令》《中学校课程标准》等学校规程，具体规定了各类学校的任务、目的、课程设置等内容，对新学制进行补充和修改，并且在1913年总合成一个新的学制。1913年旧历称癸丑年，而最终的学制又是以壬子学制为基本框架，所以被称为"壬子癸丑学制"。

该学制规定，儿童6岁入学，到23或24岁大学毕业，这个学制为期17或18年，由普通教育系统、师范教育系统和实业教育系统三个系统构成。

普通教育系统分为三段四级：第一阶段为小学，分为初等小学和高等小学两级，其中初等小学4年为义务教育，高等小学为期3年。主要是"留意儿童身心之发育，培养国民道德之基础，并授以生活所必需的知识技能为宗旨"。第二阶段为中学，只设一级，修业4年。"以完足普通教育，造全健全人格为宗旨。"第三段为大学，也只设一级，但分预科和本科，预科3年，本科按照不同学门分为3年或者4年，"以教授高深学术，养成硕学闳才，应国家需要为宗旨"。

师范教育系统分为师范学校和高等师范学校两级。师范学校主要招收高等小学学生,以培养小学教师为目的,预科1年,本科4年;高等师范学校招收中学毕业生,以造就中学、师范学校教师为目的,预科1年,本科3年。

实业教育系统分甲、乙两种,以教授工商业所必需的知识技能为目的。乙种实业学校招收初等小学毕业学生,甲种实业学校则招收高等小学毕业生,均为3年毕业,分为农业、工业、商业、商船各类。此外还有专门学校,"以教授高等学术,养成专门人才为宗旨",相当于高等实业学校。

"壬子癸丑学制"与"癸卯学制"相比较具有以下几方面的优点:①相比较之下,改革后的学制学程缩短了3年,增加了劳动人民受教育的机会;②废除了专门为贵族设立的学堂;③废止了按学校等级奖励给学生科举出身的规定;④女子教育取得了一定的地位,各种类型的学校可以设置女子学校,小学还可以男女同校,这在女子教育方面是一大突破;⑤取消了封建旧制中的读经讲经课,大学里也取消经科,增加了家事、园艺等实用科目,加强了生产知识技能的训练;⑥私人得到更多的办学权限,除高等师范学校外,一律允许私人开办。

"壬子癸丑学制"具有鲜明的反封建色彩,反映了资产阶级的要求。它反映出封建专制政体的衰亡和共和政体兴起的时代趋势,体现出近代新式教育发展的总方向是在不断地走向近代化。但由于制定者未能全面深入地总结清末以来新式教育发展的经验与教训,未能深刻认识到当时实施国民教育的状况及条件,导致这一学制还存在很多不足的地方。如整个学习年限仍旧过长,中等教育的分科、衔接等未能得到好的解决,等等。

三、北洋军阀政府统治时期的教育行政体制

袁世凯倒台后,民国政府仍在北洋军阀集团的控制之中。北洋军阀政府统治时期,军阀之间争权夺利,连年混战,政治上一片混乱。但民初所建立的教育管理制度得以保存下来,又加之军阀忙于混战无暇管控教育,所以这一时期的教育界在研究和发展教育方面拥有一定的自由。此外,1915年兴起的新文化运动以"民主"和"科学"为旗帜,与北洋军阀展开了针锋相对的斗争,促进了思想解放和新思想的广泛传播,同时也催生了教育改革运动,有助于进一步完善教育管理体制。

(一) 教育行政体制的完善

1. 中央教育行政制度的改革

民国初年建立的中央教育行政制度,由于其内部结构所形成的教育管理职能,基本上可以适应当时的教育实况,所以一直没有大的变动。1925年,广州国民政府成立,各部组织均改用委员制,所以中央教育行政机关也设为委员会。但仅实行一年多就被大学院所取代。

2. 地方教育行政机构的建设和发展

(1) 省教育行政制度。南京临时政府建立以后,各省的教育事业最初由都督监管,这使地方教育缺乏有力而系统的领导,影响了地方教育的发展。1917年9月,北洋政府接受了教育界人士的建议,公布了《教育厅暂行条例》,规定各省设立教育厅,管理本省所有教育事宜。教育厅直属于教育部,教育厅的最高行政长官,即教育厅长,由大总统直接任命,其职能为"秉承省长执行全省的教育行政事务,监管所属职员暨办理地方教育之各县知事"。教育厅内根据各省的实际情况分科理事,但最多不能超过3科,每科科员不能超过3个人。1918年4月,教育部公布《省视学规程》,规定教育厅设省视学4~6人,由省教育行政长官委任,承省教育行政长官之命视察全省教育事宜。

教育部吸取了欧洲近代教育管理体制的经验,确定相关法规使省教育厅行政尽可能少受普通行政的干预,给予其一定的独立性。但对于仍处于半殖民地半封建社会的中国而言,行政体制仍然实行集权制,这一法规在当时的社会背景下难以实现,许多省的教育行政实权实际上仍在省公署的教育科。

(2) 县教育行政制度。民国初年,县级教育行政的设置十分混乱,有的县设立了学务委员会,有的仍然保留着晚清劝学所的建制,有的将劝学所并入县公署,有的设立教育公所,各县的教育行政制度相差甚远。直至新文化运动兴起之后,教育界要求县教育行政保持相对的自主性,实行专业化,从而推动基础教育行政机构的建设。

1921年第七届全国教育会联合会提出《改革地方教育行政制度案》,主张设立教育局为全县的教育行政机构,揭开了县教育行政机构改革的序幕。1924年3月,正式颁布《县教育局规程》,规定县教育局由局长一人、视学及事务若干人组成。县教育局长商承县知事主持全县教育行政事宜,并督促指导属于该县的教育事宜。教育局长必须有一定的学历、教育理论修养和教育实践阅历。规程还规定教育局的参议机构为董事会,其职能在于参议和筹措教育经费。为保证董事会的参议作用得到较好的发挥,规程规定教育局长虽然可以参加董事会,但却没有表决权力,这一制度体现了教育管理中的民主思想。

(二) 教育宗旨的演变

袁世凯倒台后,他所颁布的《教育纲要》立刻遭到教育界的彻底否定。在广大教育家的要求下,1916年9月,国务院颁布法令,撤销袁世凯颁布的教育宗旨,恢复民国初期的教育宗旨。教育部重新颁布法令删去"读经"及相关的教学内容。1917年5月宪法审议会否决了将孔教定为国教的提案。

然而,对于1912年9月教育部所制定的教育方针,教育界一直存在着争议,认为存在着"多主义"的不足,因此一直在酝酿着教育方针的改革。五四运动前后,国内思想界十分活跃,西方教育理论被大量介绍到国内,尤其是杜威的实用主义教育理论,在国内影响颇深。这一时期,国内教育界将目光集中在美国的先进教育经验之上,特别是杜威的教育理论。因此,这一时期教育方针政策、学制和管理等方面的改革都较大程度地受到美国教育的影响。

1919年10月,全国教育会联合会第五届年会通过《废止教育宗旨,宣布教育本义》的议案。该议案认为,教育宗旨只是解决了如何教人的问题,而不是人应该如何教的问题,不符合儿童本位教育的含义,故"施教育者,不应特定一宗旨或主义,束缚被教育者","今后之教育,所谓宗旨,不必研究修正或改革,应毅然废止"。该议案还指出,北京教育调查会提出的"养成健全人格,发展共和精神","经本会讨论,认为适合教育本义,非宗旨之改革","请明令宣布为教育本义,期各教育者研究阐发"。

显而易见,这一议案是以杜威的儿童本位主义为基础的,反映出实用主义教育的倾向。虽然明令废除教育宗旨,但却划定了"养成健全人格,发展共和精神"的教育本义,这实质上已明确地将教育划定在资产阶级民主共和国的范围内,确立了教育的资产阶级性质,而且将学生的个性目标与资本主义教育的目标紧密结合,显示出更为民主和自由的精神。虽然这一议案最终没有付诸实践,但其规定的教育本义却产生了深远的影响。总之,这一时期的教育宗旨可以看作"养成健全人格,培养共和精神",但却被称作教育本义。该宗旨以资产阶级民主共和国的建设为目标,又融入实用主义教育思想的精髓,进一步发扬了民主精神。

(三) "壬戌学制"的颁布

民初确立的壬子癸卯学制虽然去除了诸多的封建性因素,但在其实施的过程中还是显露出一些不足之处。如小学年限过长,中学年限过短,而且过于重视普通教育,强调为升学做准备,而忽视了不能升学者的就业问题等。另外,第一次世界大战（以下简称"一战"）期间，中国的民族工业趁机得到发展，民族资产阶级在文化教育上的要求日益强烈。而壬子癸卯学制愈发不能适应社会发展的需要，因此不断引起人们的批评，改革的呼声日益高涨。

1919年，全国教育会联合会第五届年会开始讨论修改学制系统案，掀开了学制改革的序幕。1920年第六届年会再次讨论，专门成立了学制研究会，将有关学制改革的各种意见汇集，印发各省区教育会研究讨论，并要求各省区教育会拟定具体的改革方案。在1921年第七届年会上，专门研究各省区教育会提交的学制改革草案，最后通过表决认为"广东案"较为完备，择定以广东的方案为主进行适当的修改，形成并通过了"学制系统草案"，并要求各省区教育会对该草案进行进一步讨论。1922年9月，教育部在北京召开专门的学制会议，邀请教育专家和各省行政负责人对草案进行审定、修改。并于同年10月将修订稿交由全国教育会联合会第八届年会代表终审。11月1日，新学制以大总统令的形式正式公布实施。新学制称为"壬戌学制"，或者称为"六三三"学制。

"壬戌学制"没有指定统一的教育宗旨，而是以七项标准作为改革的指导思想。七项标准为：①适应社会进化之需要；②发挥平民教育之精神；③谋个性的发展；④注意国民经济力；⑤注意生活教育；⑥使教育易于普及；⑦给各地方留有伸缩余地。这七项标准吸收了当时教育改革的新成果，体现了追求民主、自由精神的教育理念。根据这七项标准，新学制的改革内容具体表现在以下这几个方面。

1. 初等教育

新学制小学修业的年限由7年改为6年，分初小和高小两级，初小4年，可以单独设立，为义务教育阶段。高小酌地方情形，可增置职业准备的教育，这样既顾及国民经济的承受能力，同时也为各地根据具体情况灵活设学创制了条件，有利于初等教育的发展。而且，新学制还明确规定幼稚园招收6岁以下儿童，改变了旧制没有把蒙养园列入学制系统的缺陷。

2. 中等教育

壬戌学制特别加强了中等教育在整个学制系统中的地位，使中等教育成为学制改革的核心。中等教育的修业年限增加到6年，提高中学的教育水平，克服了旧学制中中学只有4年而造成基础知识薄弱的特点；另外，中学分为初、高两级，不仅增加地方办学的伸缩余地，还可以增加学生的选择余地；设三年制综合高中，分普通、农、工、商、师范、家事等科，增强了职业教育，使中学兼顾升学与就业的双重任务。另外，中学还实行分科制和选科制，有利于调动学生的积极性和培养学生的个性。

3. 高等教育

由于中学修业年限的增加，中学教育较为充分，所以这一学制中高等教育取消了预科制度，并理顺了中等教育与高等教育的关系，使其任务分明，高等教育摆脱了普通教育的任务，集中精力从事于专业教育和科学研究，有利于提高高等教育水平；新学制规定大学采用选科制，适应了发展学生个性的需要；为了顺应大学的发展，新学制还规定可以设置单科大学，这对于促进大学的设立有积极作用。

4. 师范教育

壬戌学制中关于师范教育的改革主要表现在以下三个方面：一是师范教育的种类增多。除了原有的师范学校及附设的小学教员讲习所、高等师范学校之外，还规定高级中学可以设师范科，普通大学设立教育科并且可以附设两年制师范专修科。这就突破了师范教育自成系统的框架，使师范教育的办学机制趋于灵活。二是师范教育的程度有所提高。师范学校修业年限由旧制的预科 1 年，本科 4 年，增加到 6 年。设立四年制师范大学，将旧制高等师范学校升格为师范大学，并在大学设教育科（系），招收高中毕业生，使高等师范教育与大学处于同一发展水平。三是在师范学校后 3 年实行分组选修制，一方面由重视基本学历转为注重专业智能培养，增加了科学知识和文化陶冶的科目；另一方面减少公共必修科，增设选修科，采用学分制以满足学生个性发展的需要。

5. 职业教育

职业教育方面，一是将原来的甲种实业学校和乙种实业学校均改为职业学校，招收不同程度的学生；二是新制中对职业学校的年限不做统一的规定，而是各地根据自己的实际情况与需要决定，使职业学校拥有更多的办学自由，有利于促进其发展自己学校的特色。新制中的职业教育还包括独立于学校之外的附设在各种程度、各种类型学校中的职业教育，形成了从小学到大学、从学校教育到补习教育、从普通教育到职业教育的较为完善的职业教育体系。新学制对于推进职业教育的发展发挥了积极的作用。

"以儿童身心发育阶段为划分学级之大体标准"，是 1922 年新学制最显著的特点,[①] 该学制对于各期的分段大致对应了儿童身心发展的各个阶段，较之前的学制更具科学性。本次学制改革的核心在于加强中等教育，在形式上批判性地借鉴了美国"六三三"制度，缩短了小学年限，延长了中学年限。将中学分为两个阶段，增加了灵活性。同时，在中学设各种职业科，使学生既可以选择继续升学，也可以选择尽快就业。这一时期，中国的资本主义生产规模在

---

① 参见王建军《中国教育史新编》，广东高等教育出版社 2014 年版，第 313 页。

逐渐扩大，中小企业对于初级职业人才的需求加大，"新学制"正是适应了这一社会发展需求，旨在培养出大批有中等文化程度且有一定职业知识的人才。

"壬戌学制"虽在形式上仿照美国学制，但它更是当时国内教育界通过认真研究、反复讨论而制定的，是在结合自身实际的基础上学习先进经验而达成的。该学制不仅迎合了当时中国民族工业发展的需要，还遵循了儿童身心发展的特点，是我国学制发展史上的一大进步。当然，该学制也存在一些不足的地方，如重文轻理、重应用轻基础等。北伐统一中国后，国民政府对该学制进行了改革和修订，使其更加符合教育发展的规律，从而得以长久沿用。

四、国民政府统治时期国统区的教育行政体制

1927年"四一二"反革命政变后，蒋介石集团背叛了孙中山的三大政策和新三民主义，在南京建立了"国民政府"，中国历史进入了国民党统治时期。1928年8月，国民党二届五中全会宣布"军政时期"结束，"训政时期"开始，蒋介石在会上公开宣称"以党治国"。同年10月，国民党公布了《训政纲领》，规定由国民党对全体人民实行"训政"，一切国家大计，均由国民党中央政治会议决定，再由国民政府执行。这种所谓的"训政"，实际上是国民党"一党专政"。

国民政府统治时期，在文化教育领域内大肆宣传封建旧道德，实行文化专制主义。为加强对各级各类学校的控制，国民政府重新制定教育宗旨，颁布教育法令法规，采取了严厉的措施和行政高压手段对学生和教师的思想言行进行监督和控制。另外，为适应世界新教育的潮流，国民政府也引进西方教育学说，在一定程度上增加教育投入，学校类别、层次、数量与质量均有不同程度的发展，学校管理制度和管理办法也日渐完善。

（一）教育行政管理机构

1927年4月18日，国民政府成立之初，中央教育行政机构基本沿袭广东国民政府时代的"教育行政委员会"，并任命蔡元培、李石曾、汪精卫等人为国民政府教育行政委员会委员。随后，蔡元培为改革教育行政管理上的官僚化风气，提议实行法国创行的大学院制，组织中华民国大学院为全国最高学术教育行政机关，以大学区为教育行政单元。1927年6月，国民党中央政治会议通过蔡元培等人的建议，开始实行大学院制和大学区制。1928年8月，为了适应其中央集权制统治，国民政府又改大学院制和大学区制而建立中央教育行政机构的教育部。

1. 大学院与大学区制

1927年南京政府成立以后，中央行政机构仍然沿用"教育行政委员会"。辛亥革命后，教育机关多由官僚政客把持，教育部门充满腐败的官僚气息。北伐战争之后，打倒官僚的思想深入人心。为了表现其革新精神，1927年6月，国民党中央政治会议通过了蔡元培等人的提议，仿效法国教育行政制度组织中华民国大学院为最高学术教育行政机关，实行大学院制，并任命蔡元培为大学院院长。所谓的大学院制即是将全国最高的学术领导机关和教育行政领导机关合为一体，独立地领导全国学术教育的发展，以摆脱官僚政治的干预和压制。

大学院由中央和地方两级教育行政机构组成，其中央的教育行政机构称大学院，其地方教育行政机构称大学区。

大学院设院长1人，负责全院事务，兼任国民政府委员。大学院内设大学委员会，为最高评价机构，决议全国学术上、教育上的一切重大问题。院长之下设有秘书处，辅助处理本院事务。学术和教育管理机构还有教育行政处、学术和教育的各种专门委员会、学术研究机关。教育行政处是管理教育行政事务的主要机构，它分设学校教育、社会教育、法令统计、图书馆、国际出版品交换、书报审查等6组；学术与教育的专门委员会分设有大学院政治教育委员会、大学院经费计划委员会、大学院艺术教育委员会、大学院华侨教育委员会、大学院体育指导委员会等。学术研究机关设有中央研究院、国立劳动大学、图书馆、博物馆、美术馆、观象台等机关。

实行大学院制要求划分大学区。大学区的组织以省为单位，区内必须设立国立大学一所，大学校长总理大学区内的一切学术与教育行政事务。大学区内设评议会，为本学区最高教育立法、审议机关。设研究院为本大学区研究专门学术的最高机关。令设高等教育处、普通教育处和扩充教育处分别管理区内的高等教育、中等教育和劳农学院以及社会教育。这些机构均设于大学内，不同于其他政府机关。大学区隶属于大学院。[①]

大学院和大学区制有其进步的一面。这一尝试是对国民党的教育专制、对蒋介石的独裁本性的挑战与批判，是对专制政治枷锁的抗争。它表明教育理论界要求社会，特别是政治社会应充分尊重教育发展的规律，教育应得到自主健康的发展权利。然而，教育独立本身就是不科学的幻想，而且大学院与大学区制所要实现的"教育自由化与学术化"与国民党"以党治国"的方针相抵触。1928年，为了加强中央集权统治，国民党中央全会决定设置教育部，同时取消大学院。1929年6月，国民党中央决定停止大学区制，各地开始恢复教育

---

① 参见刘建《中国近代教育行政体制研究》，上海教育出版社2014年版，第208页。

厅的建制。

2. 重建中央集权制教育行政体系

1928年10月24日，国民政府下令改大学院为教育部，直接隶属于行政院。省、县则分别设置教育厅、局或科，重新构建了中央集权制的教育行政体系。

（1）中央教育行政管理组织。1928年10月，明令改大学院为教育部后，于同年12月11日公布《教育部组织法》，规定教育部负责全国的学术和教育事业的行政事务，对各地方最高行政长官执行本部主管事务有指示监督之责，没有管辖的权力；对于各地方最高级行政长官之命令或处分，认为有违背法令或逾越权限者，得请由行政院院长提经国务会议议决后，停止或撤销之；教育部设部长1人，为特任官，设政务次长和常务次长各1人，都是国家简任官。设参事2～4人为简任，负责教育法令法规的拟定和审议。此外还有秘书、督学等，皆为国家简任官。教育部设总务司、高等教育司、普通教育司、社会教育司，并设大学委员会等各种委员会和编审处。每司设司长，为国家简任官。司下设科，有科长为荐任，下又设科员为委任。自此，教育部的骨架初步形成，其管理层次清晰有序，办事效率有所提高，各种委员会对各级各类教育也产生了积极影响。

《教育部组织法》经过10次修正。1929年11月1日，教育部公布第一次修正，增设蒙藏教育司和华侨教育设计委员会。这是教育行政管理史上的首次建制，体现了对少数民族教育和华侨教育的重视。1931年7月，国民政府第三次修正《教育部组织法》，规定在教育部设督学4～6人。同年9月，又公布了教育部督学工作的细则，其中规定"督学应设置办公室"。至此，清末所设的教育视导制度得以恢复并逐步趋于完善。后来又经过10次修正，中央教育行政管理机构的组织规模、设置、职掌等日臻完备。

（2）省教育行政机构。1929年大学区制废止之后，很多省市陆续恢复教育厅制，而先前没有实行大学区制的省市亦沿袭了先前的教育厅制，这时全国基本上都是实行教育厅制，只是其具体的实施规则并没有统一规定。1931年3月，国民政府公布了《修正省政府组织法》，规定教育厅为省政府的组织之一，对教育厅进行统一规范。教育厅厅长由行政院就省政府委员中提请国民政府任命之，综理该厅事务；教育厅下设五科：第一科管理高、中等教育和留学的相关事务，第二科管理小学和幼稚教育，第三科管理社会教育和文化设施，第四科管理经费预算，第五科管理总务。另外还设有秘书处、督学室和编审室，还可以根据需要组织各种委员会。

（3）县市教育行政机构。1929年6月，国民政府公布《县组织法》，规定县教育行政机构为"教育局",掌管该县市的学校、图书馆、博物馆、公共体育馆、公园以及其他社会文化事业。县教育局设局长1人,由县长从考试合格人选中遴选并呈请省政府核准委任。1937年6月,行政院颁布了县各级组织纲要,推行"管教养卫一体化"[1],教育局在裁改之列。1940年9月,国民政府颁布法令将县教育行政机构统一为教育科,科长由县长委派,教育机构地位日渐低落。抗战胜利之后,国民政府于1947年2月提出县政府应该根据实际情况恢复教育局制度。1948年,教育部正式通告各省尽量在条件允许的各市重新开设教育局。县级教育行政机构的职能逐渐恢复。

1930年5月20日,国民政府公布《市组织法》,规定直辖市教育主管机关的地位等同于省教育厅的地位,省辖市教育主管机关的地位等同于县教育局的地位。至此,市教育行政组织机构逐渐定型。

(二)三民主义教育宗旨

1922年颁布的"壬戌学制"只有七项标准而删除了教育宗旨。随着中国的民主主义思想抬头和实用教育主义的消退,统一教育宗旨的问题又再度成为人们关心的焦点。

1927年,蒋介石发出实行"党化教育"的号召。浙江省政府也曾公布《党化教育大纲》,提出以训练党员的要求训练学生,以国民党的纪律为学校纪律,用管党的方法来管理教育。后来,国民党认为人们对于"党化"二字理解各不一样,各自为是。因此,1928年5月,大学院召开第一次全国教育会议,对实施"党化教育"进行了讨论,并通过了废止"党化教育"的议案,议决以"三民主义教育"为教育宗旨取而代之。这一举措遭到国民党中央执行委员会训练部的不满,他们坚持以"党化教育"为教育宗旨。1929年国民党召开第三次全国代表大会,正式通过"三民主义教育"为教育宗旨的相关提案,确定了"三民主义教育"的内涵,批判了过去违背三民主义教育所造成的伤害,明确提出教育宗旨为:"中华民国之教育,根据三民主义,以充实人民生活,扶植社会生存,发展国民生计,延续民族生命为目的;务期民族独立,民权普遍,民生发展,以促进世界大同。"[2] 国民政府于1929年4月26日通令公布"三民主义教育"的教育宗旨,此后便成为全国遵行的教育宗旨。

---

[1] 梅汝莉:《中国教育管理史》,海潮出版社1995年版,第255页。
[2] 张宪文、张玉法:《中华民国专题史》,南京大学出版社2015年版,第375页。

五、革命根据地和解放区的教育行政体制

1927年,蒋介石、汪精卫相继叛变革命,第一次国共合作破裂。中国共产党开始独立领导新民主主义革命,先后建立了井冈山、闽西、赣南等革命根据地,成立人民政权,统称苏区。随着革命政权的建立,苏区的文化教育事业也开创了新局面,推行以工农大众教育为核心的新民主主义教育的教育方针,为根据地建设和武装斗争培养了大批的人才,奠定了新民主主义教育的实践和理论基础。1927—1949年间,中国共产党领导下的革命根据地和解放区的教育管理,开创了文化教育管理制度的新局面。

(一)土地革命时期苏区的教育管理

土地革命时期,中国共产党领导人民构建起新民主主义的教育管理体制,包括教育方针政策、教育行政管理体制等各个方面。主要特点是民主管理,教师、学生和广大群众一起参与教育管理工作。苏区的教育管理制度不仅借鉴苏联的教育管理经验,又结合根据地的实际情况,因地制宜开展教育,形成了一套独具特色的教育管理体制。

1. 中国共产党领导下苏区的教育方针和政策

苏区的教育方针是在教育实践中逐渐沉淀而成的。苏区初创时期,各个根据地为促进本地区的教育发展,分别根据自身实际制定了各自的教育方针。虽然教育方针不甚统一,但指导思想和基本精神是趋于一致的,即教育必须为革命战争服务,必须适应根据地建设的需要,结合当地实际,更好地服务工农大众。

1931年11月7日,中共苏维埃第一次全国代表大会通过了《中华苏维埃共和国宪法大纲》,颁布了一系列有关文化教育的政策。明确规定:"中国苏维埃政权以保证工农劳苦民众有受教育的权利为目的。在进行国内革命战争所能做到的范围内,应开始施行免费的普及教育,首先应在青年劳动群众中施行并保障青年劳动群众的一切权利,积极地引导他们参加政治和文化革命生活,以发展新的社会力量。"

1934年1月,毛泽东总结了革命根据地文化教育建设方面的经验,在第二次全国苏维埃代表大会上,正式提出了苏维埃文化教育建设的总方针:"在于以共产主义的精神来教育广大的劳动民众,在于使文化教育为革命战争与阶级战争服务,在于使教育和劳动联系起来,在于使广大中国民众都成为享受文

明幸福的人。"①

毛泽东运用马克思主义教育原理，结合当时革命斗争实际，并在总结概括苏区文化教育实践经验的基础上提出了这一教育方针。它以共产主义思想作为教育的指导思想，规定文化教育的行动纲领是使教育为革命战争与阶级斗争服务，强调教育与生产劳动相结合、理论与实际相联系，提出了文化教育的中心任务是大力提高劳动人民的政治文化水平，为苏区教育的发展指明了方向。在这一教育方针的指导下，中央苏维埃政府制定了相应的文教政策：

（1）改造和整顿旧教育。为了使教育实现提高广大劳动人民的政治和文化水平的目的，苏区对旧教育进行了彻底的改造和整顿，与一切非马克思主义的旧教育决裂。禁止任何宗教干预教育和学校，取消各种宗教团体的特别权利，教育机关与学校绝对分离，并没收帝国主义在华的教学、学校和一切文化机关，抵制帝国主义的文化入侵；取消一切封建主义旧教育，实行新教育，在苏区的教育中，坚决反对孝悌忠信、伦理纲常等一切复古思想。

（2）工农及其子女有享有教育的优先权。苏区的教育方针中就明确规定教育对象为广大劳动群众，因为他们是苏维埃政权的基础，他们的思想觉悟和文化水平直接决定着革命的成败。1934年，中央人民委员会明令："这里一切文化教育机关，是操在工农群众的手里，工农及其子女有享有教育的优先权。"苏维埃政府用一切方法来提高工农的文化水平。为了这个目的，给予群众政治上与物质上的一切可能的帮助。在这项精神的指引下，各地的苏维埃政府结合本地区实际，给予工农子女、红军子弟优先上学和免收学费的特别优待，保证工农兵及其子女的受教育机会。

（3）争取现有知识分子，培养工农知识分子。1934年，毛泽东指出："为了造就革命的知识分子，为了发展文化教育，利用地主资产阶级出身的知识分子为苏维埃服务，这是苏维埃文化政策中不能忽视的一点。"② 苏维埃政府不仅要争取现有知识分子包括地主、富农出身的知识分子和国民政府统治区的知识分子，更要培养工农出身的知识分子，例如，举办干部培训班、苏维埃大学和各类专门学校来培养革命干部和专门人才。

实践证明，中国共产党在苏区的知识分子政策是切实可行的，旨在让愿意参加革命的旧知识分子和新培养出的工农知识分子共同致力于革命文化教育事业的建设。

（4）依靠群众力量办学。苏区教育的主要特点是让广大群众都投入到教

---

① 参见李桂林《中国现代教育史教学参考资料》，人民教育出版社1987年版，第48页。
② 聂家华、刘洪森：《中国近代史纲》，山东人民出版社2011年版，第204页。

育工作中来，调动群众办学的积极性，依靠群众解决办学中遇到的各种问题，并最终造福广大工农群众。兴办教育之初，师资和经费是苏区教育发展的两大阻碍。因此，苏维埃政府充分调动群众办学的积极性，一方面鼓励群众团体办学，青年团、工会、消灭文盲协会等都做了极大努力；另一方面允许私人办学。1933年10月，中央教育建设大会做出规定，"在服从苏维埃的法律，首先是苏维埃的教育政策的条件之下，允许私人所办之学校存在"[①]。教育上的群众路线是苏区教育发展的重要保障，极大地促进了革命根据地教育的发展。

2. 苏区的教育行政管理体制

（1）苏区教育行政机构的创立。苏区的教育行政体制是随着土地革命进程的发展而逐步建立并完善的。1928年5月，井冈山革命根据地在湘赣边区工农兵苏维埃政府内正式成立了教育部，这是苏区最早设立的教育行政机构。1931年11月，中华苏维埃共和国在瑞金成立。临时中央政府内部设中央教育人民委员部，为全国各根据地最高教育行政领导机构，掌管苏区的教育行政事务，在方针政策上领导全国学校教育和社会教育。中央教育人民委员部部长由教育人民委员担任，执行中共中央和临时中央政府制定的教育方针政策和指示，督促和检查本部和下级教育行政机关的工作，同时对本部的部分干部有权任免。另外，设副部长1人，协助部长工作。同时，中央教育人民委员部分设初等教育局、高等教育局、社会教育局、艺术局、编辑局、巡视委员会。初等和高等教育局协同管理普通教育；社会教育局和艺术局管理社会教育；编审局领导编审教材事宜，巡视委员会计划领导巡视工作。

省、县、区教育部及乡教育委员会的任务是："正确执行中央政府及中央教育人民委员部关于文化教育的政策、计划、命令、训令，领导广大工农群众，用教育与学习的方法，提高群众的阶级觉悟、文化水平和政治水平，打破旧社会习惯的传统，使其能有力地动员起来，加入战争，深入阶级斗争，参加苏维埃各方面的建设，以争取苏维埃运动在全中国的胜利。"

省、县、区教育部长，市教育科及乡苏维埃之下设立教育委员会，其任务就是讨论计划、建议并检查关于发展该区范围内文化教育运动的一切问题。市、乡教育委员会还兼有帮助市教育科、乡苏维埃直接动员群众进行教育工作的任务。

（2）教育巡视和报告制度。教育巡视和报告制度是苏区政府加强对教育工作的领导和管理的一项重要的措施。

中央教育人民委员部设巡视委员会，省、县教育部均设有巡视员。巡视员

[①] 李才栋：《中国教育管理制度史》，江西教育出版社1996年版，第701页。

的职责是考察教职员的勤惰，检阅并测验学生成绩，提出教育上的一切可行方法，考察当地政府对教育的领导情况，按照实际情形报告文化部或文化委员会。在巡视方法方面，强调从实际出发，如实地考察、个别谈话、查阅工作计划和会议记录等。巡视工作要将定期的普遍巡视和不定期的抽样巡视结合起来。巡视员在巡视过程中还要写巡视日记，巡视结束后还要撰写总结报告，报告所属教育部。

此外，苏区政府还建立了工作报告制度。1934年4月，中央教育人民委员部公布《教育行政纲要》，其中规定："各级教育部向上级报告工作，每月一次报告整个的工作，对某些特别重要的问题，还必须随时报告，但调查统计及学期总结，只在每学期终报告，三个月不报告，尤其是不做学期总结者，以故意消极怠工论。"本项制度不仅保证了教育工作的正常有序开展，而且对于工作效率的提高也有督促作用。

（二）抗日民主根据地的教育管理

抗日战争时期，在陕甘宁边区和各敌后根据地，中国共产党坚决贯彻抗日民族统一战线的政策，在政权的组成方面，实行"三三"制。在文化教育方面，实行文化教育工作中的统一战线政策，贯彻文化教育工作中的群众路线政策，实行教育与生产劳动相结合的政策，坚持"干部教育第一"的政策，推动了根据地文教事业的发展。

1. 抗日战争时期党的教育方针政策

（1）为长期的抗战服务的教育方针。在"卢沟桥事变"前夕，中国共产党就曾提出抗战教育的方针，总体精神就是：文化教育应为全面、持久的抗日战争服务，培养大批的抗日干部，提高人民的民族文化和民族觉悟，以民族精神教育新后代。抗战爆发后，中国共产党为适应全面抗战的需要，更加明确地提出为抗战服务的教育方针。

1938年10月，毛泽东在中国共产党召开的六届六中全会上做了《论新阶段》报告，他指出："在一切为战争的原则下，一切文化教育政策均应使之适合战争的需要。"为此，必须要改定学制，废除不急需与不必要的课程，改变管理制度，以教授战争所需要的课程和发扬学生的积极性为原则；创设并扩大增强各种干部学校，培养大批的抗日干部；广泛发展民众教育，组织各种补习学校、识字运动、戏剧运动、歌咏运动、体育运动，创办敌前敌后各种地方通俗报纸，提高人民的民族文化和民族觉悟；办理义务的小学教育，以民族精神教育新后代。

这一时期，教育为革命战争和政治斗争服务的中心任务高于一切。这与苏区教育方针的基本精神是一脉相承的。

（2）实行文化教育工作中的统一战线政策。巩固和扩大抗日民族统一战线是中国共产党进行抗战工作的指导思想，也是党开展文化教育工作的指导思想。毛泽东在为中共中央撰写的《大量吸收知识分子》的报告中阐述了吸收知识分子对于中国革命的重要性及必要性，指出吸收知识分子是抗日战争能够取得胜利的重要因素，因而必须大量吸收知识分子。

1937年，毛泽东在《文化工作中的统一战线》中又提出"为争取千百万群众进入抗日民族统一战线而斗争"的口号。他还指出实行文化教育工作中的统一战线政策的两个原则，"第一个是团结，第二个是批评、教育和改造"。所谓团结，就是要联合一切可以联合的知识分子，容许一切具有抗日思想的文化人、教育家们来根据地办学、办报、做事，吸收一切主张抗日的知识分子到根据地办学校，加以短期训练后，便令其参加军队工作、政府工作和社会工作。但团结并不意味着放弃原则，要坚持党对统一战线的领导，在团结的基础上，对知识分子进行教育和改造，帮助他们解决立场、态度和为什么人服务的问题，实行和工农相结合，并按照具体情况将具备了入党条件的一部分知识分子吸收入党。总之要调动一切积极因素，组成广泛的统一战线，为抗战的文化教育服务。

（3）坚持"干部教育第一"的政策。为了动员和组织广大民众抗日，各抗日前线和后方均迫切需要大批的抗战干部，为此，中共中央十分重视干部教育。

1938年10月，毛泽东在中共六届六中全会上指出："政治路线确定之后，干部就是决定的因素。因此，有计划地培养大批的新干部，就是我们的战斗任务。"[①] 1942年2月，中共中央明确制定了"干部教育第一"的政策，指出："在目前条件下，干部教育工作，在全部教育工作中的比重，应该是第一位的，这是因为一切工作，包括国民教育工作在内，都须经过干部去做。"《解放日报》还发表社论《业务教育和政治教育》《为什么在职干部教育摆在第一位》，分别阐述了党在抗日战争中"干部教育第一"的政策。在战时的特殊环境下，根据地抗战干部量少质低，而且政府的财力也不甚充足，所以必须要根据轻重缓急来选择优先发展干部教育，将资源进行有效的分配。将干部教育放在首位，并不意味着不重视群众教育，因为干部的培养和提高最终还是为了更好地为群众服务。

（4）教育与生产劳动相结合。教育与生产劳动相结合是马克思主义教育

---

① 王献玲：《中国教育史》，郑州大学出版社2011年版，第339页。

理论的基本观点，也是党在苏区时期教育工作的一条重要经验。

抗日战争时期，中国共产党和毛泽东反复强调贯彻教育与生产劳动相结合的政策，一方面是为了使根据地的教育工作更加切合其生活实际，使教育为抗战服务落到实处；另一方面是通过参加生产劳动，对学生进行思想政治教育，造就新型的知识分子。此外，通过鼓励学校组织学生参加生产劳动，在一定程度上可以缓解日寇对根据地进行封锁所带来的经济问题，减轻当地政府和群众的经济负担，为根据地的教育事业发展提供一定的物质保障。

1943年，中共中央和边区政府发出了开展大生产运动的号召，根据地各级各类学校积极响应号召，将生产劳动列入学校教育计划，全面贯彻教育与生产劳动相结合的方针政策。

2. 新民主主义教育方针的确立

1940年1月，毛泽东发表了《新民主主义论》，系统地阐述了中国共产党在民主革命时期的理论、路线、方针和政策，奠定了新民主主义革命学说的理论基础，其中也第一次明确提出既符合抗日战争实际需要，又适应整个新民主主义革命时期历史特点的教育方针。

在《新民主主义论》中，毛泽东提出"新民主主义"的概念，并引申出"新民主主义文化"的概念。毛泽东指出，中国的革命是无产阶级领导的、人民大众的、反帝反封建的新民主主义革命。而中国新的国民文化是以无产阶级社会主义文化思想为领导的人民大众反帝反封建的新民主主义文化。他进一步指出，民族的、科学的、大众的文化，就是人民大众反帝反封建的文化，就是新民主主义的文化，就是中华民族的新文化。这就明确提出新民主主义的教育应该是无产阶级领导的人民大众的反帝反封建的文化教育，也就是民族的、科学的、大众的完全新型的教育。

毛泽东关于新民主主义教育方针的阐述，继承了中国历史上具有人民性、民主性的教育传统，特别是新文化运动以来民主和科学的教育思想，并在马克思主义的基础上加以改造。新民主主义教育方针的确立是抗日战争时期中国共产党在教育思想领域的一项十分重要的建设，是半殖民地半封建社会无产阶级民主革命的教育纲领，从理论和实践上丰富和发展了马克思列宁主义，是马克思主义教育理论中的珍贵遗产。

3. 抗日民主根据地的教育行政制度

1938年11月，中共中央决定成立中央干部教育部。其任务是：①统一制定中央直属学校的教育计划和教学方法；②适当地调剂各学校的教员、教材和课程；③有计划地进行招收新生的工作；④领导军政军民各机关的干部教育；⑤总结各学校，机关干部教育经验等。中央干部教育部实际上领导了各个抗日民族根据地的教育工作。1940年6月，中央干部教育部与中央宣传部合并，改称为中央宣传教育部，并于同年10月改称为中央宣传部，从此，中央宣传部直接领导全国各个抗日民族根据地的教育工作。

中国共产党和边区政府非常重视各抗日根据地教育事业的建设，将战争、生产、教育作为根据地的三大任务。为促进教育事业的蓬勃发展，各抗日根据地逐步建立起统一的教育行政管理组织。

边区一般采取边区政府、县（市）政府、乡政府三级建制，但可根据行政需要划分区域，设置政治主任公署（后改行政公署）、行政督察专员公署（简称"专署"）等不同级别的派出机构来辅佐行政。

根据地的教育行政管理机构以各边区为单位，自成体系，逐级建立。各边区政府下设教育厅，为各边区最高行政机关，主管边区的教育工作。厅中还置有秘书室、第一科（负责经费管理）、第二科（负责学校干部教育与在职干部教育）、第三科（负责小学教育与社会教育）、督导室（后改为研究视察室）和编审室（负责教材的编审）等机构。

行政公署一级设置的教育行政部门为教育处或文教处，这是教育厅的派出机构，主要对本行政区域内的重大教育问题进行决策和处理。专署一级设置的教育行政机构为教育科（处）或文教科（处），一般由科（处）长、科员、督学组成，接受行政公署的领导或边区教育厅的直接领导。其职责主要是执行上级指示，管理分区内各县的教育工作。

县一级的教育行政机构为第三科（即教育科），由科长、会计和督学等人组成，接受分区教育科（处）的领导。乡（镇）政府一级管理教育工作的部门为乡（镇）文化教育委员会，它并非专门的教育行政机构，但负责办理本乡的文化教育事业及民众团体等事项。具体负责村级教育工作事宜的人员为各村的文教委员，负责办理本村的村学、冬校、识字组、民校等。

（三）解放战争时期解放区的教育管理

解放战争时期，各解放区的教育继续贯彻和执行抗日民主根据地的新民主主义教育方针和各项政策，在"打倒蒋介石，建设新中国"的革命总目标指引下，制定了一系列教育方针和政策，并制定了相应的教育管理制度和措施，有效配合了解放战争的顺利进行，也促进了解放区教育事业的发展。

1. 解放战争时期的教育方针政策

（1）教育为解放战争服务。解放战争初期，各解放区处于紧急的战时状态，中共中央和政府发出指示，要求一切文化教育工作必须为解放战争服务。1946年12月，陕甘宁边区颁布了《战时教育方案》，要求"各级学校及一切社教组织亦立即动员起来，发挥教育上的力量，直接或者间接地为自卫战争服务，一切教育工作者都应该成为保卫边区的宣传员和组织者"。在晋冀鲁豫解放区，边区教育厅提出："爱国自卫战争是全面的、全民的，一切要为战争的胜利来努力，只有胜利，人民才有更大的福利可言，所以爱国自卫战争，是贯穿到人民生活的一切方面，教育与实际结合，就必须与战争相结合。"

在党的号召下，解放区的各级各类学校教育在设置、培养目标、教育内容等各方面均为适应战时需要做出了调整，并配合解放战争展开了大规模的宣传运动。

（2）接管和改造旧学校的政策。随着解放战争的深入，解放区也逐渐扩大，许多大中小城市相继解放。为了使解放区的旧学校也朝着新民主主义教育的方向发展，中国共产党对国民党管辖区的旧学校采取了两项重要的措施：一是保护政策，不使其遭到破坏；二是对旧学校进行必要的和可能的改造。

改造旧学校包括多方面的具体措施。不仅包括运用老解放区办学的革命精神、群众路线民主办学，还包括从原校的实际情况出发，结合两者来改造旧学校；不仅包括建立新的管理制度和教学秩序，还包括教学内容的逐步改造和新教材的编写；不仅包括教师的调整，还包括教师的业务学习和政治思想觉悟的提升。除此之外，改造工程还包括一些私立学校和教会学校，允许这些学校继续保持私人办学或机关团体的办学性质，但必须执行新民主主义的教育方针，接受民主政府的领导。

（3）实行对知识分子团结、教育和任用的政策。统一战线是中国革命胜利的三大法宝之一。解放战争时期，中国共产党在各解放区继续执行文教工作中的统一战线政策，在反美反蒋的旗帜下结成最广泛的统一战线。

1945年12月，毛泽东在给中共中央东北局的指示信中指出："在东北，工人和知识分子的动向，对于我们建立根据地，同争取将来的胜利关系极大。因此，我党对于大城市和交通干线的工作，特别是争取工人和知识分子，应当充分注意。"[①] 1948年1月，中国革命即将取得最后胜利，毛泽东又为中共中央起草了《关于目前党的政策中的几个重要问题》的党内文件，其中指出："中国学生运动和革命斗争的经验证明，学生、教员、教授、科学工作者、艺术工作者和一般知识分子的绝大多数，是可以参加革命或者保持中立的，坚决的反革命分子只占极少数。因此，我党对于学生、教员、教授、科学工作者、艺术工作者和一般知识分子，必须采取慎重态度。必须分别情况，加以团结、

---

① 顾明远、刘复兴：《从新民主主义教育到社会主义教育（1921—2012）》，教育科学出版社2015年版，第126页。

教育和任用，只对其中极少数坚决的反革命分子，才经过群众路线予以适当的处置。"

在这个精神的指引下，各解放区民主政府结合实际制定了一系列具体的政策以团结、教育知识分子。中国共产党的知识分子政策，为解放战争争取了更多的支持力量，不仅在政治上壮大了革命知识分子队伍，孤立了国民党反动派，而且为解放区当时乃至中华人民共和国成立初期的经济和文化建设准备了人才。

2. 解放区的教育行政体系

解放战争时期，各解放区基本上保持着抗日战争时期制定的教育行政制度，只是教育行政机构的名称略有变化。随着解放战争的顺利进行，解放区范围不断扩大，教育部成为全区的最高教育行政机构，部下设社会教育处、高等教育处等分别管理各级各类教育。与抗日战争时期相比，解放区的教育行政主要有以下几点变化：①各级教育行政管理机关有了明确的分工。1949年7月，华北解放区在小学教育会议的《总报告》中指出，专署教育科的工作重点是执行上级教育方针、计划，督促检查研究问题，并将各县短师或联师做好。县政府教育部门必须加强小学的领导，一直深入到村。区文教助理员在我人民政府领导下负责协调各村解决学校行政问题。村政府对小学应切实予以帮助，将村小学办好。②注意提高各级教育行政人员的素质，提高工作效率。各解放区通过选拔优秀称职的干部和吸收地方知名人士充实教育行政机构，以提高教育行政部门的工作效率。有些地方还举办干部集训班，以培养提高教育管理工作干部的素质和专业水平。③教育管理逐步迈向正规化。解放区各级教育行政管理部门要求各学校按照计划办事，以克服过去在游击战争中工作缺乏计划的弊端。而各级教育行政管理部门也要定期举行会议，制定教育工作检查制度及汇报制度等，从而逐步实现教育管理的正规化。

第二节　中国近代的学校管理制度

晚清以来，中国社会处于急剧变化动荡之中，学校教育也在这种动荡中完成了从传统学堂到现代学校的转变。从洋务兴学到解放区的学校创办，学校管理随着社会的动荡而变化，并且培养了大批社会急需人才，适应了国家整体发展的需要。因此，这一时期学校教育管理的总体趋势是传统封建教育制度逐渐解体和新式教育管理制度不断发展。

一、晚清时期的学校管理

1840 年鸦片战争以后,西方资本主义教育传入我国,导致了新式学堂的产生,促进了晚清时期学校管理制度的改革。由于中西方文化、新旧思想的碰撞,晚清学校管理制度在矛盾中艰难前进。

(一)洋务运动与维新运动所建新式学堂的管理

洋务派所办新式学堂依次为:外语学堂、军事技术学堂、军事学堂、实业学堂。其办学目标分别为:培养外语和外交人才、培养近代科技人才、建立新式军队、发展资本主义工商业。总体反映了洋务派由"求强"到"求富"的思想历程,反映出洋务运动由军事目标向经济目标的转变。维新学堂以培养维新人才为目标,具有强烈的时代特点和政治色彩。京师大学堂反映出当时多派政治力量企图在中国建立近代学制的进步愿望,体现出中国近代教育已发展到一个新的阶段。

1. 学校组织

洋务运动和维新运动时期建立起各式各样的新式学堂,由于其类型和规模的不同,内部的组织机构也存在差异,而且当时的新式学堂仍处于萌芽和发展时期,其组织机构和管理人员还很不完备。本期学堂内部组织机构较有代表性的如下:

(1)京师同文馆。同文馆的行政事务由总理衙门任命的提调 2 人、帮提调 2 人主持,负责往来公文、奖惩学生、考察教习及其他事宜。帮提调负责"轮班住馆""稽察馆事"。1869 年,丁韪良被任命为总教习,管理教习、课程等教务。①

(2)福建船政学堂。隶属于船政局,最高行政长官是船政大臣,其下设有船政提调 3 人,负责日常事务。此外,船政局聘请的外国教习和员工,由两名外国人分别担任正监督和副监督进行管理,皆听命于船政大臣。

(3)万木草堂。属于私学性质,所以在学校管理方面继承了古代书院的一些传统。康有为任总监督和总教授,主管学校一切行政和教学事务。其从学生中选拔 3～6 人分任"学长",协助管理学校教学事务。

(4)天津中西学堂。1985 年由盛宣怀创办,组织比较精简。学堂只设总

---

① 参见田正平、商丽浩《中国高等教育百年史论——制度变迁、财政运作与教师流动》,人民教育出版社 2006 年版,第 43 页。

办、总教习各一名,将会办、提调、监督"一概删除,藉省开销而杜纷杂"。规定"学堂一切布置及银钱各事均归总办管理","学堂考核功课,以及华洋教习勤惰,学生去取,均归总教习管理。遇有要事,总办总教习均当和衷商办"。总教习与分教习一律实行合同聘任制,4年为一聘期。

(5) 京师大学堂。大学堂的组织最完备。《京师大学堂章程·设官例》规定,设官学大臣1人;总教习1人;分教习汉人24人;总办1人;提调8人,分别管财务、教务、杂务;供事16人;誊录8人;藏书楼提调1人,供事10人;仪器院提调1人,供事4人。另有外国分教习18人。①

在这一时期,学堂的组织机构逐渐由简单走向完备,而且总教习在学堂内的领导权受到尊重,保证了其工作的独立性。

2. 教师管理

新式学堂的中国教师一般有三个来源,分别是任命、聘请和考录。在教师的管理方面,一般还是沿袭传统方式。对于新式学堂而言,外国教习的聘用及管理才是教师管理中出现的新情况。

洋务运动和维新运动时期创办的新式学堂,通常聘有外国教习,尤其是京师同文馆、福州船政学堂和京师大学堂。京师同文馆是最早大量聘请外国教习的学校;船政学堂对外国教习的管理比较严格且富有特色;京师大学堂更是将聘请外国教习形成规章制度,并在《京师大学堂·聘用教习例》中做了明确的规定。

虽然聘请外国教习不免带有外国文化侵略的嫌疑,但不得不承认,这在当时是符合教育发展的客观需要的,推动了西方先进文化在中国的传播。通过对实践经验的总结,洋务派逐渐形成了一套有效的针对外国教习的管理措施,主要内容如下:一是签订合同,实行聘任。学堂通过签订合同并规定聘期来实行对外国教习的聘任,若不合理则解聘。二是明确职责,严格管理。为了防止外国教习干涉中国内政,各学堂分别明确了外国教习的职责,严加管理。三是优给薪水,适时褒奖。四是严格挑选汉教习。京师同文馆规定:"汉教习与外国人相处,且有暗为查察之责,必须人品端正,方为可用。"②

3. 学生管理

(1) 思想品德管理。在各类洋务学堂中,办学者为完成维护清王朝封建统治的最终目的,都将忠君尊孔作为学生思想品德管理的首要任务,实施手段包括祭孔、读经等。

---

① 参见《京师大学堂章程·设官例》。
② 《京师大学堂·聘用教习例》。

此外，洋务学堂和维新学堂皆继承了注重道德修养这一中国教育的优良传统，但道德教育又是有阶级性的。例如，上海方言堂规定学生"以敦品为先"。康有为也将"志于道，据于德，依于仁"定为万木草堂的学纲，在其全部教育中，"德育居十之七，智育居十之三"。

（2）日常行为规范。各学堂都制订了较为严格的规条来约束学生的日常行为，而且逐步走向细致化。例如，在作息方面，各学堂都有较为严格的作息时间规定。以江南储才堂为例：早七时起床，七时半早餐，八时上外语课，十二时下课，十二时二十分午餐，下午一时半上汉语课，五时半下课，六时晚餐，九时四十五分点名，十时就寝。在考勤方面，各学堂都制定了详细的管理措施，大部分学堂的学生都是住校生，而且严禁外宿。同时，平时上课严禁迟到、早退、旷课等。在人际交往方面，很多学堂都比较重视学生有关尊师敬友行为习惯的培养，江南储才学堂对此做了详细规定："学生于总办、教习前均宜执师生礼，总办径称总办，教习则称老师，或称先生，如或相遇应垂手侍立，与言则敬对，不言则趋退。其于洋教习则举手加额作礼。"

（3）待遇。当时各类官办学堂的正规学生除可免费食宿外，还另给予数量不等的补贴，称膏火、赡银等。学生的待遇与个人的日常行为和考试成绩相联系，若违犯有关日常行为规范，或戒责，或记过，或扣膏火，严重者斥退。而对于考试成绩优秀者则给予奖励。

4. 教学管理

对于学籍的管理，各官办学堂都比较重视，对学生的入学、转学、留学、退学、勒令退学、升留级都有较为明确的规定。各学堂每次招收新生，都有名额限制，入学后按专业和程度编班，登记造册。有的学堂还招收部分试读生。对于留学的学生，可以为其保留学籍，回国后续读。在学制与课程方面，各学堂由于类型和创办时间的不同，学制与课程也各有差异。又加之当时属于各学堂的初创时期，因此缺乏全国统一的学校体系和管理体制，不同类型的学堂在课程设置上各有侧重。如外语学堂、军事技术学堂、军事学堂在课程设置上分别偏重于外语、科学技术和军事技术。在考试制度方面，各学堂对考试的类型、日期、时间等相关事宜都有较为详细的规定。此外，各学堂在教学实践中逐渐总结出一些宝贵的教学经验，如军事技术学堂和军事学堂的实习制度。福州船政局驾驶学堂有严格的实习制度，天津水师学堂曾规定"学生在堂肄业四年，由北洋大臣大考，择其中式者，派上练船"，"练习一年"，"一切船上应习诸艺，诸能通晓"。

（二）"癸卯学制"中的学校管理主张

1. 学堂的组织机构和领导体制

小学堂分初等小学堂和高等小学堂，各设堂长 1 人，主持学堂工作并担任教学工作；设置司事 1～2 人，负责账目登记和照料杂务；中学堂设监督一人，主管一切工作。下设掌书 1 人、文字 1 人、会计 1 人和庶务 1 人；高等学堂的负责人被称为监督，下设教务长，负责教学管理，另设正教员、副教员、掌书官、庶务长、文案官、会计官、杂务官、斋务长、监学官和检查官；大学堂设总监督，相当于现在的大学校长，下有八科分科大学堂，类似院（系），也各有监督，另外还有教务提调、庶务提调、斋务提调。此外，还有分别负责各领域的经理官，如天文台经理官和图书馆经理官等；实业学堂包括高等实业学堂、中等实业学堂、初等实业学堂，其组织管理和普通学堂类似。

2. 教师管理

"癸卯学制"，也即《奏定学堂章程》（以下简称《章程》），其中对教师的任用、奖惩和外籍教员的管理等方面都做了明确的规定。教师不仅要具备一定的学历，还要有良好的道德品行。《章程》规定，"必审择精力强健、办事切实耐烦、不染嗜好者，方于教育有裨"。教师任期 3 年或 2 年一任，抑或视该学堂毕业之期为一任。[①] 关于教师的奖惩，教师若能实心任事，不辞劳怨，使学生均能循理守法、安分用功，则每届 5 年援照从前同文馆成案择优褒奖，且任满可再留用。若办理不能合法且多滋流弊，则应随时撤惩。通过分别奖劝、劝惩兼施的手段，使教师"皆知奋勉"。对于外籍教员的管理，各学堂都应在合同中讲明：必须受本学堂总办监督节制，"勿庸越俎干预"。凡讲授科学，不得借词宣讲涉及宗教之语，违者应即辞退。[②]

3. 学生管理

《章程》认为，"少年初学之士，胸无定识，庞杂浮嚣，在所不免。此时学堂办法，规范不容不肃，稽查不容不严"。因此，特制定一套规条以加强对学生的管理，主要内容包括：一是严禁学生干预朝政。学生的本分是"恪守学规专精学业"，所以"各学堂不准干预政治及本学堂事务，妄上条陈"，"不准离经畔道，妄发狂言怪论及著书妄谈，刊布报章"。二是严格考核学生德行。在各学科外另立品行一门，也采用"积分法"，考核内容包括言语、容止、行礼等六项。三是健全毕业升等考试。主持毕业升等考试者为地方官或学

---

① 参见《奏定学堂章程》。
② 参见《奏定学堂章程》。

政、学务大臣等教育行政官员,而且考试分为内外两场,两场分数合计再加平日品行分数合格者,奏请赐予各种出身,分别录用。四是收缴学费以督学业。除规定初等小学堂及初级优级师范学堂外,其他学生均须缴纳学费,数额则"量学生力之所能及",以更好地督促学生努力学习。[①]

4. 教学管理

《章程》首先要求在教学中要加强德育,教员在讲授功课时必须随时指导,晓之以尊亲之义,纳之于规矩之中。一切邪说诐词,严拒力斥。其次,在张之洞等人看来,经学如同性命之学,《学务纲要》明确要求:"中小学堂宜注重读经以存圣教","学堂不得废弃中国文辞,以便读古来经籍"。此外,《章程》还规定禁用体罚。在初等小学堂,"夏楚只可示威,不可轻施,尤以不用为最善"。在高等小学堂,"学童至十三岁以上,夏楚万不可用;有过只可罚以植立、禁假、禁出游、罚去体面诸事"[②]。

二、民国初年的学校管理

民国初年,通过壬子癸丑学制的颁布,进一步清除了清末学校管理中的封建因素,为新式学校的管理搭起了基本的框架,各级各类学校的管理,都建立了比较详细的法规,使教育管理走上了法制化的道路。这些教育法规的建设,为后面的教育建设留下了大量的经验,促进了近代教育管理的发展。

(一)初等教育和中等教育管理体制

民国初年,初步建立了普通学校分级管理的体制。1912年9月公布《小学令》规定:小学校分初等小学校和高等小学校。初等小学由城、镇、乡设立,学制4年,由城、镇、乡提供经费,教育行政由城镇总董或学校联合长,承县行政长官之令负责掌管。高等小学由县设立,11岁入学,学制3年,教育经费由县支付,教育行政由县行政长官掌管。各小学校长和教员所执行的教育事务,均由县行政长官监管。1912年9月,教育部公布《中学校令》,12月又公布《中学校令施行规则》,规定中学校定为省立,由省行政长官规定地点及校数,报告教育总长。省立中学校经费由省经费支给。各县如有力量,也可以一县或数县联合设立中学,称县里中学校;私人也可以举办私立中学校,但"须经教育总长认可"。

---

① 参见《奏定学堂章程》。
② 参见《奏定学堂章程》。

民国初年,学校的行政负责人一般称为校长。中小学校长一般由当地掌管教育的行政长官任用。校长综理校务,有权任免教员。中小学校长之下,设立教务主任、训务主任、庶务、会计、图书管理员以及管理文书档案的书记等。

民初颁布《小学校令》和《中学校令施行规程》,对中小学的课程做了明确规定,除修身、国文、算术、历史、地理、物理、化学等课程外,还要求开设手工、图画、唱歌等课程,以发展儿童的个性。为培养儿童的生活技能,还要求"男子加课农业""女子加课缝纫"。教学内容逐渐接近国际近代中小学课程。

(二) 高等教育管理体制

民国初年的高等教育管理体制主要依照1912年教育部颁布的《大学令》和1913年颁布的《大学规程》等构筑而成,这些法令对高等学校的办学宗旨、领导体制、教育教学管理等都做了明确的规定。

大学的最高行政长官是校长,统管学校内部的各种教育事务。校长之下各科设学长1人,分别管理各科的教育事务。教师是清末的正副教员,分别改称为教授、助教授。各科设讲座,由教授进行主讲,助教辅助教授进行教授学生。

此外,学校设立评议会和教授会等组织机构。评议会是由各科学长及各科教授互选若干人组成,校长为议长,不定时组织会议,处理各学科的废置、讲座的种类、大学内部规则及教育总长及大学校长咨询事件等。教授会由各科分设,教授为会员,学长为会长,对学科课程的规划、申请学位合格者的审定等问题进行研讨。这两个机构兼有行政与咨询的职能,意在实行教授治校、专家治校的管理模式,使教育行政学术化,体现出民国初期教育管理的民主思想。

这一时期的大学和大学院初步试行学位制,大学本科毕业称为学士,大学院学生在院研究有出色成绩的,经过大学评议会或教授会通过,遵照相应规章制度授予学位。

(三) 实业教育管理体制

壬子癸丑学制规定民初的实业学校由清末的初、中、高等实业学堂,合并为甲、乙两种实业学校。甲种实业学校招收高小毕业生,实行完全的普通实业教育;乙种实业学校招收初小毕业生,实行相对简易的普通实业教育。取消了癸卯学制中设置的高等实业学堂。但壬子癸丑学制规定设置与大学并行的专门学校,专门学校只有一个专业,如政法、医学、药学等,共计10种。专门学校"以教授高等学术,养成专门人才为宗旨",重视实际应用。实质上,民初的专门学校与清末的高等实业学校是程度相同的学校，只是专业的种类增多而已。这也反映出壬子癸丑学制对于职业教育的强调。

此后，在相继颁布的具体的专门学校规程中，对各学校的培养目标、课程等做出了更为具体的规定，使学校管理制度进一步得到完善。

（四）师范教育管理体制

民初师范教育主要分为高等师范学校和师范学校两种，其管理体制主要依据民初颁布的《师范教育令》《师范学校规程》《高等师范学校规程》《师范学校课程标准》等。

高等师范学校为国立，由教育总长通计全国分区定点设立，经费取之于国库，以培养中学校、师范学校教员为目标。高等师范学校分预科、本科和研究科，可以视情况设专修科，修业年限分别为1年、3年、1年或2年、2年或3年。还可设选科，修业年限2年以上、3年以下。教育部将全国划分为北京、南京、武昌、广州、成都、沈阳6个高等师范区，分区设置高等师范学校。学校要协助本地区教育行政机关办好中等教育，校长每年视察本区中学，然后提出报告，同教育行政机关共同研究解决方法。

师范学校为省立，如果条件允许经过批准后，县市或私人也可以设立，以培养小学教员为目标。师范学校分本科和预科，本科又分第一部、第二部。预科1年毕业，本科第一部4年毕业，第二部1年毕业。各省的师范学校也划有相应的学区，校长除管好本校校务，对学区教育也负有重大责任。但是，这一制度在当时并未落实。

师范学校的课程方面也有明确的规定，如高等师范学校除国文、英语、历史、地理、数学、物理、化学、博物等课程外，还要通习伦理学、心理学、教育学、英语、体操等课程。在学生管理方面，注重推行学生自治，发扬学生主动精神，重视对师范生道德品质和学识水平的全面培养。

与清末的学校管理相比，民国初期学校管理的自主权在一定程度上有所扩大。这一时期教育部对各学校的管理侧重于把握其办学的主要方向，对于学校内部的具体运作只做原则性的要求，把安排学校日常运作的权力下发给学校自身，不进行过多的干涉。教学原则的规定、教师的任用和教科书的采用等都由学校决定。这有利于学校为适应社会需要而及时进行调整或改革，对于学校的发展也具有积极意义。

三、北洋军阀政府统治时期的学校管理

北洋军阀统治时期,学校管理的发展是在新文化运动所倡导的"民主"与"科学"思想与北洋军阀主张的复古主义思潮的斗争下进行的。受新文化运动新思想的启发,教育界大力引进国外的教育思潮,提出许多教育改革的主张,各式各类的学校相继朝着追求中国现代教育的民主化与科学化的方向进行改革。

(一)普通教育管理

据 1922 年颁布的"壬戌学制"规定,中学教育年限延长 2 年,取消了大学预科,中学三三分段,高中还加设职业科。这不仅提高了中等教育水平,也减轻了大学的负担,使其不再负有普通教育的任务。所以,这一时期的普通教育实际指的是初等和中等教育。

1. 初等教育管理

这一时期初等教育管理措施的改革主要体现在其课程结构的变化上。全国教育会联合会组织新学制课程标准起草委员会重新拟订了中小学课程标准及中小学毕业标准。1923 年 6 月,官方正式公布了最终确定的中小学课程纲要。

新的课程标准与之前的课程标准相较,主要的变化体现在以下几个方面:①推行语文和国语;②初小增加了社会、自然等科目;③增加公民、卫生等方面的科目,废止传统的修身科目;④改图画、手工为工用艺术和形象艺术。对于教育部这个试行的课程标准,只有一部分学校在实践中去检验其合理性,还有的学校仍因袭旧制。

初等教育管理制度的改革还体现在教学方法这一方面。从清末的新式学堂开始,西方一些教育家的先进的实验教学法就开始传入中国。五四运动前后,"民主"与"科学"思想的盛行,推动了教学法改革的进程,这一时期教学方法的实验由"教师如何教"向"学生如何学"的方向转变。其中"自学辅导法""分团教学法""设计教学法""道尔顿制"等实验方法在小学逐渐推广开来。这些教学方法均体现了以学生为中心的观点,强调学生的兴趣与自学能力,发展个性,老师则作为一个引导者,而非控制者。小学教学方法的这些改革主要是反对机械、呆板的封建教育,试图打破教学上的形式主义。体现了教育界大力谋求学生自动学习、个性发展的历史动向。

2. 中等教育管理

这一时期中等教育管理的发展变化,主要体现在教育目标的调整和教学管

理体制的改革等方面。

针对民国初年中学教育的目标专事升学预备教育而忽视职业训练的种种弊端，教育界普遍提出，今后的中学教育应以"完足普通教育为主，而以职业教育、预备教育为辅"。

1917年，教育部采纳全国教育会联合会的建议，规定中学得设立"第二部"，即从第三年起，减少普通学科，加习农、工、商等职业科目，以适应毕业后从事职业工作的需要。

新学制颁布前后，为兼顾学生升学和就业，发展学生的个性，一些中学实行选科制和学分制的教学管理制度，即将学校所学课程分为必修科、指定选修科和任意选修科三类，每一门课程规定一定的学分，学生修满规定的学分后即可毕业，从而使中学教育肩负起升学和就业的双重任务。新学制颁布后，普通中学出现了综合性高中，也即一所学校中同时包含普通教育、职业教育和师范教育。高级中学分设普通、农、工、商、师范等科，职业科可视当地情况单设一科或兼设数科，教学管理实行选科制和学分制。新学制规定综合高中课程分为公共必修课程、分科专修课程和纯粹选修课程。

然而这些改革措施在实行的过程中，遇到了多方面的困难，难以普遍实行。教学管理的难度也很大，经常引发教学秩序的混乱，形成了当时著名的中国公学风潮，学校不得不另寻出路。

在学生管理方面，这一时期的中学教育管理也逐渐从消极管理转入积极引导模式，实质上也是更加严格。具体做法包括：将监学改为训育主任，设立训导处，道德格言改为训育目标或信条。此外，每学期在每一年级设一专任教师担任级任，负责训导该级学生，称为"级任制"，学校的训导管理体制初步建立。在儿童本位教育思潮的推动下，许多学校成立了学生"自治会"，在训育主任和级任导师的指导下开展各种活动，如创办校刊、组建"食事会"等，学生活动更是丰富多彩。

（二）高等教育管理

这一时期在高等学校管理这方面，法规制度逐渐趋于完善，许多管理制度落到了实处，在管理实践上向前迈进了一大步。

1917年9月，教育部公布《修正大学令》，规定单设一科的，也可称为某科大学；大学预科年限由3年改为2年，本科由3年延长为4年，而且预科不得单独设立。1922年颁布新学制，规定大学设一科或数科均可；大学修业年限依各科性质的繁简分别设为4～6年；规定高等教育阶段采用选科制；在大学外还可设专门学校，招收高中毕业生；大学和专科学校还可设专修科，修业年限不定。在大学本科之上，设研究院作为大学毕业或有同等学力者研究学术的场所，修业年限不定。1924年2月，教育部公布《国立大学条例》，规定国立大学分文、理、法、医、农、工、商等科，可设数科或单设一科，各科分设各学系，修业年限为4～6年，合格者授某科学士。如此，建立起以国立大学办学方式为核心和模式的高等教育体制。

这一时期的大学，在内部管理体制方面的变革最引人注目，其中包括建立教授评议会、行政会议和教务长制等。在这一过程中，蔡元培所领导的北京大学的管理改革发挥了巨大的引导作用。1917年，蔡元培就任北京大学校长，他仿照德国大学的管理模式，对北京大学之前充满封建专制式的管理进行改革，明确提出大学的性质是研究高深学问的场所，他还提出了"囊括大典，网罗众家，思想自由，兼容并包"的办学方针。[①] 蔡元培对北京大学的教育管理体制进行了一系列的改革，实施分权管理。首先，建立教授评议会。评议会由各科学长、教授中选举的评议员组成，每5名教授可选评议员1名，一年选举一次，校长为评议会的议长。评议会的职责是制定和审核学校的各项章程、条令，决定学科的废立，通过大学的立法，审核教师的学衔和学生的成绩，提出学校的预算，等等。其次，设立行政会议。规定行政会议由各专门委员会的委员长和教务长、总务长组成，校长兼行政会议议长。该会议执掌学校的行政大权，根据学校的不同事务，下设11个专门委员会。此外，还成立了教务处和总务处，分管教学和人事、财政。这些管理制度贯穿着一个核心思想，即"教授治校"，教授成为学校立法机关、行政机关和教务管理的主要组成部分，强调了专家、教授治校的地位，加强了民主管理，体现了新型高等学校的管理思想。在教学管理方面，蔡元培依据"沟通文理，废科设系"的思想对学科设置进行了改革，并实行"选修制"以实现学生的个性化发展。

经过改革的北京大学，面貌焕然一新，办学质量有了明显提高，成为一所名副其实的近代高等学府。因此，北京大学的一些改革思想和措施被吸收到《国立大学改革条例》等新定的法规之中，促进了高等学校管理的规范化。1924年，《国立大学条例》规定，国立大学设立董事会，审议学校进行计划、预决算及其他重要事项；取消各科学长，代之以教务长一人，主持全校教务，由正教授或教授兼任；恢复教授会，同时添设教务会议等。

在课程管理上，新学制规定"大学实行选科制"。《国立大学条例》规定由教授会规划课程及进行事宜，给各高等学校以更大的自由度去规划设计课程，激发了各高校的办学积极性和创造性，但在当时的条件下，也使不少高校

[①] 参见郭齐家《中国教育的思想遗产：回望民国》，教育科学出版社2012年版，第28页。

的课程忽视实际情况，徒务虚名、结构凌乱，从而影响了教学质量。

四、国民政府统治时期国统区的学校管理

这一时期，各级各类学校管理制度开始进入整顿和规范的阶段。国民党千方百计要将各级各类学校的管理纳入其"以党治国"的轨道，教育界人士为推进和巩固新文化运动以来新教育所取得的成果做了许多的努力。这一时期，国民政府陆续颁布了各项教育法令和规程，促使我国学校教育的各项规章制度日臻完善。

（一）普通教育的管理

1. 幼稚园的教育管理

1922年学制正式将学龄前教育列入学制系统。1932年颁布了《幼稚园课程标准》（以下简称《标准》），随后于1936年进行了修订。该《标准》规定，幼稚园的总目标为：增进幼稚儿童身心的健康；力谋幼稚儿童应有的快乐和幸福；培养人生基本的优良习惯；协助家庭教养幼稚儿童，并谋家庭教育的改造。总目标反映出幼稚园教育须具备体察儿童的心理、切合儿童的经验、照顾儿童的爱好等特点。

1933年12月，教育部颁布《幼稚园设置办法》，其中规定"幼稚园收受四足岁以上至六足岁以下之儿童，必要时得呈准主管教育行政机关收受未满三足岁之婴儿予以保育"。此外，还规定幼稚园可以设在小学内部，也可以独立设置。这一时期幼稚园的课程包括：音乐、故事、儿歌、游戏、工作、静息、餐点、社会和常识。《幼稚园课程标准》对于幼稚园每天的课程内容和基本要求都做了详细的规定。幼稚园分为全日制和半日制两种，全日制的儿童每天在园的时间约为6小时，半日制的则为3小时。

2. 初等学校的管理

这一时期，教育部陆续颁布了一系列有关初等学校管理的各种法令和法规，促使初等学校的管理制度逐渐趋于合理。在这些文件中，教育部对于小学教育的总目标规定为："小学应根据三民主义，遵照中华民国教育宗旨及实施方针，发展儿童身心，培养国民道德基础及生活所需之基本知识和技能，以养成知礼知义的爱国爱群的国民。"并将这一总体目标分为8条培养目标：①培养儿童健康的体格；②陶冶儿童良好的品性；③发展儿童审美的兴趣；④增进儿童生活的知能；⑤训练儿童劳动的习惯；⑥启发儿童科学的思想；⑦培养儿童互相团结的精神；⑧养成儿童爱国爱群的观念。

为了加强对中小学的管理，国民政府非常重视中小学内部管理机构的建设。规定小学设校长1人，每学级设级任教员1人，并可以酌情添设专科教员。小学教员最好为师范学校或高等师范学校的毕业生，否则就要受主管教育行政机关所组织的小学教员检定委员会的检定。小学教员由校长聘任，并呈报主管教育行政的机关备案。初聘教员以1年为期，此后可续聘，此后则以2学年为期。教员每天在校工作时间为8小时，任课时间每天最多240分钟。该制度对保护教员的权益具有积极意义。此外，国民政府为全面控制学校教育，从小学到大学建立了一套完整而严密的训育管理制度，并在小学和初中进行童子军训练。1929年7月，教育部通令各省市遵照国民党中央执行委员会所制定的《中小学训育主任办法》，在全国中小学内设置训育主任，凡未设有训育主任而由教员共同负责者，应以该校党义教员1人主持训育事宜，其职责专以考查学生的思想、言论和行动。从此在全国中小学实行训育制度。

在小学的学制方面，这一时期规定小学学制分为两级，前4年为初级小学，可单独设立；后2年为高级小学，须与初级小学合并设立。为了更好地推行义务教育，教育部还规定各地应设立简易小学和短期小学。简易小学的修业年限按授课时间2800小时累计计算，短期小学修业期限为1年。

在小学的课程设置方面，教育部于1932年10月正式颁布《小学课程标准总纲》，规定初级小学和高级小学开设的科目有：公民训练、卫生、体育、国语、社会、自然、算术、劳作、美术、音乐等。此次课程设置取消了之前的党义科，但将其课程内容融入国语和社会等科之中。同时，增加了公民训练科作为实施训育的课程手段。将社会、自然两科中的卫生内容单独列出卫生科，将原来的工作科改为劳作科，并将教材分为家事、校事、农事、工艺四项。此外，还对各年级的教学时间和集体活动时间做了详细的规定。

在考试制度方面，小学教育还实行毕业会考制度，但由于受到种种现实条件的限制以及家长们的强烈反对，这项制度在小学只实施了1年，并没有产生实质性的影响。

3. 中等学校的管理

1932年，南京国民政府颁布《中学法》，明确中学的培养目标为："中学应遵照中华民国教育宗旨及其实施方针，继续小学之基础训练，以发展青少年身心，培养健全国民，并为研究高深学术及从事各种职业之预备。"这一目标在1934年颁布的《中学规程》得到了进一步的细化：①锻炼强健体魄；②陶冶公民道德；③培养民族文化；④充实生活知能；⑤培植科学基础；⑥养成劳动习惯；⑦启发艺术兴趣。1930年国民党中央颁布《三民主义教育实施原则》，对中等学校的训育提出了12条具体要求，其中第一条规定："训育之实施，应根据团体化、纪律化、科学化、平民化、社会化的原则，使无处不含有三民主义的精神。"《中学规程》规定：中学训育要陶融青年"忠孝、仁爱、信义、和平"之国民道德，并养成勇毅之精神与规律之习惯。学校设训育主任，班级设级任教师。1936年《修正中等学校训育主任公民教员工作大纲》指出，训育主任、公民教员要因时制宜，使党义教育渗透于学生全部生活之中。

在学校领导体制方面，1934年颁布的《中学规程》对中学内部的管理制度做了具体的规定：中学设校长1名，综理校务，并担任教学工作，其教学时间不得少于专任教员教学时间最低限度的1/2；设教导主任1人，协助校长处理教务训育事项。另外，六学级以上的中学，经主管教育行政机关批准，可设教务、训育主任各1人，分别协助校长处理校务和训育等事项。七学级以上的中学，可设立事务主任1人，处理教务训育以外的事务；中学设置训育指导委员会和经费稽核委员会。前者由校长、各主任、教员及校医等人组成，以校长为主席，负责学生的训育和管理事项，每月开会一次。后者由3～5名专任教员组成，负责审核收支账目及单据，每月开会一次；中学各主任，均由专任教师兼任，校医由校长聘任，其余职员由校长任用，均须报教育行政机关备案；六学级以下中学专任教员每学级不得超过2人，七学级以上的中学专任教员平均每学级不得超过3人。中学可以根据需要聘任兼职教员。

在课程设置方面，1929年8月公布了《中学课程暂行标准》，规定初中取消选修科目，设有国文、外国语、历史、地理、算学、自然科学、生理卫生、图画、体育、工艺，增加"党义"和"党童子军"科目。高中普通科不再分组，增加"党义"和"军事训练"，仍实行选修制和学分制。1932年11月，教育部正式公布《中学课程标准》，对初中的课程科目做了新的规定，主要是改"党义"为公民、改"党童子军"为童子军训练；初中每周教学时数为34～35小时，在校自习13～14小时。高中课程有公民、国文、英语、体育、卫生、军训、算学、生物学、化学、物理、本国史、外国史、本国地理、外国地理、论理、图画、音乐等。每周教学时数为31～34小时，课外运动及在校自习26～29小时。由于中学有固定的修业年限，学分制的实行又需要相当数量的选修课以及足够数量的高质量师资和高水平管理，但当时的中国还不具备这些条件。因此高中取消了以往的学分制，改为学时制，取消选修科目。1936年10月，教育部公布了《修订中学课程标准》，对中学课程进行修订，修订内容主要体现在以下几个方面：①减少教学时数。把初中每周的教学时数减少到31小时，高中每周的教学时数减少到29～30小时。②取消在校自习时数的规定。③初级中学第三年减去劳作、图画和音乐等课程，增设职业科目。

1940年2月又公布《高初级中学教学科目及学期每周各科教学时数表》，对原初高中的教学科目和教学时数又进行了调整。

在考试制度方面，1935年的《中学规程》对校内考试做了明确的规定：①中学学生成绩分为学业、操行及体育成绩三项；②学生成绩考查分为日常考查、临时试验（即考试）、学期考试、毕业考试四种；③学生成绩的评定也有相应的规定，平时成绩由日常考查和临时测验组成，前者占各科成绩的2/3，后者占1/3。各科的成绩由平时成绩和学期成绩按3∶2的比例组成。学期总成绩则是各科成绩的平均。学年总成绩是第一、二学期成绩的平均。学生毕业的总成绩由各学年平均成绩和毕业考试成绩按3∶2的比例组成。

1935年，教育部公布《中学学生毕业会考规程》，规定对应届中学毕业生在经原校考查毕业成绩及格后，举行毕业会考，其中要求"各省市区教育行政机关，对于所属的各中学应届毕业之学生，经原校考查毕业考试及格后，举行毕业会考"。会考由各地教育行政机关成立"会考委员会"主办。毕业会考成绩，以学校毕业成绩占4/10，毕业会考成绩占6/10合并计算。毕业会考各科均须及格，方可毕业。会考3科以上不及格者，应令其留级。会考1科或2科不及格者，准其参加下两届该科会考2次，及格后方可毕业。各校毕业会考的成绩，分甲、乙、丙、丁四等公布。

为配合学校的训育管理，教育部通令中等以上学校实施导师制。1938年3月，教育部颁发《中等以上学校导师制纲要》，通令中等以上学校实行导师制，每学级学生分为若干组，每组5～15人，由专任教师担任导师，对学生的思想、行为、学业等施以严格训导。学生毕业的时候必须要有导师开具的"训导证明书"才能获取毕业文凭。从此之后，中等学校的级任制改为导师制。导师制是国民党推行"党化教育"的结果，目的在于强化对学生思想的控制，因此，在实行之初就遭到很多进步教育家的反对。但是，导师制作为一种教育教学管理制度也有其合理的部分值得研究和借鉴。

（二）高等教育管理

1. 学校领导体制

1929年以后，国民政府对不同类型高等学校的行政管理机构和其相应的管理职责进行了明确的规定。

大学设校长1人，综理校务。国立大学校长由教育部聘任，省立、市立大学校长由省市政府请教育部聘任，私立大学以校董事会为法人代表，但所选校长应征得教育部认可。大学各学院设院长1人，院长由校长聘任。各学系设系主任1人，办理该系的教务工作，由校长任命。全校设立教务、训导和总务3

处，分别设教务长、训导长和总务长，秉承校长的指令分别主持教务、训导和总务等事宜。教务长和总务长均由教授兼任。而训导主任则由"党政要员"担任，这一措施体现出国民政府对高等教育学校的政治控制意图。

独立学院和专科学院的相关行政机构跟大学基本上一致，不过其教务、训导和总务三处主任均由教授或教员兼任。大学的研究所设院长1人，由校长兼任。各研究所及所属各部各设主任1人。

2. 教师管理

1927年，国民政府公布的《大学教员资格条例》，规定大学教员名称分为教授、副教授、讲师和助教四级，并规定了各级的具体条件，我国从此开始实行"学衔制"。所谓"学衔制"，是根据高等学校教师所担任的教学工作及其专业水平授予的职称。1940年10月，教育部颁布《大学及独立学院教员资格审查暂行规程》，明确规定教育部的学术审议委员会是审定教师资格的机关，另外还对大学各级教员的资格条件做了详细的说明。我国从1940年开始办理高等院校教师的学衔审定工作，至1948年共审理了30批。在当时中国混乱的大背景下，学衔制对于提高高等院校教师质量和稳定教师队伍发挥了重要的作用。

各职称的教员都有一定的聘任期限和任期，聘任期限一般为第一次试聘1年，第二次续聘1年，以后续聘每次为期2年。任期一般为助教4年，讲师3年，副教授3年，任期满后由校方呈请升级审查，合格者另发相应证书。1947年开始，高等院校还实行了年功加俸制，规定凡经考核合格的月薪已达最高级的教授，呈报教育部备案者，得给予年功加俸，按年递进，但有最高限额。

3. 教学管理

国民政府非常重视高等学校课程设置。1938年和1939年这2年间，分别颁布了各学院共同必修科目表和分系必修及选修科目表，使我国近代高等学校的课程设置初具规范。1944年在各类高等学校实践的基础上，教育部根据各校的意见重新颁发了各校共同必修科目表和各分系科目表，使大学课程的管理日臻完善。

为了确保高等学校课程设置的严肃性，教育部严格要求各学校执行教育部所颁发的各项标准。对于科目名称、科目学分数、设置学期、各班人数等细项均须按照规定实行，不得私自篡改。这一时期国民政府在高等学校课程管理上呈现出以下几个特点：①注重中文和外文的教学；②注重学生的德、智、体全面发展；③注意提高学生实践和研究的能力。

大学各学院或独立学院各科采用学分制。1929年教育部颁布的《大学章程》，规定大学实行学分制。1931年教育部公布的《施行学分制划一办法》统一规定"凡需课外自习的课目,以每周上课一小时满一学期者为一分。实习及无须课外自习的课目,以二小时为一学分"。文理学院各学系(医学院除外)在4年间修满132个学分即可,师范生则最少修满142个学分方可毕业。有所不同的是,其对学生每年所修的学分都有明确的规定,学生不能提前毕业。学生科目不及格者,给予重考或重读的惩罚,对于一学期不及格科目数达到其总科目一半的学生应令其退学。农、工、商等学院的学生于第二年起,须在暑假期间到相应的场所实习一定的时数,否则不得毕业。

学位制的颁定。1931年南京国民政府公布《学位授予法》。1935年7月正式实行学位授予法。学位制是由高等学校或国家授予的表明专门人才知识水平的称号。我国近代学位分为学士、硕士和博士三级,但特种学科可设一级或两级。

为了对学生的学业、思想、行为等方面进行全面控制,1938年3月教育部颁发《中等以上学校导师制纲要》,通令中等以上学校实施导师制,高等学校从此跟中等学校一样实施导师制。直至1946年,大学导师制才予以废除,设立训育委员会,以推进学生的训育工作。

(三)职业和师范教育管理

1. 职业学校的管理

1932年,教育部颁布了《职业学校法》规定职业学校应该遵循中华民国教育宗旨和实施方针,以培养青年之知识和生产的技能。1933年又颁布《职业学校规程》,职业学校从此脱离普通教育成为独立的系统,获得了更大的发展空间。

为了大力推进职业教育的发展,1942年,教育部确立了当年的中等教育经费分配比例,其中职业学校占35%。抗战后,教育部颁布《推行中等职业学校计划》,规定中学、师范、职业三类学校设校的比例,初级为6∶3∶2,高级为6∶3∶3。此外,教育部还规定各省在各领域内划分职业学校区,每区设高级职业学校1所,初级职业学校2~3所。各县每年小学毕业生超过200人的,要单独或联合邻县设立初级实用职业学校。

1934年,教育部开始为各个职业学校规划各科课程标准,颁布《职业学校各科课程表教材大纲设备概要汇编》,从此,无论是农业职业学校、工业职业学校、商业职业学校还是海事职业学校均具备统一的课程要求和标准,促进了各学校教学质量的提高。

这一时期,职业学校教育特别重视学生的实习训练。《职业学校规程》中要求各职业学校必须设置固定的实习场所。学校可以通过各种渠道去创建实习基地，即可以自建，也可以与厂商、单位进行合作。学生每次实习的时间为连续的 3～4 小时，而且职业学校的教学一般遵循在实习后进行讲授的原则，这是符合职业教育的特点的。

2. 师范学校的管理

1932 年，教育部公布的《师范学校法》，规定师范教育也从普通教育中分离出来，获得独立的地位，从而促进了师范教育的发展。同时还规定了"师范学校，应遵循中华民国教育宗旨及其实施方针，以严格之身心训练，养成小学之健全师资"的教学目标。

师范学校在行政管理方面与同一时期的中学学校基本上一致。校长总理校务，教导主任协助校长处理各种教育事宜，还可以根据其不同的学级情况增设训导主任、事务主任。另外，关于教师的聘任，学级教员的设置等都基本相同。不过，国民政府非常重视对师范学校的控制和管理，不仅在学校建立特务组织，而且还规定师范学校的校长、训导主任必须由国民党党员担任，非国民党党员担任校长必须加入国民党。国民政府教育部还对各种师范学校和师范科的教学科目、教学时数及各科课程标准进行统一规定，这一方面可以加强对师范学校的控制，另一方面也保证了师范学校的教学质量。

关于师范学校的课程，《师范学校规程》将师范学校的课程规定为：公民、国文、历史、地理、算学、物理、化学、生物、体育、卫生、军事训练、劳作、美术、音乐、伦理学、教育概述、教育心理、教育测试及统计、小学教材及教学法、小学行政实习等。乡村师范学校还增设了相应的农村经济及合作、水利概要等农业科目。幼稚师范科则还包含儿童心理、幼稚园教材、保育法、幼稚园行政等。师范学校最后一年为实习时间，其余各学年学校也要安排一定的见习。1914 年教育部公布的《师范学校学生实习办法》中明确规定各种实习所占的比例，其中参观见习须占总实习时间的 30%，教学实习须占 40%，而行政实习须占 30%。

1935 年，教育部颁布《师范学校学生毕业生会考规程》，实行师范学校学生毕业会考制度，还对各级各类师范毕业会考的科目做了具体的规定，会考办法和学生成绩计算方法与中学的基本相同。要求师范学校学生参加毕业会考，既有利于统一师范教学要求和提高各地师范教育教学质量，也有利于加强国民党对师范生的思想控制。1938 年，师范学校也开始实行导师制。[①]

---

① 参见梅汝莉《中国教育管理史》，海潮出版社 1995 年版，第 446 页。

五、革命根据地和解放区的学校管理

在半殖民地半封建社会的条件下，中国共产党依据从实际出发的思想原则，依据革命根据地的教育任务和根据地的实际情况，闯出了一条独具特色的、行之有效的办学路子。

（一）苏区的学校管理

1. 普通教育的管理

苏区的普通教育主要包括初级小学和高级小学。起初，初、高级小学并没有统一的学制。1934年2月16日，中央政府颁布了《小学校制度暂行条例》，规定初级小学和高级小学实行"三二制"，这一学制符合当时的办学条件，得以长期沿用。这一条例还规定小学的培养目标为"训练参加苏维埃革命斗争的新后代，并在苏维埃革命斗争中训练将来共产主义的建设者"。苏区的教育具有明显的党政化趋势。

在学校的领导体制方面，《小学管理法大纲》规定，小学实行乡教委领导下的校长负责制。校长须负责全校的一切事务，包括编造预算决算，全校的教务、训育事宜，领导学生会工作、召集学生家长联席会议以及在行政上领导教员、学生参加种种社会工作。另外，学校还实行会议制度，主要有校务会议、教务会议、训导会议、事务会议等。在这些会议中，学生都可以派出2名代表参加，代表学生发表意见。这一制度也体现出学校管理的民主倾向。

在考试制度方面，初小没有入学考试，高小有入学考试。1934年教育人民委员会颁布《小学课程教则大纲》，其中规定每周记录学生的平时成绩，学期与学年末均设置考试，考试的内容有课外社会工作、劳动实习和文化课，再参考儿童团与学生的评语，综合评价学生。

在教学管理方面，教学的管理原则主要是小学教育要与政治斗争相联系、与生产劳动相联系、与有利于儿童创造力之发展想联系。本项教学管理原则充分考虑到根据地经济条件落后、劳力缺乏、技术落后等现实情况，有利于因地制宜、因时制宜地发展教育。在课程标准方面，按年龄划分不同的教育阶段，进行不同课程内容的教授。《小学课程与教则草案》中规定：8~10岁的学生，主要教授艺术和作业两门课程；11~12岁学生则主要学习形体、数量等方面的课程；12~14岁儿童须学习普通生活必需的知识技能。因为受当时战时条件的限制，这些课程主要体现出其实用性的特点。在学生管理方面，苏区主要实行自我管理，成立学生组织，如小学建立的学生自治组织称为"学生会"，最高组织为全校学生大会。

2. 社会教育的管理

苏维埃革命根据地把工农群众教育称为社会教育。为了提高广大劳动人民群众的文化水平和政治水平，苏区把"发展广泛的社会教育""努力扫除文盲"作为苏维埃文化建设的中心任务。社会教育的主要对象一般是农村成人劳动力，因其不能参加全日制的学校教育。中央规定在中央设立干事总会，各省、市、县、乡、村、企业工厂乃至街道都相应成立干事会，组织管理扫盲性的识字学校，其组织形式主要有识字班和夜校等。初步形成了具有一定规模的社会教育系统。

1933年6月，苏区政府颁布《识字班工作》对识字班进行统一管理，规定识字班设班主任1人，全面负责识字班的工作。1933年8月，中央教育人民委员部颁布《夜校办法大纲》，对夜校的具体管理做了规定。夜校设校长1人，对夜校工作全面负责，另选一名学生担任班长，协助校长处理各种工作。学习内容是识字、政治、科学知识、写字和作文等。

3. 干部教育的管理

根据战争非常时期的特殊情况，苏区的人力、物力非常有限，只有重点培养大批党、政、军各方面的干部，才可能适应战争的迫切需求，才可能通过这些干部的工作，去促进工农教育和儿童教育的普及工作。1942年，党中央发布了《关于在职干部教育的决定》，指出干部教育是这一时期教育工作的重点，而在职干部教育更是全部干部教育工作中的重中之重。

干部教育的开展遵循适应战争需要的灵活原则。1944年4月7日发表的《根据地普通教育的改革问题》的社论指出，旧教育是抄袭资本主义国家的那一套，并不适合中国当时的需要。根据地的教育工作都是从实际出发，绝不照套照搬所谓的正规学制。在教学内容方面，强化战争所需要的知识，而减少或直接删除不急需、不必要的课程。这种灵活的原则符合当时苏区教育发展的需要。

学校组织形式多样。由于受条件限制，为了不影响干部的日常工作，干部教育在组织形式方面采取冬学、半日学校、夜校、星期学校、巡回学校、短期训练班、识字组、小先生制、艺徒制等。在干部学校中提倡和指导学生自学，使学生能够学会学习的方法，养成求知的习惯。

苏区干部学校主要目的都是培养各级各类干部和专门人才，但是，不同的干部学校其实际上的教育任务并不完全相同。如苏维埃大学主要培养苏维埃共和国政权机关的专业干部等高级干部，中央农业学校是培养农业干部和农业技术人才的专业学校，红军大学则是培养高级军事政治干部的学校。它们的教学任务和学生的学习任务有一定的区别，但是在教育行政体制方面却类似，一般是实行校长领导下的委员会负责制。在校长和委员会的监督下，设校务、教务、训导等分别处理学校的各种事务。

（二）抗日民主根据地的学校管理

抗日战争时期，各边区政府本着教育为抗战服务、教育与劳动相结合、干部教育第一的精神，改造旧学校，使这一时期的教育及其管理得到了发展。

1. 小学教育的管理

抗日民主根据地的小学教育，一般学制为 5 年，前 3 年为初小，后 2 年为高小。根据地的高级小学还承担着培养初级干部的任务，所以说，其在一定程度上具有干部教育的性质。抗日民主根据地的小学教育以培养具有较高的民族觉悟和为大众服务精神的边区建设者和劳动者为目标。在《边区小学教育实施纲要》中规定，社会活动、生产劳动均为正式课程。

抗日民主根据地的小学一般有两种类型：一类是独立的完全小学，另一类是师范学校或中学附设的小学。从管理体制上讲，教育厅直属的小学由教育厅直接领导。各县小学由县政府第三科领导，师范学校附设的小学由师范学校领导。陕甘宁边区小学实行校长负责制。小学设校长 1 人，全面管理学校事务。另设校董 1～3 人，协助并监督校务的进行。校长之下设有教务主任、训育主任，分掌有关事宜。

根据地小学教育十分重视民主管理，边区小学一般都设有学生会组织，不仅可以协助学校教育计划的完成，还可以锻炼学生独立工作的能力，培养集体主义的精神。

2. 中等学校的管理

抗日民主根据地的中等学校不仅培养中学生，还要培养在职干部；不仅有正规学制的中学和师范，还有各种类型的短训班。在学校管理体制方面，中等学校一般要接受所在分区专署的领导，校内实行校长领导下的校务委员会制。学校定期召开校务会议，由校长、教导主任、总务主任、教员代表、学生代表等几方面人员组成，讨论学校有关事项。在学制方面，在战时的特殊背景下，学制与教育计划呈现出显著的特点：①实际。从边区实际出发，养成学生为边区人民服务的观念。②精简。③集中。课程具有综合课的特点。④连贯。课程安排有序，先文化基础，后专门知识；先边区史地，再本国和外国史地；先学自然、数学，再学生产、医药常识，先原理后应用。

在教学方法上，各边区政府强调学生学习的主动性。由于战时条件限制，师资紧张，为了实现有限资源利用的最大化，这一时期的学校均竭力提倡和引导学生自学，使学生掌握自己学习的方法和养成良好的学习习惯。在学生管理上，实行民主化的管理。如大部分中小学成立学生自治组织，对学生日常学习生活进行管理，举办相应的学生活动。

3. 干部学校的管理

抗日民族根据地的干部学校是培养中高级干部和各种专业人才的教育机构，是为了适应战争的迫切要求，利用有限的资源来培养战争所需的干部，也意图通过这些干部教育的工作带动工农教育和儿童教育的普及。

这一时期，干部教育在教育工作中是第一位的，而在职干部教育则是干部教育的重中之重。干部学校形式多样，一般有冬学、半日学校、夜校、星期学校、巡回学校、短期训练班、识字组、小先生制、艺徒制等。学制一般比较短，由几个月到1年不等，多属于训练班的性质，这样很好地兼顾了干部工作与学习两者的关系。1940年，各根据地开始整顿干部学校，逐渐延长学制的修业年限，一般延长到2年或者3年，使干部教育改变其短训班的性质，逐渐走向正规化。1941年中共中央印发《关于延安干部学校的规定》，其中规定了各个学校的培养任务："中央研究院为培养党的理论干部的高级研究机关，中央党校为培养地委以上及团级以上具有相当独立工作能力的党的实际工作干部及军队政治工作干部的高级与中级学校，军事学院为培养团级以上具有相当独立工作能力的军事工作干部的高级或中级学校，延大、鲁艺、自然科学院为培养党与非党的各种高级与中级的专门的政治、文化、科学及技术人才的学校。"这个规定为干部学校的规范化进一步指明了方向。

严格的课程管理，是落实培养任务，防止理论与实际脱离的关键环节。由于干部学校的学制一般比较短，所以根据地对于课程设置特别强调了理论与实际结合和"少而精"这个原则。学习的课程要突出其专业特点，应以学习针对某项专门工作的理论与实践的课程为主，"坚决纠正过去以政治课压倒其他一切科目的不正常现象"。意思是说课程设置必须与各校的培养任务相结合，课程与专业配套，教学内容与中国革命的实际相适应，而且还要考虑学员的具体情况对课程进行调整。所谓"少而精"也就是强调专业对口，加大专业课的比重，使学员能够在有限的时间内学到更多有用武之地的专业知识。

根据地干部教育在教学管理上还注重教学方法的改进。党中央要求"凡担任学校教育工作的同志，均应认真研究教课内容与教学方法，使理论与实际一致的原则，在教学内容和教学方法中贯彻下去。在教学方法中，应坚决采用启发的、研究的、实验的方式，以发展学生在学习中的主动性与创造性，而坚决废止注入的、强迫的、空洞的方式"。

1941年的《关于延安干部学校的规定》，指出学校行政组织应该以短小精悍为原则。根据这一原则,干部学校逐步形成了学校的领导管理体制。军事学校大部分是政委负责学校政治领导的,正副校长负责行政领导。其他一般的干部学校则实行校长责任制,也有实行党组领导下的校长责任制,或者组成校务委员会实行集体领导。干部学校内的机构,一般设政治部、训练部、校务部分别管理相应的事务。

4. 社会教育的管理

抗日战争时期,抗日民族根据地十分重视社会教育。为了适应战时和农村的基本情况,社会教育的形式非常多样,有民事教育馆、俱乐部等社会教育机构,还有夜校、半日校、民众学校、冬校、正规学校的成人班等业余学校性质的机构。这些机构和学校学制相对比较短,办学形式非常灵活,以"发展民众教育,消灭文盲,提高边区成年人的之民族意识与政治文化水平为目的"①。对于提高民众,尤其是农村村民的文化素质具有积极意义。

为了推动社会教育的发展,加强对社会教育的统一领导,边区政府主要采取了以下几个方面的措施:①建立健全组织领导,各边区成立冬学委员会作为冬学的管理机构,设专门的人负责冬学工作;②实行"民办公助"的社会政策。群众自筹自办社会教育,政府给予一定的帮助和指导;③中央和各抗日民主根据地共同编印切合边区实际的教材;④建立了一套行之有效的教学达标检查制度;⑤创办教育刊物,交流教学经验,提高教学水平;⑥建立教育社团,促进社会教育发展。

六、全国解放战争时期解放区的学校管理

为使教育更好地为解放战争服务和培养未来的建设者,各解放区在继续贯彻"干部教育第一"政策的同时,加速了对学校教育的整顿和改造,使解放区的教育制度更趋"正规化",管理更加"规范化"。

(一) 学校组织领导机构

解放战争时期各级学校内部行政组织,除继承抗战时期民主集中制的传统外,还出现了一些新的特点:一是建立了正规化的组织制度。人员配置上坚持"少而精"的原则,严格按照比例设置行政、教学人员,同时对各自承担的任务做了更加明确的说明。二是突出教学工作管理,充实教学行政队伍。如各级学校均规定必要时教导处可设副主任1人。三是真正实现教导合一。在抗日战

---

① 梅汝莉:《中国教育管理史》,海潮出版社1995年版,第500页。

争时期和解放战争初期，教务处与生活指导处虽合并为教导处，但教与导的工作仍是分别有人负责执行的。解放战争后期，将辅导员制逐渐改为级任制，由级任教员负责对学生学习和生活进行指导，使教导合一的精神得到了真正的体现。

（二）学制系统

解放区逐渐建立起相互衔接的学制系统。为适应建设的需要，解放区曾多次酝酿、讨论学校教育正规化的问题。1948 年以后，各解放区又召开教育会议，研究教育的整顿和改革问题。东北解放区第三次教育会议决定，要建立正规教育制度，小学仍用四二制，中学用三三制。师范学校 4 年，主要培养高小教员；简易师范 2 年，主要培养初小教员。高中可根据各地建设的需要实行分科。高等学校的工、农、医等学院修业 4 年，社会科学及文艺学院修业 3～4 年，专修科为 2 年。中学和高等学校一律按标准招收学生，并优待贫苦群众子弟。

（三）教学管理

健全各种教学管理制度，是解放战争时期学校管理的重点。解放战争后期，在教学形式上基本上结束了战时游击式的状态，实行班级制，以课堂教学为主，附加以适当的课外活动和社会活动。在教学过程中，强调学生自学以培养学生学习的积极性和创造性。在课程建设方面，取消了旧学校中内容反动的课程，如"党义"和"童子军训"等课程，对原来的教材进行重新编订或者修改。1948 年颁布了统一的课程标准之后，各解放区还根据规定的课程标准，组织人员编订各科教材的纲要和内容，由边区政府教育厅审定后统一印发使用。课程标准加重了中小学课程中文化课的分量，降低了政治时事课所占的比重。1948 年 8 月，中共中央东北局、东北行政委员会发布了《关于整顿高等教育决定》，按照正规化的要求，对东北解放区各高等学校进行了初步的整顿、调整，其中在高等学校课程内容上规定：马列主义、毛泽东思想为各类高等学校学生的必修课，政治课时间须占全部课程时间的 10%～15%。另外还规定，俄语为第一外语课，授课时数每周至少 4 小时。其他解放区也制定了有关整顿高等教育的措施。

（四）教师管理

全国解放战争时期，各解放区对于教师采取了一系列的教育和管理措施：①明确对待旧教员的政策。1948 年，中共东北中央局在《关于知识分子的决定》中指出，对于农村的小学教员，除个别与地主勾结破坏土改者外，一般均应争取教育，继续聘用；对于城市中的小学教员，工作表现好而无政治问题者，仍然吸收其工作；对于中学教员，只要不搞破坏活动、同情农民的土改运动、忠实于自己职务者，便不做组织上的清洗。②加强对教师的培养和教育。这一时期各解放区广设师范学校、短期师范学校和乡村师范学校等来培养所需的师资，以解决教师短缺和教师质量不高的现实状况。另外还通过假期集训、分期轮训和平日在职学习等方式加强在职教师的学习，力图提高现有教师的业务和政治水平。③对教师采取分级管理的办法。民办教师为地方自主聘请；公办学校的一般由校长拟聘，提交政府审核；中小学教师实行聘任制；高等学校由学校招聘高水平的教师，并选派优秀的中青年教师进研究班深造，以提高师资水平。④提高教师政治地位和经济待遇。教师的待遇报酬逐步由供给制改为薪金制，教员的薪金标准普遍提高，以保障教员及其家庭的生活。在政治地位上，将教师视为革命职员、脑力劳动者，学校与政府需保证教员的一切权利与平等。各解放区还制定了小学教师服务规程等法规，对教师调动等做出规定，以保证教师队伍的稳定。

（五）学生管理

1. 学籍管理

解放战争时期，学生水平良莠不齐，学生经常被随意抽调，因此学籍十分混乱。随着形势的好转，严格学籍制度，对在读学生进行资格甄别，成为1948年后实施新型正规化教育的一项重要内容。1948年始，各校按照要求，在招收新生或插班生时，实行入学考试。在于在读的学生也要进行甄别，根据其水平的高低编入相应的学校或班级。同时也做出规定，学生在读期间，任何机关和个人不得随意抽调，若抽调必须得到上级领导的批准。学生的升留级及毕业主要取决于其学习成绩，不合标准不可升学和毕业。

2. 民主管理制度

解放区各类学校普遍实行民主管理制度，废除国民党的专制主义训育制度，实行新民主主义的指导制度，提倡发挥学生组织的教育作用。实行有领导的、有组织的、有秩序的、有民主的学生自治，建立民主团结的正确的师生关系。

3. 自主学习法

解放区的教学强调教师发挥主导作用，重视教师对系统知识的传授并加强对学生组织的指导。但也注重对学生学习自觉性和积极性的启发，废弃原来以行政命令让学生组成的学习互助小组，提倡学习应以个人钻研为主、集体讨论为辅。

第三节　中国近代的教育管理思想

　　旧中国沦为半殖民地半封建社会的过程也是中国由传统社会向现代社会转型的过程，随着中国封建社会自然经济的逐渐解体，民族资本主义、官僚资本主义等得以发展和壮大，并引发了封建传统教育的改革。在社会结构和经济结构变化的过程中，各个阶级分别从各自不同的视角提出了教育变革的主张，形成了中国近代教育管理思想运动，其中，晚清张之洞的"中体西用"教育管理思想、民国初期蔡元培的"五育并举""教育独立"的教育管理思想以及陶行知、晏阳初、黄炎培等的平民教育管理思想便是其中的代表。

一、晚清张之洞的教育管理思想

　　张之洞（1837—1909年），字孝达，号香涛，是清末洋务派的重要人物，地主阶级中有见识的政治家和教育家。张之洞是洋务派教育思想的代表，也是中国半殖民地半封建教育制度的重要奠基人。

　　1898年5月，张之洞完成《劝学篇》，分《内篇》与《外篇》两部分："《内篇》务本，以正人心；《外篇》务通，以开风气"[1]，以此高度概括了晚清人们面对近代化大潮所采取的基本对策。

　　张之洞所主张的正人心，即要求人们在国难之时信赖朝廷、尊奉朝廷、服从朝廷。凡是不尊奉朝廷、不忠诚于清廷的言论行为，都属不正。为此，一是要加强培植忠爱之心，以保国、保教、保种；二是要坚定三纲五常的信念，因为"五伦之要，百行之原，相传数千年更无异义。圣人所以为圣人，中国所以为中国，实在于此"；三是要坚持中学，据为根本。张之洞认为，"今欲强中国，存中学，则不得不讲西学。然不先以中学固其根柢，端其识趣，则强者为乱首，弱者为人奴，其祸更烈于不通西学者矣"[2]。张之洞又认为，在"正人心"的基础上，还必须"开风气"。所谓开风气，就是要更新一些观念。在封建统治不变的前提下，以应敌制变、自保自强。为此，一是要破除科技为"奇技淫巧"的传统观念，树立农工商兵皆须设学的思想；二是要树立"出洋

---

[1] 《劝学篇》。
[2] 《劝学篇》。

一年胜于读西书五年","入外国学堂一年，胜于中国学堂三年"的观念；三是要树立"非天下广设学堂不可"的观念，尽快建立分班分级逐年晋升的学校制度；四是要改变闭目塞听、坐井观天的格局，广译书，多办报，开铁路；五是要破除"乡会试仍取决于时文"的陈腐观念；六是要会通中学西学，做到"中学为内学，西学为外学，中学治身心，西学应世事"；七是要树立正确的变法观念，"夫不可变者，伦纪也，非法制也；圣道也，非器械也；心术也，非工艺也"①。

正人心与开风气是一个有机相连的理论体系。"正人心"是纲，"开风气"是目。张之洞一方面为封建旧学张本，另一方面又为西学开道，使中学与西学合轨同道，并行不悖。这一思想始终贯穿了一个主旨，那就是"中学为体，西学为用"。在张之洞看来，中学与西学，新学与旧学并无褒贬之意，都是十分重要的，新式学堂应该坚持"新旧兼学"的原则，但"旧学为体，新学为用，不使偏废"。这是张之洞在总结洋务教育经验之后集中强调的教育指导方针。

二、民国初期蔡元培的教育管理思想

蔡元培（1868—1940年），字鹤卿，号孑民，浙江绍兴人。中国近代著名的资产阶级革命家和民主主义教育家。1912年，出任南京临时政府教育总长。1917年，任北京大学校长。1927年后，任国民政府大学院院长、中央研究院院长等职。"九一八"事变后，他的政治倾向转向同情中国共产党，主张对日抗战。1932年，与宋庆龄、鲁迅等人一道组织成立中国民权保障同盟。1940年病逝于香港。毛泽东在唁电中称其为"学界泰斗，人世楷模"。蔡元培通过丰富的教育管理实践，展现出他对现代教育管理理论的深刻认识与探索。

（一）五育并举的教育方针

教育方针对于具体培养目标的制定发挥着指引性的作用，教育方针是否合理，关键是看其站在什么角度来思考人的发展问题。蔡元培提出了制定教育方针所要考虑的两个出发点：一个是站在国家的立场，一个是站在个体的立场。从理论上看，教育方针本身就是国家意志的体现，站在国家的立场似乎合情合理。然而，封建专制时代的国家意志往往由少数人操控，从而使得教育方针实质上只代表了少数人的利益。因此，蔡元培认为民国时期的教育方针必须站在

---

① 参见《劝学篇》。

国民的立场上。而且权利与义务相互依存，个人承担责任的能力越强，其所获得的社会权利也就越大。教育家的任务，就是帮助受教育者具备胜任这种责任的能力。从而也就肯定了受教育者在教育宗旨中的核心地位。

蔡元培认为，为了促进个体的人格发展，教育方针的制定不仅要着眼于人的物质需要，更要充分考虑人的精神需要。

蔡元培认为教育的根本任务就是培养"完全之人格"。为了达到这一目标，蔡元培提出了"五育并重"的基本方针，五育包括世界观教育、美育、公民道德教育、实利主义教育和军国民教育。在蔡元培看来，整个世界分为两大部分：一为现象世界，一为实体世界。现象世界是人们生活的物质世界，而实体世界则是超越现实的精神世界。蔡元培认为，现象世界是以造成现世幸福为目的的。因此，人们首先必须要有强健的体魄，所以实施军国民教育除了达到"强兵"的目的外，主要是为了加强体育。实利主义教育是关于生产知识技能的教育。受教育者于此既可获得维持生计的本领，又可促进智力的发展。至于公民道德教育，蔡元培主张应该贯之以资产阶级的"自由，平等，博爱"的观念。他认为德育是完全人格之本，假如一人无德，则虽体魄智力发达，只能助其为恶。从一个社会来看，如不加强公民道德教育，就可能出现"知欺愚，强欺弱"。社会不和谐，人们的幸福自然无望。所以，这三者是人们争取现象世界的现世幸福所必需的。但是，人类如果只是以追求现世幸福和物质享受为目的，这样的人生也是没有意义的。人们要想使自己的人生有意义，或者是培养完全人格，蔡元培认为必须实施一种属于"实体世界"的世界观教育，实施这种教育的目的就是要使人们对于现象世界的物质生活既不厌弃也不迷恋，态度超然，淡泊处之；对于实体世界具有渴望追求的向往。这样，人们就可以摆脱某一流派的哲学或宗教教义的束缚，达到思想自由、意志自由的"理想王国"。而实现由现象世界向实体世界过渡的桥梁便是美育。只有美育才能陶冶人的情感，纯洁人的志趣和品格，消除人我之见和利己损人的观念。也就是说，美育和世界观教育有助于人的精神升华，使人进入一种全新的人生境界。他认为，一个人只有在现象世界和实体世界都能获得幸福和自由，才算具备了完全的人格。因此，每人必须接受这五个方面的教育。

以上这五育，尽管各自的作用和内容不同，但它们都是养成健全人格所必需的，而且是统一整体的不可分割的有机部分。但同时蔡元培也提出了五育中必须以公民道德教育为根本。蔡元培五育并举的思想是以公民道德教育为中心的德智体美和谐发展的思想，是中国现代教育史上的一大创新，适应了辛亥革命之后改造传统教育的需要，顺应了当时社会发展的进步潮流，对后世产生了重大影响。

（二）以人为本的学校管理观

近代教育改革虽然创办了新式学堂，在教学内容等方面有了不少的改革。但封建学府的旧习仍然存在，学生在校学习的目的只是为了能够参加考试、考取功名或是追求一纸文凭，违背了学校培养健全人格的教育宗旨。

对此，蔡元培认为学校性质不明确，学校管理就会失去改革的方向。他在主持北京大学改革的时候便明确规定："大学者，研究高深学问者也。"[①] 其一方面是要求学生应抱定为求学而来学习的目的，不可将大学视为获取功名的场所，亦不可将大学视为贩卖知识的场所，应该彻底改变为做官发财而进校学习的动机；另一方面，他也要求大学的教师要养成研究学问之兴趣，这样才有利于养成学生的健全人格。蔡元培认为不仅是大学，其他各级学校管理中都应该贯彻培养健全人格的办学宗旨，确立人在教育中的绝对价值，使人始终作为学校管理目的而存在。

为了促使学校形成浓厚的学术风气，弘扬独立、自由、科学的学术精神，蔡元培在北京大学任教期间还提出了两大主张：一是在学说上坚持思想自由、兼容并包的原则。蔡元培认为"苟其确有所见，而言之成理，则虽在一校中，两相反对之学说，不妨同时并行，而一任学生之比较而选择，此大学之所以为大也"；无论何种学派，只要言之成理，持之有故，便可以保留供学生自由选择。二是对于教员的聘请，蔡元培主张以学术造诣为主。只要有真材实料的人就可大胆聘用，而不论其政治主张。由于教员是以研究学问为主的，所以其思想自由、兼容并包的思想很大程度上表现在对教员的聘请上。因此，北京大学的教师队伍里，既有提倡新文化教育的新派人物李大钊、陈独秀等，也有在政治上保守、在学术上有造诣的刘师培、陈汉章等。新旧派共处一校，各讲其学，形成争鸣的形式，极大地活跃了北京大学的思想，推动了学术的发展，提高了教学质量。

（三）民主的教育行政观

为了坚持学校的学术精神和人本方向，蔡元培认为应该由内行参加学校的管理，让真正懂得教育和学术的专家来管理学校。蔡元培在民国元年制定《大学令》的时候就规定了大学应该在学校一级设立由各科学长及教授组成的评议会并在学科一级设立教授会，形成新型的教授治校的管理体制，具体包括：一是组织评议会，给多数教授的代表决议立法方面的权利；二是组织各门

---

① 高平叔：《蔡元培全集（第3卷）》，中华书局1989年版，第5页。

教授会；三是"按事务性质组织各种委员会，来研究各种事务"。这种分权制的做法，不仅可以彻底扭转过去学校管理由校长等少数几个人决定的状况，而且大大地调动了教授们的积极性和创造性。对于保证学校的办学方向，提高学校行政管理的效率和质量都具有积极意义。担任北京大学校长后，蔡元培又将这一设想付诸实施。他的这一做法主要是吸收了德国大学的民主管理模式。由此看来，民主精神和依靠专家，是蔡元培教授治校主张的两大支柱。这也决定了学校领导者的服务角色，促使他们主要以非权力因素赢得认可，而不是依靠职位权力来使员工屈服。

在专家治校的教育管理体制下，蔡元培也相应地主张让学生参与学校的管理，以促进学生健全人格的培养。在他看来，学生自治不仅可以管理好学校，还"可以提起国民自治的精神"。学生自治的主要内容是关于卫生、学业和品行等修身方面，至于参加教务会议，则"以为未可"，因为"学校教职员对于学校进行，应有一种办法，此办法若参入学生意见，则甚为纷扰"。这说明学生自治应限于一定的范围内，管理权的赋予是依据管理者的能力来厘定的，并不是随意安排的，从而体现了学校管理的科学性。在这种体制下，学生和老师都承担了一定的责任，以主人翁的态度各司其职，分工合作，使学校的运作有条不紊。

（四）尊崇个性的教学管理观

封建教育无视学生的特点，违反学生身心发展规律，以"一刀切"的强制的教学制度严重束缚学生个性的发展。蔡元培认为新教育要注意儿童的身心发展，用一切扶持、保护、促进的方法，让儿童的个性得到充分的发展，不要人为地制造各种条条框框而加以随意的干涉和阻挠。

蔡元培认为，要在教学中贯彻尚自然、展个性的原则，首先要将人格养成的精神渗透到各门学科的教学中，不能割裂各门课程的多元教育功能。例如，国语国文课属于实利主义教育范畴，但它也包含了美感教育的内容，还包括了国民主义、德育、世界观教育的内容。而修身课属于德育范畴，但应该以美育及世界观教育配合之。此外，面对时代的进步和中西文化的碰撞，蔡元培主张在课程内容上采用中西会通的原则。他认为健全人格的培养要靠西方文明的精髓与中国传统文化的优良传统的共同作用。但是，他坚决反对在中小学开设读经讲经课以及在大学开设经学科。可见，蔡元培所主张的培养健全之人格是与封建教育目标格格不入的。蔡元培还主张沟通文理，提倡跨学科教育，为学生人格的养成构筑宽厚的知识结构。

蔡元培还强调，在学校管理方面要充分尊重学生的兴趣和特长，尽可能地根据学生的个性特征因材施教,以克服班级授课制的缺点。蔡元培在北京大学倡导采用美国学校的选科制,反对机械划一的年级制,鼓励学生自由选修,以便促进学生个性和才能的自由发展。蔡元培还主张教师的教学要旨在于引起学生的读书兴趣,促使学生自己去研究,不能使学生沦为知识的奴隶。

三、黄炎培、晏阳初、陶行知等的平民教育管理思想

所谓平民教育管理思想,是指提倡教育平等,保障平民受教育的权利,以期推进教育普及和提高国民素质的教育管理思想。平民教育是培养国民元气、改进国民生活、巩固国家基础、为全民而有的一种新兴教育。中国古代的传统教育实质上是一种特权教育,它的教育目标是造就官吏而不是培养平民,它的教学内容是统治之术而不是谋生之计。直至近代,中国落后挨打的社会状况以及西方"平民主义"教育思想的传播,促使越来越多的有识之士开始认识到国民教育的重要性。尤其是在经历了袁世凯政权的复古逆流之后,人们更加认识到,要建立一个自由、平等、互助的民主社会,就必须从根本上提高平民的独立人格和平等精神。因此,教育平民化的思想开始兴起。

平民教育管理思想的倡导者认为,推行平民教育的根本目的是为了救国。他们认为人民是社会的根本,人民元气充足,国运才能昌盛;人民奋斗参与政治,国家才能昌明。晏阳初一直坚持着"民为邦本,本固则邦宁"的信念,因此他强调"平民教育的主要目的不仅是使一个不识字的工匠成为一个'读书人',或把一个纯朴的农民塑造成为懂得科学知识的人。此外,还应该使他们成为有聪明才智和有进取心的中华民国公民"。为此,他提出了"除文盲,做新民"的口号。其新民的内容包括以下三项:①养成有知识、有生产力、有公共心的整个人;②养成社会健全的分子,发展社会事业;③养成建设国家的国民,提高国际地位。陶行知则主张平民教育应该养成会生活的人,具体主张如下:①培养人生与共和国民必不可少的精神态度;②训练处理家常事务的能力;③培养继续读书、领受教育的志愿和基本能力。黄炎培指出,职业教育不仅是单纯的技术教育,同时还要培养青年自求知识的能力、巩固的意志、优美的感情,以培养健全的人格。[①] 梁漱溟主张培养能"明人生而敦伦理"、具有中国儒家传统"理性"精神的人,为此"教育应该是着眼一个人的全生活而领着他去走人生大路,于身体的活泼、心理的活泼两点,实为根本重要"。

[①] 参见田正平《中国近代教育论著丛书——黄炎培教育论著选》,人民教育出版社1993年版,第166页。

20世纪二三十年代的平民教育家不仅从理论上构想国民素质规范，而且主张积极投身于平民教育的实践之中。虽然他们所提出的国民素质规范各具特色，但却有着共同的追求，那就是力求通过教育提高平民素质，从基层改造社会和生活，促使中国社会发生自下而上的改良，最后使中国政治走向正轨，为整个社会找到出路。

（一）社会化、平民化的教育机制观

平民教育管理思想认为，要真正有效地推行平民教育，根本的是要改革传统的国家教育机制。黄炎培、梁漱溟、陶行知、晏阳初等教育家均对传统的教育机制进行了批判，认为传统的教育机制脱离社会、脱离生活，不符合平民教育的需要。所以，他们一致认为，新教育的发展应该与整个社会的发展联系起来，其教育机制应该持有以社会化、平民化为特征，以发展社会经济文化为主轴，以提高国民素质为目的的开放态度。简而言之，就是说教育的发展应该建立在社会的需要上，使教育所培养的人才直接作用于社会活动，发展生产力，满足人们的需求。要实现教育的社会化，首要的是实现教育的平民化，以平民为着眼点，为平民谋幸福。

平民教育思想家们认为，要实现教育的社会化和平民化，首先就要研究和把握教育与社会的整体关系，把教育、科技、职业和经济诸种要素都加以考察。国家教育机制应该有利于促进教育向生活化、大众化的方向发展。陶行知说："要用最短的时间、最少的金钱去教一般人民读好书，做好人。"杜威的"教育即生活""学校即社会""从做中学"给了当时教育界以巨大的启发。陶行知认识到，中国是穷国办大教育，根本无法普及学校教育。因此，他把杜威的学说改为"生活即教育""社会即学校""教学做合一"，使教育更进一步走进生活和社会，使广大劳动者也有受教育的机会。黄炎培认为，教育不与职业沟通是没有前途的，但职业教育的目的不仅是为个人谋生服务，更是为社会服务。可见，这一时期的大多数教育家在主张发展平民个性的同时，并非将它与群性及社会性相对立。另外，他们认为教育的发展应该由城市向农村转移，教育发展的重点应该放在农村地区。

平民教育家认为，要发展农村教育，就必须结合各地农村和农民的实际需要，因此，他们认为注重社会调查是发展平民教育的重要条件。晏阳初强调，"一切的教育工作与社会建设必须有事实的根据，才能根据事实规划实际方案"。黄炎培批评当时职业教育者不行社会调查、不顾社会需要，他指出："某地之社会，所需者何业，必一一加以调查，然后立一校，无不当其位置，设一科，无不给其要求，而所养人才，自无见弃之患。"为了使乡村教育切合乡村社会，平民教育管理家们还呼吁要进行乡村建设。乡村教育必须结合乡村建设发展来进行，必须把教育与乡村建设结合起来。梁漱溟把乡村教育与乡村建设看作一体的两面，教育就是建设，建设就是教育。黄炎培提出了"划区试办乡村职业教育计划"①，确定的基本指导思想就是"以教育之力改进农村一般生活，以立全社会革新之基"。陶行知在起草的《改造全国乡村教育宣言书》中提出了"筹募一百万元基金""征集一百万个同志""创设一百万个学校""改造一百万个乡村"的宏大计划，以图推进乡村教育运动。晏阳初主张以教育带动整个乡村的改造，他针对农民的"愚、贫、弱、私"四大病症，提出了四大教育，分别是文艺教育、生计教育、卫生教育和公民教育。他主张四大教育要"连环进行"，以促进乡村整体改造。总之，追求教育机制社会化和平民化的根本出发点，即教育家们促进中国社会改造的愿望。

（二）大教育理念主导的学校管理观

社会化和平民化的教育机制观决定了推行平民教育必然要突破传统教育的办学思路，而遵循一种大教育的理念来进行学校教育管理。平民教育管理家认为，传统的学校教育模式无法完成教育普及的任务，因此必须打破原有的学校教育模式，采用多种教育形式，注重教育与社会的密切沟通，使得学用合一，最终达到以教育带动社会改造的目的。

1. 多样化的教育体制

平民教育管理家主张采取多种形式来开展教育，以改革传统学校的封闭状态，使学校与社会相沟通。陶行知认为传统教育的学校与社会之间互不相通，因此他提出"社会即学校"，"人人可以作我们的先生，人人可以作我们的同学，人人可以作我们的学生。随手抓来都是活书，都是学问，都是本领"。晏阳初则突破传统单一的学校式教育局限，提出用学校式、社会式和家庭式三大方式来开展四大教育。而梁漱溟则提出整合学校教育与社会教育为一个教育系统的思想，以打破学校教育的封闭状态，改变传统学校教育的形式，使学校教育因时因地制宜地发展，以实现学校教育与社会现实相契合。

2. 科学实用的课程体系

平民教育管理思想认为，要改造乡村社会、改造平民生活，革新课程体系非常重要。中国传统的经学式课程和不加以改变的西式课程都无法满足平民教育的需求，所以必须要开设适应中国具体社会实际的实用教程。在课程改革方面，平民教育思想家认为必须坚持以下四个方面：

---

① 王建军、薛卫东：《中国教育管理史教程》，广东高等教育出版社2003年版，第243页。

（1）课程改革要面向社会。黄炎培提出教育就是"授人以学识、技能而使之能生存于世界"，胡适亦认为学堂必须培养社会所需要的做事的人，否则教育就会变成亡国的教育，他赞成杜威关于学校生活本身须是一种社会的生活，学校的学业须要和学校外的生活连贯等相关主张。这些教育主张都体现了教育内容要面向生活、服务于生活。

（2）教育改革要面向职业。1917年，黄炎培联络蔡元培和马良等教育界、实业界人士在上海发起"中华职业教育社"，创办了职业学校，推广职业教育。黄炎培认为，职业教育是社会生存所必需的分工的产物，教育是保持和发展各行各业的条件。1918年5月，在中华职业教育社成立一周年之际，黄炎培明确阐发职业教育的目的为："为个人谋生之预备，为个人服务社会之预备，为国家及世界增进生产能力之预备。"[①] 黄炎培倡导职业教育，是有感于各种学校毕业生失业而造成恐慌的状态，试图通过推广职业教育来解决当时国家和社会民众所面临的严重的生计问题。他还认为应该在普通教育中的高等小学和中学增设职业科，以更好地适应社会的人才需求。

（3）课程改革要开设体现平民精神的课程。梁漱溟的乡村教育学校的公共课程中除了识字课程，还开设了音乐唱歌、精神讲话等课程，以形成村民自信进取、奋发向上的精神面貌。晏阳初注重采集选编秧歌、鼓词、歌谣等民间文艺读物，组织农民剧团，以开展文艺教育来振作平民的精神；注重开设公民教育课程，培养平民的公德心和团结力。无论是知识技能的课程还是文化教育的课程，都是为了平民生活和乡村社会的需要而开设的，以实用为其最终目的。

（4）推行手脑并用、学做合一的教学原则。要发挥教育改造社会的功能，平民教育管理思想家认为教育管理的主旨在于推动受教育者学用结合、手脑并重、学做合一。黄炎培认为，要改变社会的现状，就必须改变读书人不动手、劳动者不读书的不合理现状，使动手的读书，使读书的动手，把读书和做事真正结合起来。以黄炎培为代表的平民教育家力图将杜威的学做合一的教学原则运用于平民教育的社会式学习中，倡议在社会生活和生产劳动中培养实际的操作能力，增长知识才干，以促进受教育者通过学习来改造生活、改造社会。在乡村建设实践中，无论是晏阳初的平民学校，梁漱溟的乡村学校课程，还是黄炎培的职业学校，都坚持这种"手脑并用""学做合一"的教学管理原则。

重视教育的社会功能，是平民教育管理思想的重要特征，强调社会功能的发挥不是靠培养少数专门人才来实现的，而是通过授予多数平民以基础知识、

---

① 冯克诚：《乡村和平民教育思想与教育论著选读（下册）》，人民武警出版社2010年版，第33页。

实用的技能和公民精神,激发平民改造生活和社会的信心和能力,最终使整个国家走向现代化。

思考与练习

1. "壬子癸丑学制"与"癸卯学制"相比较具有哪些优点?
2. 全国解放战争时期,各解放区对于教师采取哪些教育和管理措施?
3. 简述民国初年教育部建制的特点。
4. 简述抗战时期为了加强对社会教育的统一领导,边区政府主要采取的措施。

下编 外国教育管理史

第三章 古代希腊、罗马时期的教育管理

导言

通过本章的学习,我们将会了解这一时期教育管理方面的全貌。古希腊和古罗马曾在教育管理的实践和理论方面取得过巨大的成就,对后世欧洲甚至后来世界其他各国的教育管理思想产生了重大的影响。斯巴达实施高度集权统一的军事化教育行政管理,在学校实施军事化管理。而雅典实施宽松的教育行政管理,国家不干预教育的细节,在学校实施开放式管理,允许多种形式办学,通过立法和监督行使管理职责。古罗马在吸收借鉴古希腊教育的过程中,根据自身情况形成了独特的特点。共和时期,学校多为私立,并且收费。在罗马帝国时期,逐渐形成了比较完整的学校教育体系,采取民主自由的教育行政管理体制,培养忠于帝国的官吏和顺民,私立学校与公立学校共存,学校采取严格的纪律管理。同时,出现了苏格拉底、柏拉图、亚里士多德、昆体良等教育家。

古希腊、古罗马创造了灿烂的人类文明,在教育管理上达到了历史的全新高度,对整个欧洲乃至整个世界都产生了重要影响。正如恩格斯曾经评价的那样:"没有奴隶制,就没有希腊国家,就没有希腊的艺术和科学;没有奴隶制,就没有罗马帝国,没有希腊文化和罗马帝国所奠定的基础,也就没有现代的欧洲。"[①] 这一时期的教育,无论是教育行政管理、学校教育管理,还是教育思想,都为后世教育管理的发展奠定了宝贵的基石。

第一节 古代希腊、罗马时期的教育行政管理

古希腊时期,教育行政管理并未完全从国家的行政管理活动中独立出来,而是包含在国家行政管理活动之中,并为其服务。古罗马的教育行政管理也承袭了古希腊时期教育管理的这一特色,并且强化了国家对于教育的行政干预。

---

① [德]恩格斯:《反杜林论》,人民出版社1970年版,第188页。

一、古代希腊的教育行政管理

公元前1600年以前，克里特岛和希腊半岛上就出现了奴隶制下的克里特文化和迈锡尼文化。到了公元前12世纪，处于氏族阶段的多利亚人由希腊西北向南迁徙，导致早先进入希腊的各部落发生大迁移。在这个迁徙浪潮中，爱琴海区域的一些先进中心消失了，克里特文化和迈锡尼文化都被湮没，逐渐定居下来的希腊各族普遍过着氏族部落生活。但是，由于当时较发达地区的生产经验广泛传播，荷马时代（公元前11世纪至公元前8世纪）的希腊社会经济仍得以向前发展，社会也逐步发生阶级分化，向奴隶制过渡。①

到了公元前8世纪至公元前6世纪，希腊已发展成为典型的奴隶制社会，整个希腊世界在于荷马时代形成的各族分布范围基础上建成了数以百计的独立城邦，即由城市和周围农村构成的奴隶制国家。其中，最大而又有史可查的两个城邦是斯巴达和雅典，它们各有特点，具有代表性，② 所以在讲述这一时期的希腊历史和教育时，一般都以它们为代表。

（一）斯巴达的教育行政管理

斯巴达位于伯罗奔尼撒半岛南部肥沃的拉哥尼亚平原，有发展农业的良好条件，是古代希腊最大的一个农业城邦，但四周群山环绕，又没有港口，故十分闭塞。③

斯巴达居民分为三种：正式公民、希洛人和皮里阿西人。正式公民是军事农业贵族，是统治者，约9000户；希洛人则是全体斯巴达人的奴隶，约30万人；皮里阿西人是平民，无公民权，但享有人身自由，约3万户。④ 斯巴达国家把压迫和剥削希洛人当作一切政策的出发点。为了防范希洛人的反抗，整个斯巴达社会完全军事化了。为了保持一支强大的军事镇压力量，斯巴达国家要求全体青年成为强悍的战士。因此，教育受到重视，并被视为国家的事业，由国家严格监督管理，为斯巴达人，即奴隶主阶级服务。斯巴达教育的目的和任务十分明显，即把年轻一代的奴隶主培养成为体格强壮的剽悍的武士，并从中挑选国家未来的统治者。斯巴达教育的内容、方法和组织形式完全是基于这一

---

① 参见袁锐锷《新编外国教育史纲》，广东高等教育出版社2005年版，第2页。
② 参见袁锐锷《外国教育史新编》，广东高等教育出版社2006年版，第3页。
③ 参见袁锐锷《外国教育管理史教程》，广东高等教育出版社1998年版，第3页。
④ 参见王炳照《中外教育管理史》，湖南师范大学出版社2000年版，第219页。

目的而确定的,其中体育和军事训练特别受到重视。

在斯巴达,儿童属于国家,检验合格、体质健壮的婴儿在国家监督下由父母教养到 7 岁,不合格的即被抛弃。男孩从 7 岁起就被送入国家公育机关,过半军营式的生活,一直到 18 岁。在这里,儿童从小过着集体生活,以年龄分队,由 20～23 岁的青年担任小队教导员。其上设有总监,另有一批助手,称为"鞭打者"。为了使儿童养成耐苦的生活习惯,培养其坚忍不拔的毅力,他们给予儿童的饮食起居条件极端简陋、苛刻,使之习惯于忍耐饥寒,还用残酷的鞭打和野兽的扑咬作为训练的手段。为了培养儿童的机警性和仇恨奴隶的心理,他们要求儿童到附近希洛人居住的村落偷盗食物和柴米,甚至在夜间举行捕杀奴隶的"实习"。为了对儿童进行政治和道德的教育,他们通过教官或来访的社会上层人士,采用讲述或谈话的方式使儿童了解斯巴达人的风俗习惯、传统、宗教仪式和奴隶制社会的政治、法律、行为标准。在这里,智育不受重视,文化知识极端落后,教学的主要内容是军事和体育活动,除五项竞技运动(赛跑、跳跃、掷铁饼、投标枪、角力)外,还有游泳、骑马、射箭、肉搏等军事游戏。儿童也接受音乐与舞蹈教育,不过是与军事、体育结合进行的,含有军事和宗教的意义。儿童唱宗教赞美歌和战歌以激励尚武和爱国的情感,儿童跳舞则是军事、体育动作的模拟和敬神的表示。

斯巴达青年满 18 岁就会被送到埃弗比团①(Ephebia,士官团,即高一级的教育机构)接受正规的军事训练,到 20 岁为止。入团前,青年必须接受当众鞭打的考验,能忍受者为合格,哀号求免者则被剥夺入团资格。埃弗比团由精干的军事家领导,学习地形和进攻、防御的战略。军事训练还包括经常对奴隶进行突袭和捕杀。

斯巴达很重视教育女子。当男孩在军营里接受训练时,女子也要在家中或者附近的地方接受相应的训练。与男子相同,她们同样有组织、有纪律。训练项目包括跑步、游泳、掷标枪、舞蹈等。训练的目的为:①当男子出征时,担负起保家卫国的职责;②用音乐、舞蹈去奖励和慰问勇敢的将士,并嘲笑怯懦的人;③可以生育健壮的婴儿。因此,在斯巴达社会中,妇女的地位较高。雅典在这一点上则相形见绌。②

为了牢固地维护斯巴达的奴隶制国家权力和社会政治制度,斯巴达视教育为治国安邦最重要的工具,教育工作成为其国家事务中最主要的工作。斯巴达

---

① 参见袁锐锷《外国教育史新编》,广东高等教育出版社 2006 年版,第 12 页。
② 参见刘新科《国外教育发展史纲》,中国社会科学出版社 2002 年版,第 30 页。

实施着高度集权统一的军事化教育行政管理，教育行政完全从属于普通行政。① 真正掌握实权的五长官把领导青少年的教育工作当作他们的首要任务之一，直接控制教育。在斯巴达的国家教育机构中，直接负责训练青少年的人是从高级行政官员中挑选的。斯巴达施行完全免费的教育政策，教育机构一律由国家办理，绝对禁止私立学校，表现出国家对教育的高度垄断。

军事化的国家体制和军事化的教育体制相互强化，使得斯巴达得以在古希腊诸邦中称雄一方。但是，这种单纯尚武的教育模式存在着严重的缺陷，它只重视军事技能的培养，忽视甚至排斥个人智慧和才能，最终使斯巴达城邦的文明落后于古希腊的文明进程。

（二）雅典的教育行政管理

雅典是阿提卡半岛上的主要城市，其所处的地理位置不利于农业的发展，但有利于其工商业和国际贸易的发展，而且有利于接受古代东方文化。公元前7世纪至公元前6世纪，雅典在政治上进行了多次改革以后，最终确立了民主政体。古代雅典的社会生活十分活跃，各派学说彼此争鸣，加上经济的繁荣，使古代雅典在哲学、科学、文学、艺术、史学等方面取得了辉煌成就。因此，雅典的教育是与它的政治、经济、文化特点相一致的，展现出与斯巴达完全不同的格局。

当然，雅典的奴隶主民主政治，不管其多么民主，仍然只是公民范围内的民主，它的本质是对奴隶和非公民群众的残酷专政，因此，雅典教育的阶级性也是十分明显的，教育对象仅限于公民子弟，尤其是奴隶主子弟。

如果说斯巴达的教育目的是培养优秀的军人，那么雅典的教育目的是培养健美体魄与高尚心灵完美统一的人。雅典奴隶主不仅要求把他们的子弟训练成为军人，更要求把他们培养成为社会、政治、经济与文化方面的积极活动家，简言之，就是雅典的合格公民。他们认为，只有"身心既美且善"的个人才能最好地履行公民的职责，成为合格的公民。在身的教育方面，雅典教育不仅着眼于军事准备，而且注重躯体的匀称健美、动作的敏捷灵活；在心的教育方面，则充分注意到音乐、文字、文学和文化等多方面的教育。宗教、道德教育则贯穿在身、心各方面的教育之中。

儿童出生后与斯巴达一样，都要经过严格的检查后才能决定是否能够生存下去，不同的是，雅典是由孩子的父母进行挑选，孩子7岁以前也是由父母在家进行教育。男孩从7岁起由教仆陪送到文法学校和弦琴学校接受初等教育。

---

① 参见袁锐锷《外国教育管理史教程》，广东高等教育出版社1998年版，第5页。

这些学校都是私立、收费的，没有官定的章程与课程，这一点也与斯巴达教育不同。儿童在文法学校学习初步的读、写、算等简单知识；在弦琴学校学习音乐，吟诵荷马史诗，演奏七弦琴。所有教学内容都含有宗教、道德教育性质。此外，儿童还经常参加奔跑、骑马、投枪等体育活动。学校教师地位很低，有些还是获得自由的奴隶，加之受当时客观条件限制，教与学都很困难，教师经常使用体罚，教学方法简单粗暴。

男孩到了 13 岁或 14 岁，就可以进私立的体操学校，重点进行体育训练，如五项竞技活动、体操和游泳，但也辅以文化知识的学习，并经常请官吏与有名望的长老到校对学生进行政治性和道德性的谈话。[①] 在这里，体育还与美育相结合，儿童的体形美和动作美得到了重视，并不像斯巴达那样单纯重视发展蛮力。

两三年的体操学校生活结束之后，一般平民的子弟大多就业谋生，显贵者的子弟继续升入国立体育馆（Gymnasium）。在这里，16 岁左右的青年除进一步接受体操、骑马、射箭和音乐的训练外，还学习政治、法律和"三艺"（辩证法、文法、修辞学，为"智者派"所创），以便为将来参加国家行政工作做准备。此外，青年还参加公民集会，到戏院或法院旁听，以熟悉奴隶制的社会生活。

年满 18 岁的国立体育馆毕业生可升入埃弗比团，这种军事政治性质的学校在当时可算是高等教育了。青年以一年的时间深入学习军事技术、军事知识和战争艺术，同时还要学习政治并参加社会活动。一年之后，国家授给他们以矛、盾两种武器，要求他们誓死保卫雅典的奴隶主民主制，并送他们到边防地区的军队中去见习一年。雅典青年 20 岁以后始成为享有完全政治权利的正式公民，可任国家的军职和官吏。

另外，雅典还极为重视道德教育，但是这里所说的道德教育并非一门独立的学科，而是贯穿于雅典的所有教育活动中进行的。例如，通过听神话故事、英雄传说等，培养儿童忠诚和勇敢的意识；通过体育训练，形成青少年坚韧不拔和公平竞争的品质；通过音乐教育，来陶冶儿童品行；等等。

同是高度重视教育的奴隶制城邦，由于国情和教育观念的不同，雅典视教育儿童为国家和家庭（尤其是父亲）的共同职责，而且注重弹性很大的和谐发展教育，所以在教育行政方面没有采取斯巴达那种高度集权统一的军事化管理模式，而是实施较为宽松的教育行政管理。国家并不干预整个教育的细节，也不对教育进行绝对的控制，允许多种形式办学，因此学校多数是私立的。雅

---

① 参见袁锐锷《外国教育管理史教程》，广东高等教育出版社 1998 年版，第 8 页。

典教育行政管理的主要手段是立法和监督。雅典最高法院负责国家的教育行政，其管理范围主要集中在高一级学校，如委派专人视导、监督国立体育馆、埃弗比团和其他一些专业学校的教育工作，以保证教学质量，保障国家教育法令的实施。

总之，斯巴达与雅典的教育是大不相同的。作为古希腊最具代表性的城邦，这两种教育体制无论是对当时的教育还是对近代欧美的教育，都具有极其重大的影响。

二、古代罗马的教育行政管理

在西方教育史上，古代罗马的教育也占有重要的地位，因为古代罗马在吸收古代希腊的文化和教育的过程中，根据自己的情况与需要做了一些重要的调整与补充，形成了自己的特点；更重要的是因为古代希腊的文化、教育，主要是通过罗马的改装而影响到后代欧洲的。

古代罗马的历史发展大致经过了三个时期：王政时期（公元前8世纪至公元前6世纪），共和时期（公元前510年至公元前30年），帝国时期（公元前30年至公元476年）。

公元前6世纪初，罗马成立了共和政体，直到公元前3世纪初，农业生产在古罗马人生活中占有重要地位，因此，共和早期的教育旨在为国家培养合格的公民，主要是农民与军人。由于在这一时期，学校还没有完全形成，教育都是以家庭为单位进行的。氏族沿袭下来的家长制传统，使父亲处在家庭的核心地位，掌握着大部分权利。孩子7岁以前，教育由母亲负责，7岁以后父母分工负责子女教育。这一时段，知识的学习并不占主要地位，但是极为重视对道德的培养，对儿童进行教育的主要内容之一就是孝道、勇敢、果断等传统美德。

有些贵族和条件较好的平民将自己的子女从7岁起便送入小学读书至12岁。[①] 在当时，罗马小学教师的地位是十分卑微的。有些不屑于把子弟送入小学的贵族则雇用家庭教师在家里教养子女，待其12岁后送入中学就读。

儿童12岁以后，贵族奴隶主的子弟要进入文法学校学习，相当于中等教育。文法学校最初以教授希腊文和希腊文学为主。公元前1世纪时，逐渐增加拉丁文的课程，主要包括文法、作文、历史、地理等内容，但是与之前不同是，拉丁文法学校排斥和否定体育。

---

① 参见袁锐锷《外国教育管理史教程》，广东高等教育出版社1998年版，第11页。

在青年16岁时,要进入修辞学校学习,相当于专门学校。罗马的修辞学校是罗马在征服希腊本土之后不久按照希腊化时期雅典的苏格拉底修辞学校的模式开设起来的,其修业年限(4年)、学科内容(以"七艺"为主,增加一些伦理、历史、地理、法律方面的知识)、教学方法(演辩的训练与道德修养相结合,并且不脱离当时的政治现实)均与其相仿,教师多是来自雅典等地的"修辞学家"与"哲学家",此后也有罗马的"拉丁修辞学家"任教,因而也增加了一些关于罗马的知识,如罗马史等。

公元前1世纪左右,罗马帝国到达全盛时期,其文化也有了长足的进步。其学术成就偏重于应用方面,在教育方面发生了很大的变化。在共和时期,罗马的学校完全是私立的,到了帝国时期就出现了相当数量的公立学校。统治者给予这些学校的教师以优厚的待遇和特权,希望他们培养出忠于帝国的官吏和顺民。对于私立学校和私人教师,政府当局则严加督察和控制。

由于中等—高等教育培养目标的改变,文法学校、修辞学校的教学因而发生了重大的变化。在文法学校,拉丁文法与罗马文学的地位逐渐上升,以致后来在西罗马帝国,希腊文及其文学的学习几乎绝迹(拜占庭的文法学校则仍以此为主)。在修辞学校,文法-修辞教育的传统徒有其形,不再重视政治上的智慧与辩才,因为独裁者并不希望帝国的官吏学会这些,教育遂向着形式主义的方向发展,教师、学生都只能在脱离现实的古怪离奇的题目上舞文弄墨,在文学和辞藻上兜圈子、钻牛角尖,学风日益败坏。在高等教育机构方面,此时罗马只设修辞学校,但在希腊本土以及罗马帝国的东方地区,仍有哲学学校与之并存。另外,在整个罗马帝国中还存在着为数不多的法律学校、建筑学校与医学学校。

帝国时期小学教育的主要任务是培养、训练帝国皇帝的顺民,使各地各族人民都心悦诚服地接受帝国的统治。小学以平民子女为主要对象,并不受统治者的重视,加之罗马的各级学校,包括小学在内,始终是收费的,平民的子女入学受到经济上的限制,故这一时期的小学教育并无发展。不过,在这里我们看到了教育史上双轨学制的萌芽:一方面是小学以平民子女为主要对象,学习粗浅的读、写、算;另一方面是文法学校兼教中学年龄以下的学生,专以贵族及富裕人家的子女为对象。

在罗马帝国晚期,西方发生了一件在世界历史上影响极其深远的大事。罗马皇帝君士坦丁于313年颁布了"米兰敕令",准许基督教徒信仰自由,基督教于325年被定为罗马帝国国教。从此,基督教由反映被奴役人民祈求解放的愿望的原始基督教,转变成统治阶级麻醉人民、奴役人民的工具。

与此同时,教会开始自己办学校,西罗马境内世俗学校日趋消亡,教会学校取其代之，最终一统教育领域，开始了西方封建社会时期教会统治教育长达1000多年的历史。[①]

在共和后期，随着政治和经济的发展，罗马迫切希望提高国民的文化教育素养，要求迅速改变共和早期那种整个教育体系呈家庭教育的落后状况。在希腊文化教育的影响下，从公元前3世纪起，古代罗马逐渐形成了比较完整的学校教育体系，其中包括小学、文法学校、修辞学校和大学等。这个教育体系的主要目标是把贵族的子弟培养成为善于辞令、精于文学、能言善辩的演说家，因为在当时，从事政治活动需要以演说争取群众，同时，有无演说雄辩的才能，也是衡量一个罗马人有无教养的重要标志。在这种情况下，私立学校被允许大量存在，私立学校为贵族服务，公立学校则向任何一个交得起学费的个人开放，共和后期的罗马在教育行政管理方面采取了民主自由的模式。

第二节 古代希腊、罗马时期的学校管理

这一时期的学校管理主要是为统治阶级服务的，因而政治色彩鲜明。斯巴达学校管理意在培养勇猛有力的未来统治者，雅典学校管理则旨在为国家贸易发展服务，古罗马学校的管理则是为培养统治帝国的人才。总之，学校教育管理集中体现了政治管理者的意图。

一、古代希腊的学校管理

（一）斯巴达学校管理的特点

斯巴达与雅典城邦在其各自不同的社会条件下，其学校管理也呈现了一些特点。斯巴达学校管理最突出的特点是高度的军事化，学校采用军队的管理方法，注重艰苦的军事生活磨炼，纪律严明、令行禁止，培养对教师，从而也是对国家的绝对服从。另外，斯巴达的教育管教人员组织严密，拥有权威。小队教导员、总监及其助手都有权命令和责罚其队员，并对队员下达突击指示，实施突击检查，以考验其机智和勇敢性，给不合格者以应有的惩罚。值得注意的是，道德教育始终贯穿教育的始终，其渗透在体育、音乐、舞蹈、军事训练以及屠杀和凌辱奴隶的行为之中，一切管理措施都是为了培养学生（队员）的

---

① 参见王炳照《中外教育管理史》，湖南师范大学出版社2000年版，第224页。

爱国主义、英雄主义和遵纪守法的精神，使他们将个人的意识、思考、情爱、利益统统熔化在国家的利益和需求之中，使他们无限热爱英雄，切齿痛恨怯懦，并使他们绝对服从法律的权威，以法律作为行动的最高准绳。在斯巴达教育中，存在一个矛盾点，即既实行军事化管理又实行开放式管理。每个斯巴达公民都有权利和义务随时责罚和教育任何一个学生，国家还经常选派德高望重的长者到教育机构对学生进行政治思想教育，长者和地方长官时常出席学校举行的对学生的各种测试（"考验"），观察小队教导员是否正确地行使其职权。如果发现小队教导员处理问题不当，过分严厉或过分宽容，则会在学生离开后对其进行责罚。

（二）雅典学校管理的特点

雅典的学校管理也相应地形成了一些特点：①雅典对教育采取放任政策，把教育子女视为家庭的职责，为孩子选择合适的学校并交纳学费都是家长应尽的职责。[①] ②雅典的学校多由私人设立，学校程度不同，流派众多，任学生选择入学，政府不要求整齐划一。③雅典的学校被视为在体育习武之外的，传授文化知识的场所，具有高等教育性质的修辞学校和哲学家的学园提倡水平较高的理论科目的讲授和争辩。④雅典的学校除了任用本国的统治阶级担任教师以外，也招揽来自外国的智者充任教师，不限国籍。

二、古代罗马的学校管理

古罗马的三个历史时期由于政治、经济和文化背景的不同，学校管理也呈现出很大的差异性。

共和后期罗马所有的学校都强调严格的纪律管理，每天上课时间长，学习艰苦，学生学习负担重，教师可以体罚学生，校长则对教师和学生严加管束，动辄责骂。学生需交费才能上学。学校有一定的放假制度，如小学和中学都有暑假，还有神农节、智慧女神节等节假日。小学教师社会地位卑微；文法学校和修辞学校的教师，由于是"修辞学家"或"哲学家"，社会地位较高。[②]

公元前30年至公元476年，是罗马进入帝国时期的阶段，帝国政府对罗马教育制度进行了多方面的改造，逐步建立起一套为帝国政治经济服务的教育制度：一是把许多私立学校，如私立文法学校和修辞学校改为国立公办，建立

---

① 参见刘新科《国外教育发展史纲》，中国社会科学出版社2002年版，第33页。
② 参见袁锐锷《新编外国教育史纲》，广东高等教育出版社2005年版，第17页。

起国家教育行政制度，加强了国家对一切学校的监督和管理；二是改教师的民间选聘为国家委派，教师的薪俸由国库支付，同时赋予教师以某些特权，如免税、免服兵役、教师住宅不受军队侵犯等，并授予某些从行省来的教师以公民权，从而大大地提高了教师的社会地位；三是对各级学校的教育目的进行了改造，原来以提高公民的文化知识水准和培养良好品德为目的的小学，被改造成为以训练忠于帝国皇帝的顺民为己任，而那些原先以培养能言善辩的政治家、雄辩家为目标的文法学校、修辞学校，则变成了造就各级行政官吏的机构。随之而来的是教学内容日益脱离实际，教学方法日趋形式主义，索然无味的学习需要更加严厉的学校纪律。在强化国家教育行政的情况下，学校管理的权限与范围相对缩小。

第三节 古代希腊、罗马时期的教育管理思想

古希腊、罗马时期教育的繁荣和发展，催生了一批伟大的教育思想家，他们提出的教育思想成了人类教育管理智库的精华，直到今天，仍然对我们教育管理思想的发展具有重要的价值。以苏格拉底、柏拉图、亚里士多德为代表的"希腊三杰"的教育管理思想便是其中最杰出的代表。

一、苏格拉底的教育管理思想

古代希腊著名的哲学家苏格拉底（Socrates，约前469—前399年），在西方人心目中具有很高的地位。在西方哲学史上，苏格拉底开拓了从自然哲学向伦理哲学转变的新时期。他穷尽一生，坚持悬疑、穷知、力行"产婆术"等教育方法，被东西学术界誉为"西方的孔子"。与孔子一样，苏格拉底一生"不立文字"，他的思想主要体现在其弟子柏拉图的著作《柏拉图对话录》中。①

苏格拉底认为最值得注意的是关于人的心灵的学问，至关重要的事是要教人趋于善。他重视道德哲学，与当时希腊城邦由于战争和奴隶主的贪婪而造成的道德堕落有关。

在苏格拉底看来，每一种德行，如智慧、正义、勇敢、节制等，都只是美德的一部分，而美德的本质就是知识。他说，人之所以不能为善或为不善，是

---

① 参见于洪波等《简明中外教育史》，山东人民出版社2010年版，第177页。

由于他对于什么是善没有真实的认识。在哲学认识论上，苏格拉底提出了真理的普遍性与绝对性的哲学主张，认为真理是客观存在的，并非相对于个人的感觉，因而是因人、因时而异；感觉只是使人看到事物的现象，但人们还要通过思维才能透过现象看到事物的本质，从而得出真理；所谓得出真理，是指认识普遍、一般。苏格拉底所要求认识的是永恒不变的放之四海而皆准的知识，这主要是永恒不变的道德概念。他认为，一个人有了知识，就能够独立判断是非，这种人既能理解道德的普遍，又能实践道德的生活。

苏格拉底没有办过学校，但他为教育青年付出了辛勤劳动。不论冬夏，他黎明即起，穿上一件破旧的长袍，赤着脚走上街头，或者站在市场上，或者坐在神庙前，有时还在体育场的林荫道上，跟青年人讨论各种各样问题，如战争、政治、法律、婚姻、友谊、艺术等，最热衷的是探讨道德问题。他认为研究善恶是非极为重要，人们只有辨明善恶是非，才能有正义的、光荣的和美好的行为，社会上的道德面貌才能改善，奴隶主贵族的政治思想才能实现。①

苏格拉底在教学方法上主要采用谈话问答的方法，主要分成两个步骤：第一步是讽示（讽刺和暗示），他在与人讨论问题的谈话中，首先装作自己什么都不懂，向别人请教，让人家发表意见，然后用反诘的方法，引导对方积极探索，努力发现自己认识中的矛盾，从而承认自己的无知并且产生寻求问题答案的动机；第二步是"产婆术"，这是在第一步的基础上，引导对方的思维走上正确的道路，从而逐步得到理性的认识，达到苏格拉底的要求。

苏格拉底因其采用问答和谈话的方式，又称"问答法"或"辩证法"。他认为，所谓辩证，就是大家聚在一起相互对话、讨论问题，从而学会有逻辑地思考，并从个例、表象、经验中得到某种具有普遍意义的知识。苏格拉底的母亲是产婆，谙于产婆术，他则把接生术用于思想之"接生"，引导正确思想的形成，故苏格拉底法又称"精神助产术"或"产婆术"。从哲学的角度看，这种方法主要属于归纳法。苏格拉底法帮助人们克服思维的混乱，使人学会有逻辑地思考，教人如何从特殊中抽象出一般并了解事物的本质，是一种较好的思维训练。从教学论的角度看，这种教学方法把获得规律性的知识作为教学的中心任务，要求师生共同讨论、相互激发、一起寻求正确的答案，这不但可以促使学生积极思考、主动学习、自己发现知识，而且可以收到教学相长的效果。苏格拉底法在教育史上具有很重要的影响，后世的"启发教学法"就是从它发展而来的。

---

① 参见张季娟、袁锐锷《外国教育史纲》，广东高等教育出版社1989年版，第15页。

二、柏拉图的教育管理思想

古希腊著名的哲学家柏拉图（Plato，约前428—前437年），是西方历史上第一个有许多著作完整保存下来的思想家，他创立了西方哲学史上的第一个庞大的客观唯心主义，并创办了阿卡德米学园，授徒讲学，宣传他的学说，从事教育工作近半个世纪，成为古希腊的一代名师。在柏拉图传世的著作中，讨论教育问题较为集中的是《理想国》和《法律篇》。柏拉图于其中所阐述的教育思想，虽然是以唯心主义为基础，是为奴隶主贵族政治服务的，但也有许多发人深省的因素，对后世教育理论和实践的发展有很大的启发和推动作用。

柏拉图认为，最完美的"理想国"应由三类人组成：哲学王（有智慧的统治者）、军人、官吏等以及劳动者。只有这三类人安分守己、和谐相处，国家才能长治久安。民主政治需要配合精英教育；治病需要良医，而治国则需要智慧。至于一般民众，应尽可能像相信良医一样相信哲学王。[①]

柏拉图还主张教育应由国家掌管，所有公民的子女无一例外地都要接受教育，国家应设立统一的学校教育制度，学校按照一定的教育组织形式和规定的教育内容实施教育。可见，柏拉图的这种观点是对斯巴达和雅典教育经验的总结，吸取了希腊教育实践的做法。[②]

柏拉图还把人的灵魂划分为三种品德。体现这三种德行与社会的便有三种社会集团：运用智慧管理国家的哲学家，以勇敢精神保卫国家的军人，节制欲望、供养前两个集团的手工业者和农民。柏拉图认为，一个国家要达到大治，从而进入"理念世界"的境界，其主要的途径就是教育。他说，教育就是使人的心灵纯化，指向理念，复现理念。一种适当的教育，只要保持下去，便会使一国中的人性得到改造，而具有健全性格的人受到这种教育又变成更好的人，胜过他们的先辈，也使他们的后裔更好。由于教育能够使人复现自己的本性，从而使各个社会集团的人都服从于国家、献身于国家，所以教育是保证国家统一和强大的重要方法，也是建立理想社会关系的重要工具，有着巨大的社会作用。既然柏拉图肯定教育对于个人和国家都具有重要意义，这就不难理解他要求国家负起教育的责任，建立公共的教育制度，以挑选、培养和训练国家所需要的各种人才。这样，柏拉图从自己的理论基础出发，在西方教育史上，最初确定了心理学的基本区分及其在教育理论上的运用；最先指出教育具有重

[①] 参见于洪波、李忠、金传宝等《简明中外教育史》，山东人民出版社2010年版，第178页。
[②] 参见王保星《外国教育史》，北京师范大学出版社2008年版，第23页。

大的政治意义，最早详尽地论证了教育和政治、个人与社会的关系问题；主张教育由国家管理和女子应与男子受同等教育，重视教育在人的发展方面的培养、训练作用。这些观点都产生了巨大的影响。

柏拉图还是西方教育史上第一个提出完整的学前教育思想的人，他第一次明确提出并论证了儿童从出生起就在专门机构中养育的学前公共教育思想。他认为：一切事情都是开头最为重要，教育也应从幼年开始，每个人最初所受教育的方向容易决定以后行为的性质。不过，幼年教育必须适应幼儿的发展，首先要允许他们按其身体的需要而生长，注意使其感官能正确反映环境。3～6岁的儿童应送到公立幼教机关，由国家指派的教养员任教，儿童在这里学唱歌、听故事、做游戏，国家严格审查选择歌曲和故事的内容，关注游戏的安排，以培养儿童坚毅、乐观和勇敢的精神。柏拉图强调歌曲、故事和游戏的教育性，这是值得注意的。这些基本观点，成了西方学前教育理论的渊源。

在西方教育史上，柏拉图最早构思了完整的教育体系，他第一个进行了划分教育时期的尝试，他的分期包括了人的整个一生。[①] 他提出，儿童从7岁起，应当先后进入初等学校和体操学校，接受10年的基础教育。这一阶段的教育内容和教育方式总的来说主要是"以体育锻炼身体，以音乐陶冶心灵"，并将两者结合起来。所谓体育，包括舞蹈、骑马、射箭和五项竞技运动等；所谓音乐，包括歌曲、诗歌和文学。此外，还要学习读、写、算的基础知识，参加宗教仪式。这一阶段完成以后，一般人就成了劳动者。经过测试，部分青年从17岁起就可以升入"埃弗比团"，在这里专门接受军事、体育的训练，并且学习"四艺"——算术、几何、天文学和音乐理论。柏拉图在西方教育史上首先明确地把"四艺"作为教学内容，规定了在当时看来极其广阔的学科范围，并指出各种学科在培养各种人才方面的实际作用，他的课程理论影响了西方教育1000多年。[②] 这一阶段的教育完成之后，一般人就成了合格的军人。经过测验，抽象思维比较发达、各方面发展良好的优秀青年可以继续接受教育以发展理智，除"四艺"外，他们要着重研究哲学，所有这些都是为了提高理性和训练思维能力。这一智慧教育阶段从20岁延续到30岁，学成之后就能够担任管理国家的职务。经过挑选，少数天赋独厚、聪明好学、长于哲学者继续接受5年教育，专门研究辩证法，把握各门科学的内在联系，以便得到真理性的认识，即所谓洞察理念世界。柏拉图认为，此时的哲学家虽然已有丰富的学识，但还须经过15年的实际锻炼，从担任各级军事和行政领导职务中积累

---

① 参见周德昌《一代名师》，河南教育出版社1988年版，第253页。
② 参见袁锐锷《外国教育管理史教程》，广东高等教育出版社1998年版，第17页。

造诣,才能当之无愧地成为最高统治者——哲学王,明智地管理国家,使公正永存。

柏拉图实际上把学校教育体系当作社会阶级划分的工具。经过不同学校教育阶段的选拔和淘汰,从各级学校中产生了理想国所需要的三个阶层。教育的功能在于详细区分不同种类的人,并将其设置在相应的社会结构中,从事最适合自己本性的工作,并充分发挥他们的社会功能,彼此和谐相处,达到国家所需要的正义。①

柏拉图的教育思想有颇多建树,如国家应重视对全体公民进行教育,首次提出学前教育的重要性,主张身心和谐发展,确立"四艺"的课程体系,将教育与政治理想联系起来,等等。② 但是,他的很多思想也具有争议性,诸如技艺性的教学不配为真正的教育、理想的教育乃英才教育、教育政策应由哲学王制定等。

三、亚里士多德的教育管理思想

亚里士多德(Aristoteles,前384—前322年)是古代希腊最博学的、百科全书式的哲学家,17岁起到柏拉图所办的阿卡德米学园求学,时间长达20年,是柏拉图的得意门生。亚里士多德的教育管理思想是亚里士多德在希腊文明衰落时期对希腊教育制度和思想进行反思和批判的产物,这也是其区别于柏拉图的教育管理思想的最显著的特点。

(一)教育的本质和目的

亚里士多德肯定教育与政治之间的紧密关系。从社会的角度看,他认为教育是最高的政治艺术,国家的存在依赖于公民的本质,所以"立法者"要重视教育,教育应该由国家负责,受国家控制,私人教育是不允许的。从这个意义上来看,教育的目的就是培养良好的公民,必须让全城邦公民都接受作为公民所需的统一的教育。亚里士多德还着重指出,这种国家统一管理的教育,必须适合特定国家的社会生活,没有两个国家的性质和目标是完全相同的。也就是说,亚里士多德强调教育要根据国家的性质进行。

亚里士多德认为,事物不存在于观念本身,而存在于观念表现的客观个别事情之中,因此,他认为从个人的角度看,教育是一个依靠内在发展的自我认

---

① 参见王保星《外国教育史》,北京师范大学出版社2008年版,第24页。
② 参见于洪波、李忠、金传宝等《简明中外教育史》,山东人民出版社2010年版,第179页。

识的过程，教育的任务就在于揭示人的特殊形式，将其固有的人性、发展的可能转变成现实性。为此，教育工作必须根据受教育者的"自然"，适应人的天性发展。尽管亚里士多德曾经指出，"一切艺术与教育，着眼于填补自然的缺陷"，并没有把"自然"绝对化，但是我们仍然可以认为他的学说开了后代资产阶级的"遵循自然"教育思想的先河，可以认为他的发展学说中已经包含着后代西方思想中的"内发论"的萌芽。① 在亚里士多德看来，人的身心依照身体、情感、理智的顺序先后发展，所以首先是身体的训练；其次通过德育把各种情感和欲望引向良好的轨道，形成完美的德行；最后才是智育和美育，使灵魂中的判断、理解、思维方面的能力得到发展。从个人的角度看，亚里士多德认为，教育的最终目的是在于发展人的灵魂的最高部分——理智。

但是，在亚里士多德看来，培养良好公民只是具有实际价值的目的，教育的最高目的仍在于发展人的理性，使人享受一种思辨生活，因为他认为，理智除了有抑制感情的作用之外，还有纯粹的思维活动，它使人想到高于人本身的善，上升到神的境地，得到完全的幸福。他据此认为，教育家要培养青年为美好生活做准备，为正确享受闲暇做准备，以保证他们当生活的实际事务受到适当的注意时，能够享受纯理论探索的生活。所以，亚里士多德主张"文雅教育"。

（二）论儿童教育的年龄分期

亚里士多德是最早根据儿童身心发展的特点提出按年龄划分教育阶段的主张的人，他把人的教育阶段按每7年为一个阶段来划分。②

从出生到7岁，按照亚里士多德的说法，这是训练的阶段，应顺应自然，注意儿童身心的健全发育。5岁以前要特别加强儿童的营养并通过游戏多进行肢体活动，同时进行使儿童习惯于忍受寒冷的训练。5岁以后，除了游戏之外，可以让儿童多听神话故事，但内容须慎重选择；此时可以开始初步的课业学习，并采用体操和操练来保证儿童具有良好的体格，但是，无论课业还是各种身体训练都不宜过度。他特别指出，身体训练仅仅是达到目的的手段，"正是优美而非兽力才应当视为最有价值"，像斯巴达人那样训练出来的头脑愚笨的运动员是不明智的。亚里士多德建议，7岁以前的儿童在家受教养，但是应该让他们有机会观察日后他们从事的活动，与此同时尽量不要使他们染上不良的习气，特别注意不要让他们与奴隶接触。

对于7～14岁的儿童，亚里士多德认为，儿童满7岁就应该送入国立学

---

① 参见袁锐锷《新编外国教育史纲》，广东高等教育出版社2005年版，第59页。
② 参见刘新科《国外教育发展史纲》，广东高等教育出版社2002年版，第45页。

校，但只限于男孩，高深的教育对女子是不适宜的。这种观点，显然落后于柏拉图了。按照亚里士多德的说法，7～14岁是品格教育的阶段，要"净化"非理性灵魂中的不良冲动和欲望。

此外，亚里士多德认为儿童还须学习读、写、算，但这些不是这一阶段的主要内容，只是为了将来的实际效用做准备。

对于14～21岁的青少年，亚里士多德认为，体、德、智三育不是彼此排斥，而是互相联系着的，但是体育应该服从德育，德育应该服从智育，因此，这一教育的最后阶段以智育为主，以发展青年的理性灵魂。

（三）关于道德教育

亚里士多德认为，道德教育有三个要素——自然（天性）、习惯与理智，其中习惯尤为重要，如果儿童习惯于运用理智控制欲望，那么他就能避免从恶、养成善行。至于如何培养这种心智判断的良好习惯，亚里士多德认为主要应通过音乐教育。音乐，根据希腊传统，包括诗歌与文学，亚里士多德在这上面添列了绘画，这一主张在学校教育的历史上具有很大的意义。亚里士多德认为，音乐除了供人娱乐和文化消遣之外，更主要的是"确有陶冶性情的功能"；心智若与美好的音乐达到和谐，就能喜爱崇高的东西、痛恨低贱的东西。亚里士多德之所以特别重视音乐，与他的"文雅教育"思想有关，于是，课程据此被分成两类：有用的与文雅的。前者不高尚、不文雅，服务于劳作与实用；后者高尚、文雅、合乎人性，服务于闲暇。音乐既是娱乐，又能陶冶性情，供理智享受，自然就是一种受高度重视的"自由和高贵"的文雅学科。

为了净化非理智灵魂，体育也很重要。亚里士多德赞成的是雅典式训练健美的和谐发展的体育，他认为体育固然要培养勇敢，但勇气必须伴随着"协调"而"柔和"的性情，不应变得"凶残"和"流于粗俗"。关于体育与音乐的理论，亚里士多德基本上承袭柏拉图，也反映了当时有文化的雅典人的主张，只是在很多方面做了更加细致的发挥。

亚里士多德是古希腊教育思想的集大成者，他那百科全书式的广博学问对于后世西方，特别是文艺复兴以来西方文化科学的发展产生了巨大的影响。在教育方面，吕克昂学院曾经促进了自然科学的研究，这种学风，直接影响了亚历山大大学。[①] 此外，亚里士多德最早从理论上论证了和谐发展教育的可能性和必要性，最早依据儿童身心发展顺序进行了划分教育年龄阶段的尝试。他对学前教育和儿童游戏特别重视，提出了许多具体有效的办法。在德育方面他不

---

① 参见袁锐锷《外国教育史新编》，广东高等教育出版社2006年版，第70页。

仅重视培养德行，而且注重参与实践。亚里士多德的教育思想标志着西方教育思想发展到了一个新的阶段，直接影响到中世纪和文艺复兴时期教育的发展，后世许多西方教育理论和思潮都可以在亚里士多德的思想中找到源头。①

四、昆体良的教育管理思想

昆体良（Marcus Fabius Quintilianus，35—95年），古代罗马著名的律师、演说家和教育家，深受罗马皇帝的宠信。公元70年，古罗马帝国设立了由国库支付薪金的国立修辞学校，昆体良被委任为拉丁修辞学校的公职教师，并在这所学校主持校务达20年。② 昆良体所著的《论演说家的培养》一书，即是一本修辞学教程，也是一部教育著作，其论述范围包括高等、中等、初等教育，甚至幼儿教育，它是西方第一部专以教育为题材的系统著作，是古代西方第一部系统的教学法论著。

（一）关于教师

在昆体良的办学思想中，值得注意的首先是他关于教师的论述。他认为教师应是才德兼备、言行一致的人。昆体良认为，教师品格纯正，能使学生免于道德的沉沦；教师性格威严，可使鲁莽的性格免于放纵。教师的道德面貌对学生影响非常大，因而，他应该言行一致、表里如一，成为学生的楷模。教师还应该是有学问的人，因为教师绝不能以本身的愚蠢去教人。总之，教师应该以身作则，成为学生敬仰的对象。

教师应热爱学生，要以父母般的感情对待学生。他要纠正学生的任何错误，但要控制自己的情绪，避免讽刺和滥用指责。总之，他应以高度的热情去教育学生，把他们培养成为善良和博学的人。

（二）关于教育管理

昆体良认为夸奖、鼓励会给心灵带来活力，也会使心灵充满喜悦，所以教师在进行教育时要称赞、鼓励，少指责、惩罚。昆体良还强调必须避免滥用责罚，他认为不当的责罚容易对学生的心理产生不良的效果。另外，他还提出有关班级授课制的若干观点。早在公元1世纪上半叶的尼禄时代，昆体良的老师曾实行过原始的、粗率的班级授课制。昆体良赞成这种教学组织形式，敏锐地

---

① 参见王保星《外国教育史》，北京师范大学出版社2008年版，第28页。
② 参见王保星《外国教育史》，北京师范大学出版社2008年版，第39页。

发现并论述了它的优越性。他主张把学生分成班级，教师同时对全班而不是分别对个别学生进行教学；他认为实行这种教学制度，不但教师一次可以教许多学生，节省时间和精力，而且学生中能产生良好榜样的影响、互相模仿、竞赛，从教师对别人的批评和赞扬中得到警示和鼓励，得到公共活动和交往给人的锻炼，等等。所有这些情况都不是个别教学所能比拟的。可惜在昆体良之后，直到宗教改革时期才有一些教派对这种教学组织形式加以改进并在本教中实行。而后，17世纪捷克伟大教育家夸美纽斯进一步具体化、完善化了班级教学的内容，并从理论上论证了它作为主要教学组织形式的必要性。18世纪到19世纪时，班级授课制在各国的教育中逐渐推广，不久，人们发现了它的缺点，即在这种制度之中，学生的个性特点易被忽视。20世纪初，许多教育流派对这种制度提出了挑战，多种取代班级授课制的方案和实验纷纷出台。其实，关于在班级教学中应同时注意因材施教的问题，昆体良早就已经提出，他认为一个高明的教师首先要了解学生的能力、个性特点和倾向，根据学生的具体情况，扬长补短，长善救失。

（三）关于教育的目的

昆体良认为，教育的基本目的在于培养具有良好修养的雄辩家。他指出，一名优秀的雄辩家为了在法庭上替"正义"辩护并指导人们趋善避恶，他首先应该有崇高的品德，"一个没有良好德行的人就不可能是一个真正的雄辩家"①。其次，雄辩家应具有渊博的知识和实践经验。只有以完备的知识为基础，才能使演讲或雄辩更加具有哲理和权威性。最后，雄辩家还应具有高尚的品德。这是因为雄辩术是一门高尚的学问，它的作用就是弘扬正义和道德，指导人们分辨善恶，它是雄辩家捍卫真理的武器，而不是庇护邪恶的工具。②

思考与练习

1. 说说古罗马教育行政管理方面的情况。
2. 请简述古希腊与古罗马在学校管理方面的异同。
3. 试述苏格拉底与柏拉图教育管理思想的异同。

---

① ［古罗马］昆体良：《昆体良教育论著选》，任钟印选译，人民教育出版社1989年版，第19～20页。

② 参见王保星《外国教育史》，北京师范大学出版社2008年版，第39页。

第四章　西欧中世纪和文艺复兴时期的教育管理

导言

本章主要介绍了中世纪以来的教育管理实践和思想。中世纪早期，学校教育的主体是基督教的教会学校，教育内容为宗教教义等，教师全由僧侣担任，采用个别方式进行教学，施行严酷的纪律，盛行体罚。除宗教教育以外，也有封建世俗教育，主要为宫廷教育与骑士教育，同时出现了中世纪大学和城市学校。公元14—17世纪，西欧先后发生了文艺复兴和宗教改革运动，文艺复兴时期的人文主义者积极开办实施人文主义教育的学校，其所倡导的教育与中世纪的教育相比，形成了强烈的反差，取得了突出的进展。宗教改革运动推进了教育的普及化，也使教育朝着民族化的方向迈出了实质性的一步，二者结束了欧洲中世纪教会控制的教育，使欧洲教育走向近代。另外，出现了一批如奥古斯丁、夸美纽斯等的教育学家。

从公元476年西罗马帝国灭亡到14世纪上半叶文艺复兴运动兴起之前的这段时期，是欧洲的中世纪。西欧中世纪是在罗马帝国的废墟之上，由文明程度远低于罗马人的外来"蛮族"建立起来的。一方面由于战乱的破坏，另一方面由于占领者的文化水准还不能欣赏、学习和消受古希腊、罗马时代所遗留下来的辉煌的文化遗产，因此，在中世纪早期，古希腊、罗马的文化成就为世人所遗忘，西欧的文化教育水准大幅度下降，僧侣们获得了知识教育的垄断地位，教育本身也渗透了神学的性质。① 兴起于14世纪的欧洲文艺复兴使人文主义新文化得以广泛传播，并引发了宗教改革运动。文艺复兴和宗教改革掀起的思想风暴影响了欧洲的教育，并孕育出了人文主义教育、新教教育、天主教教育三种教育形式。

---

① 参见吴式颖、李明德、单中惠《外国教育史教程》，人民教育出版社2002年版，第107页。

第一节 西欧中世纪和文艺复兴时期的教育行政管理

一、西欧中世纪的教育行政管理

中世纪的欧洲，基督教占据绝对优势，教育只是宗教的"仆人"。这一时期教育行政管理被纳入宗教管理体系之中，教会在教育行政管理中处于绝对主导地位。从另一方面来看，教育也正是借助了宗教的无上权威获得了发展的机会。

中世纪西欧的封建社会形成了一个严格的等级结构，教会封建主和世俗封建主是特权阶级，农民和农奴等广大人民是被压迫阶级，生活在封建社会的底层。就教俗封建主内部而言，教会组织构建了严格的教阶制度，世俗封建主中贵族也有高低之分。西欧封建社会这种等级森严的特点，使它的教育同时具有明显的等级性，不同阶级和等级的子弟在不同的学校中接受教育。

中世纪后期，西欧社会的生产力有所发展，工商业趋于繁荣，城市兴起，世俗政权得到强化。[①] 西欧封建社会的这些变化反映在教育方面，便是出现了城市学校和中世纪大学等新生事物。城市学校的出现和中世纪大学的兴起不仅标志着西方教育行政开始了新的时代，而且也为近代西方的初等、中等和高等教育的发展奠定了基础。

西罗马帝国灭亡后，西欧分裂成诸多小国家，其中一些由日耳曼人建立的国家比较强大，如法兰克王国。在查理曼（742—814 年）统治时期，注重改革、发展宫廷学校和教学学校。781 年，查理曼邀请著名学者阿尔琴（735—804 年）协助改革宫廷学校。阿尔琴对教学内容、教学方法等进行了一系列重要的改革。如要求包括皇后、皇子、公主，以及皇室其他成员都要到宫廷学校就学，查理曼本人有时也参加学习；学习内容有文法、修辞学、辩证法、算术、天文学、神学，以及欧洲古典诗人的作品等；教学方法上，采用问答法，即教师根据教学目的，把教学内容以问答形式加以编制，使学生通过记诵问题的答案而掌握知识。789 年，根据查理曼的旨意，欧洲亚琛宗教会议决定，修

---

① 参见袁锐锷《外国教育史新编》，广东高等教育出版社 2006 年版，第 24 页。

道院和教区教堂必须附设学校，向儿童传授拉丁文、阅读、基督教历法、赞美诗等知识，并把这项决定作为教育法规，同时规定祭司职位只授予考试及格的僧侣，应考者必须通晓和理解担任祭司所需的一切有关经文，能按照罗马的文法歌唱赞美诗，还能草拟文稿和书札。① 上述教育改革政策，目的在于巩固其统治，客观上统一规范了当时的教育行政管理，建立起了中央集体的管理体制，也促进了中世纪西欧文化教育的发展。

（一）西欧中世纪的教会学校及其管理体系

在中世纪，尤其是中世纪早期，西欧学校教育的主体是基督教的教会学校，西欧基督教会通过对修道院学校（Monastic School）、天主教学校和教区学校的控制，管理整个教会学校的体系。

1. 修道院学校

修道院学校是基督教修道制度的附属产物。修道制度是中世纪基督教的一种重要的教会制度，强调对人的精神和肉体的修炼。修道制度与教育的联系并非与生俱来。② 事实上，在修道院发展的过程中，由于个人学术、宗教信念或人格在社会中产生了广泛影响，使得修道院规模不断扩大，最终形成一种群体性的机构，而教育成为其主要活动内容之一，渐渐地修道院学校才得以产生。

修道院学校的学生都是贵族和僧侣子弟，分为两类。一类是准备充当僧侣的儿童，称为"自愿献身者"，一律住校，故又称"内学"或"内舍生"。另一类是不准备当僧侣的，称为"外来者"，他们都走读，所以又称"外学"或"外舍生"。僧院学生入学年龄为 10 岁左右，学习期限为 8～10 年。僧院学校的教育目的是培养学生具有"服从、贞洁、安贫"的品质。"服从"是指虔敬上帝、尊敬院长，"贞洁"指终身不婚，"安贫"指安于贫穷的生活。

2. 大主教学校

大主教学校又称主教学校，主教学校一般设立在主教所在地。其组织形式和水平与修道院相似，学校设备较好，学科内容也比较完备。主教学校始于英格兰，最早的主教学校是坎特伯雷主教学校。③

3. 教区学校

教区学校设在村落教堂的门房或者牧师的家中，设备简陋，以一般居民的

---

① 参见刘德华《中外教育简史》，广东高等教育出版社 1999 年版，第 314 页。
② 参见王晓华、叶富贵《中外教育史》，首都师范大学出版社 2010 年版，第 194 页。
③ 参见王保星《外国教育史》，北京师范大学出版社 2008 年版，第 47 页。

子弟为对象，收取一定的学费，①用拉丁语教授读书、识字和初步宗教知识以及唱赞美诗等，不重视算术，只有少数教区学校才教计算，是设备、教学质量最差却最普及的学校。

封建社会实行长子继承制，封建贵族次子以下的子弟因不能继承封地和爵位，大多从小就依据其身份等级的高低分别进入修道院学校或大主教学校，受完宗教教育后即可当神职人员，或者担任国家的官吏。上述三种学校招收对象的不同，充分表明了封建教育的等级性。

教会学校的教育内容主要是宗教。修道院学校和大主教学校虽然也教授"七艺"，但都是为神学服务的，神学是全部学科的"王冠"。学习文法是用以阅读《圣经》；学习修辞学是为了训练传经布道的辩才；辩证法是为了提高论战的技术，借以打击"异端"；算术和天文学的教学是为了计算复活节及其他宗教节日；几何学是为了有助于绘制教堂图样；音乐则是为了用于举行宗教仪式。为了加强神学思想，有的科目内容往往进行故作神秘的解释，如"1"被解释为唯一的上帝，"2"意味着耶稣基督具有神性和人性两重性格，"3"是比喻圣父、圣子和圣灵三位一体，"4"是指四个福音传道者，②等等。这样，就把算术课变成了神学课。

教会学校的教师全由僧侣担任，采用个别方式进行教学，入学时间不一，学习内容不同，学习时间的长短也因人而异。教学方法是由教师用拉丁语口授，讲解教学内容的意义，学生边听边记，以备复习、背诵，有时也采用问答方法，但绝不许学生提出任何怀疑的问题，要求学生盲目信仰《圣经》，绝对服从教师，回答问题时必须先冠以"《圣经》说"或"教师说"，然后才讲具体内容。

教会学校施行严酷的纪律，盛行体罚，如罚跪、监禁、断食等。这些方法严重地摧残了儿童的身心。

基于"肉体是灵魂的监狱"的宗教神学观点，教会学校不设体育；在禁欲主义思想指导下，也没有美育。③

封建主的女孩子，一般不接受学校教育，只有上层阶级的女孩才被送到女修道院去学习。女修道院的教育与修道院教育相似，包括读、写及抄写拉丁文，主要是宗教的内容，此外，还有音乐、纺织、针黹等科目。纺织主要为了实用，而针黹除了学习必需的缝纫外，还特别注重做祭坛布与神堂帷幕。对于

---

① 参见于洪波、李忠、金传宝等《简明中外教育史》，山东人民出版社 2010 年版，第 189 页。
② 参见高峰《西方思想政治教育史》，首都师范大学出版社 2015 年版，第 78 页。
③ 参见张季娟、袁锐锷《外国教育史纲》，广东高等教育出版社 1989 年版，第 56 页。

抄写和装饰手稿、音乐和刺绣等科，妇女特别感兴趣，因而，中世纪时，最美丽的手稿本都是出自妇女之手。女修道院所设立的学校自6世纪开始，至13世纪中叶发展至高峰，其后逐步衰落。①

（二）西欧中世纪的世俗学校及其管理体系

西欧中世纪建立的是封建制。这是一种自给自足、政治和宗教相对独立、享有一定司法权力的经济形式。封建领主与基督教互有所求，关系紧密、相互制衡。8世纪后，世俗封建制和王权得以巩固，相应的教育形式和机构开始出现，② 主要有宫廷教育与骑士教育两种。

宫廷学校是世俗封建教育的一种。最早的宫廷学校在公元8世纪上半叶设于法兰克王国的王宫中，其主要目的是为了培养王公贵族的后代。

宫廷学校教授"七艺"及拉丁语和希腊语等科目。教学方法主要是问答法，但是比较机械，教师按教学目的编写问答式的教材，让学生背诵。总体上来讲，宫廷学校与当时的教会学校之间并没有太大的区别。

骑士教育是西欧中世纪的一种特殊的教育形式，它与当时社会存在的鲜明的等级制度相适应。③ 封建制的自给自足的庄园经济，必然造成封建割据、各领主间相互掠夺的局势。由于封建主与附庸之间的臣属关系，按习惯的规定，附庸必须为封建主服兵役、当骑士、保护封建主的经济利益。大大小小领主之间为了掠夺财富和农民，征战不已。这就需要披盔挂甲、骑马作战的武夫——骑士，这些骑士必须在军事技术、思想道德方面受到训练，以符合封建主的要求，因而便形成了骑士教育。

骑士教育产生于9世纪的后半期，至12世纪十字军东征时发展到高峰，14世纪开始衰落。④ 到16世纪，骑士教育基本上就完全消失了。

骑士的职业就是打仗，因此，骑士教育的目的就是训练能够骑马打仗，忠于封主，懂得宫廷礼节，善于讨好女主人的职业军人。它的形式是家庭教育，即都是在封建领主的家庭里进行的，其过程大概分为三个时期：

（1）家庭教育时期。从出生至七八岁，贵族儿童在家庭中受母亲的教育，主要是身体的保护、宗教的信仰和道德的陶冶，如服从父母、尊敬长辈、端庄有礼等。

---

① 参见袁锐锷《外国教育管理史教程》，广东高等教育出版社1998年版，第28页。
② 参见王保星《外国教育史》，北京师范大学出版社2008年版，第198页。
③ 参见王晓华、叶富贵《中外教育史》，首都师范大学出版社2010年版，第198页。
④ 参见朱家存《外国教育史》，山东人民出版社2008年版，第51页。

（2）侍童教育时期。男孩七八岁后，即按照自己出身的等级依次到高一级封建主的官邸中充当侍童，直至十四五岁。国王和高级贵族的子弟则在宫廷学校中接受教育。这时的儿童之所以称为侍童，主要是因为他们必须侍奉领主和领主夫人，追随在他们的左右，听从他们的吩咐，在日常生活的服务和交往应酬之中，学习上流社会待人处世的各种礼仪，通过环境的习染和实际生活的训练，培养封建意识与道德观念。此外，他们还学习"骑士七技"，即骑马、投枪、击剑、打猎、游泳、弈棋、吟诗。前五项是训练一个强壮、敏捷、掌握军事技术的军人所必需的。弈棋是为了发展机智、沉着、能判断和布置攻防的能力，而吟诗则是为了能够歌颂武功和领主夫人的美丽与贤惠。少数侍童还学习拉丁文、法文，但总的来说，骑士教育是极不重视知识教育的。

（3）骑士侍从时期。从14岁到21岁为训练的最后阶段，这个时期主要是作为领主的侍从，实际上已是预备骑士。平日他们主要侍奉领主，为他照顾战马、武器，陪他打猎、散步，战时随从出征，为之呐喊助战，并竭力加以保护；当年近21岁时，选择一个比自己稍大的女子作为情妇，不论结婚与否，都必须与之相爱。

年满21岁，举行授予骑士的隆重仪式。受礼者先到教会施行斋戒，忏悔过失，彻夜祈祷。第二天在领主庄园内举行授予骑士的典礼，牧师站在讲台前，受礼者进呈自己的剑请其祝福，并进行宣誓：保护教会，攻击异端，尊敬主教，保护妇女与穷人，捍卫国家，并愿为同胞流尽最后一滴血。牧师待其宣誓完毕后，把剑交给受礼者，并加以告诫。然后，受礼者跪在领主前，领主用自己出鞘的剑在他的背上轻敲两下，表示承认。仪式完毕即成为正式骑士。

西欧中世纪早期的教育，不论是教会学校，还是骑士教育，都带有鲜明的宗教性和等级性，这正反映了它们为封建主阶级利益服务的实质。[①]

中世纪城市兴起之后，整个封建社会的阶级关系更加复杂。在农民反对教会和世俗封建主的斗争之外，又出现了下层市民与上层市民之间的斗争，以及市民反对封建领主和教会的斗争。

封建社会的上述变化反映在教育方面，则是出现了世俗性的学校和中世纪大学，从而使西欧封建社会出现了世俗教育与宗教教育并存的局面。中世纪大学的兴起并逐步取得某种程度上的自治权，这是城市和封建制、王权和教权斗争的结果，是世俗政权变得强大和城市进一步发展对教会垄断教育提出的挑战，其发展对国家世俗教育具有重大影响，并带动了城市学校和行会教育的发展，其中渗透着资本主义的因素和社会世俗化变动的成分。可以说，中世纪大

[①] 参见崔存明《西方文化思想史》，浙江师范大学出版社2013年版，第70页。

学的兴起和城市学校的出现反映了西欧中世纪后期教育管理的重大变革，它标志着西方教育行政新时代的开始，也为近代学校管理模式奠定了基础。

二、文艺复兴时期的教育行政管理

"文艺复兴"就其词义来看，是指古希腊、古罗马人文学科的复活或复兴，但就其实质看，复兴的范围绝不仅限于人文学科，而且复兴过去并不是为了过去，而是为了现在和未来，复兴古代文化只是口号，文艺复兴不仅仅是复兴，而且是新文化对古代文化的继承、利用和发展，使古典文化成为表达新文化的媒介。因此，所谓"文艺复兴"绝不是古代奴隶主文化的简单恢复，而是新兴资产阶级在哲学、宗教、文学、艺术和自然科学领域内开展的一场革命运动。这场自14世纪中叶至17世纪初在欧洲展开的早期资产阶级的新文化运动，是资本主义生产方式取代封建生产方式这一历史变革在意识形态领域的反映，是整个反封建、反神权革命运动的一个极其重要的组成部分。新兴资产阶级为反对封建阶级而举起的一面主要的思想旗帜就是"人文主义"。

文艺复兴时期，社会、经济方面的变革以及思想、文化、科学、艺术的发展，引起了教育实践与教育理论的重大变化，由众多人文主义者倡导的人文主义教育与中世纪那种贫乏的、被神学控制的封建武士教育和教会教育相比，形成了强烈的反差，取得了突出的进展。文艺复兴时期人文主义新教育具有如下的一般特点：①尊重儿童，以发展儿童的个性，培养全知全能、身心和谐发展的人为教育目标。②新兴资产阶级基于政治斗争和经济发展的需要，扩大了受教育的范围，打破了基本上只有封建地主和高级僧侣的子弟才能享受教育的局面，并且兴办了多种形式的学校，改变了教会学校占绝对优势的状况。在文艺复兴时期，为市民子弟设置的城市学校越来越多，不仅有初等学校，也开办了中等学校；不仅有男子学校，而且有女子学校；大学也获得了新的发展。这些学校，以后逐渐演变成为欧洲各国的现代学校。③人文主义新教育增加了多方面的教育内容以使学生获得多方面的发展，神学学科在学校教学中不再占绝对统治的地位。在教育内容方面首先是恢复了体育。人文主义者认为，肉体是灵魂存在和获得幸福生活的条件，非常重视发展人的身体力量，主张通过各项体育活动，使人具有健康、协调、敏捷的身体。人文主义新教育特别重视美育，以当时的文学、艺术成就为美育内容，通过图画、音乐、诗歌等科目和形式培养儿童的完美精神和审美能力。在道德教育方面，改变了以宗教思想为中心的状况，要求用人道主义和自由、平等、享乐的道德观进行教育，这种新兴资产阶级的现实主义、功利主义的道德教育，较之中世纪的宗教教育不啻是一种进步。智育方面，主张要发展学生的思维能力并使学生切实掌握各种知识，拓宽课程范围，增设人文和自然知识方面的课程。④人文主义新教育注重研究与使用新的教学方法，强调考虑儿童的兴趣、发挥儿童的主动性与积极性；要求在教学中运用直观性原则，并开始注意到实物教学；认为教育应照顾到儿童的年龄特征和个别差异；相信美化的学校环境和欢乐的学校气氛有利于教育和教学，意识到亲密的师生关系的重要性；反对死记硬背，反对压制学生的独立思考，反对将体罚作为推动儿童学习的手段。

正如恩格斯高度评价的那样，文艺复兴"是一次人类从来没有经历过的最伟大的、进步的变革，是一个需要巨人而且产生了巨人——在思想能力、热情和性格方面，在多才多艺和学识渊博方面的巨人的时代"①。文艺复兴时期人文主义者创办的学校不同于教会学校，他们在教育管理方面所做出的变革正是在于进一步打破了封建阶级，尤其是封建教会对教育的垄断和绝对控制，为资产阶级和世俗政权掌管教育大造舆论；同时，还在于扩大了教育的对象、创办了多种形式的学校、改进了教学的组织和方法、扩充了多方面的教育内容，尤其是在办学思想方面力倡培养全面和谐发展的新人，注重个性的自由发展。所有这些，都对近现代教育及其管理产生了深刻的影响。

三、宗教改革运动中的教育管理

16世纪初，正当文艺复兴运动处于高潮时期时，欧洲爆发了宗教改革运动。这场以改革宗教为形式，席卷欧洲的轰轰烈烈的运动，实际上是新兴资产阶级发动的一次大规模的反封建的革命斗争。

揭开宗教改革序幕的，规模最大、影响最深的是德国的马丁·路德领导的宗教改革运动。马丁·路德是德国维登堡大学的神学教授，他否认罗马天主教会和教皇的至上权威，认为"圣经"高于一切。以马丁·路德为代表的宗教改革者并不反对宗教，更不是消灭宗教，而是主张改良宗教，建立新的教会。教育被视为传播本教派的教义、扩大新教的影响、争夺更多信徒的手段。路德极为重视教育，他认为"一个城市的兴旺，并不在于巨大的财富、坚固的城墙和漂亮的住宅，而在于有聪明、能干、智慧、有荣誉感并能够获得、保存和利

---

① 中共中央马克思恩格斯列宁斯大林著作编译局：《马克思恩格斯选集》（第三卷），人民出版社1972年版，第445页。

用一切财富和财产的受过良好教育的公民"①。路德提出自己在教育方面的改革主张：首先，全国儿童不论贫富男女都应入校学习；其次，各邦诸侯和城市统治者要大力兴办学校；最后，路德主张应由国家肩负起教育儿童的责任，帮助贫穷的父母送子女上学。

路德的这些主张具有深远的意义，后来欧美各国实行的政府举办公共教育、国家推行普及义务教育、教会参与国民教育事业等，都可以追溯到路德的主张。

路德倡办的小学，在教学内容方面，把"4R"作为基本学科，即读、写、算、宗教。目的在于阅读《圣经》，学习《教义问答》。此外，还要学习体育和音乐。由于小学是以下层劳动人民的子女为教育对象的，因此路德提出男孩每天上学2个小时，其余时间回家劳动和学习手艺；女孩每天上学1个小时，剩下的时间回家学习各种家务劳动。此外，路德对中等教育和高等教育也十分重视，这是为统治阶级子弟而设立的，目的在于培养教会的神甫、国家的官吏和学校的教师。为了更好地培养这方面人才，路德积极要求改革原来由天主教会主办的中学和大学。

宗教改革运动不仅推进了教育的普及化，也使教育朝着民族化的方向迈出实质性的一步。教育民族化不仅强调由国家管理教育，还强调教育为国家和民族服务，培养有用的公民。宗教改革运动与文艺复兴运动相得益彰，结束了欧洲中世纪由教会控制的教育，使欧洲教育走向近代。

第二节 西欧中世纪和文艺复兴时期的学校管理

欧洲中世纪出现了现代意义上的大学这一教育形式，其管理模式对后世的教育管理产生了巨大影响。这一时期，由于受到了文艺复兴的洗礼，学校教育管理中也体现出了浓厚的人文主义的色彩，注重学习者个体需求成为教育管理的重要出发点。

---

① [英]博伊德、金：《西方教育史》，任宝祥、吴元训主译，人民教育出版社1985年版，第187页。

一、西欧中世纪的学校管理

（一）中世纪大学的管理

在城市兴起和新兴市民阶层及文化发展的基础上，出现了中世纪大学。它是西欧教育文化发展中的进步现象。①

早期中世纪世俗性大学带有一种"行业会社"的性质，后来逐步明确地被认为是研究学问的地方。大学学生成立同乡会，大学教师成立教授会。中世纪大学是国际性的，凡掌握拉丁文和具有一定知识的人都可以入学，他们来自不同国家，属于不同民族和阶层的人，不仅外表、服饰、习惯有很大差别，而且年龄也有大有小，最大的40多岁，最小的仅13岁。因此，各同乡会中都会选一个"顾问"来维持本团体的权利、约束会员的行动。②

中世纪大学的专业教育与现代大学的专业教育有所不同，它并不是专门教育，而是建立在广博文化知识基础上的专业教育，做到了专业教育与通识教育的统一。而现代教育则主要是一种专业教育，是就专业而专业的教育。③

在大学学习的学生只有取得硕士学位后才有资格选修其他三科（神科、医科、法科）深造，而在其他三科中的一科毕业后，就可获得博士学位，也才有资格被任命为教授。当时认为神科最难学习、水平最高，毕业生的出路和前途也是最好的。学位的出现和大学学位制的形成，表明社会需要掌握专门知识的人，也要求了解其知识的程度和质量，它是社会生活发展的客观需要，所以，经过多次变化，一直流传至今，并且仍被广泛采用。

中世纪大学的教学方法主要是讲演和辩论。当时把上课叫作讲演，即由教授讲解教材，做引经据典、烦琐冗长的考证，学生边听边记，然后让学生辩论。辩论用拉丁语进行，一般是没有结论的。

中世纪大学特别是早期的大学享有较多的自治权利，这不仅表现在学校的内部事务都由教授和学生管理，不受任何上级干预，还表现在各大学都争取了程度不同的特殊权利。主要有以下方面：

（1）自由讲学、游学的权利。1158年，当时的意大利国王颁布了一个法令，特许波伦亚大学的神学、法律教授以及为学问而游历的学生，可以安然前

---

① 参见王炳照《中外教育管理史》，湖南师范大学出版社2000年版，第234页。
② 参见袁锐锷《外国教育管理史教程》，广东高等教育出版社1998年版，第31页。
③ 参见王晓华、叶富贵《中外教育史》，首都师范大学出版社2010年版，第201页。

往各地，并保证其人身安全。

（2）审理裁判权。大学自设法庭，教师、学生与外人发生争论时，不受城市法庭和教会法庭审理，由大学法庭审理裁判。波伦亚大学、巴黎大学、海德堡大学等都享有这种权利。

（3）赋税、关税、兵役的豁免权。这种豁免权不只对大学的学生和教师有效，而且还包括打钟的、订书的、装饰图书的、制造羊皮纸的工人，此外，也适用于往来信使。

（4）颁发讲演特许证、罢课和迁移的权力。政府和教会最高机关特别许可大学可以颁发教师到各地讲演的证书，不必考试。当地违背大学应享受的权利时，即可罢课，在这种情况下，对方必须改正错误，否则该大学即迁移至其他城市。

西欧中世纪大学按领导体制可分为两种类型：学生大学和先生大学。学生大学是由学生组成行会对学校进行管理，聘请教授、确定学费、规定学时等校内重大问题均由学生决定。学生大学以意大利的波伦亚大学为代表。先生大学则是由教师组成的行会掌管全校校务。校长的推荐、教师的工作、学位授予及学生管理都由教师决定。先生大学以法国的巴黎大学为代表。

中世纪大学作为现代大学的起源，虽然具有很大的不足和缺陷，但我们应该看到，它作为西方文化发展的重要一环，在整个西方文化发展史上的重要历史地位，尤其是中世纪大学作为一种教育制度的创新，对现代教育所做出的巨大历史贡献。

（二）城市学校的管理

城市学校是由代表新兴市民利益的城市行政机关办理的世俗性学校，[①] 城市学校并不是一所学校的名称，而是为新兴市民阶层子弟开办的学校的总称。里面包含不同种类、不同规模的学校。

在领导权上，最初的城市学校，大多由行会和商会开办，以后随着城市的发展和管理的加强，这些学校逐渐由市政当局接管，由市政府决定学费金额、选聘教师、支付工资、确定儿童入学资格等。

城市学校有几种类型：一种是由城市当局管理的拉丁文法学校，招生对象主要是上层市民子弟，学习内容为管理工商业的知识和行会内部的事务。另外还有一种专为下层市民子弟设立的城市初等学校，学习内容为一般的读、写、算的基本知识，用本族语言进行教学。如尼德兰的一些城市就曾开设用本族语

---

① 参见张季娟、袁锐锷《外国教育史纲》，广东高等教育出版社1989年版，第67页。

教学的读写学校。这些学校成为后来初等教育的基础。从 14 世纪开始，有些私人教师也自设学校，招收手工业者和商人的子弟，收取学费，教授读、写、算的初步知识。

城市学校强调世俗知识，特别是读、写、算的基础知识和与商业、手工业活动有关的各科知识的学习，这扩大了学校教育的内容，使学校教育为人们的现实生活服务，旨在满足新兴城市对从事手工业、商业等职业人才的需要，具有一定的职业训练的性质。

城市学校的出现，是教育上的进步现象，它打破了教会对教育事业的垄断，削弱了宗教思想对人类精神的束缚，因而，它遭到教会的打击、刁难。同时，城市未设学校之前，地方牧师能读会写，他们常为本地区居民代写契约、私人信件、遗嘱等，收取酬金。从城市当局自设学校后，识字人数日渐增多，牧师的收入大减，因而城市学校也遭到牧师的拼死反对。所以，有的城市学校师生被打，校舍被毁，或者学校被封。在这种情况下，有些城市与教会达成妥协，有的城市当局同意给教会人员经济补贴；有的城市同意除本族语用世俗教员外，其他教师由神职人员担任；也有的城市规定学费收入由城市当局与教会分享。总之，城市学校是适应社会发展的客观需要而产生的，教会不可能阻止它的发展。到 15 世纪时，几乎西欧所有的大城市都办起了这种学校。

二、文艺复兴时期的学校管理

在文艺复兴运动的发源地意大利，人文主义者为了摆脱教会对教育的控制和影响，便抛开教会学校，在一些开明的王公、贵族和城市当局的支持下，另起炉灶开办实施人文主义教育的学校，例如，佛罗伦萨的城市当局于 1348 年建立了一所以促进新学问研究为宗旨的大学，又于 15 世纪下半期建立了柏拉图式的学园。不久，意大利的许多城市先后仿效佛罗伦萨办起了这种既为较高的教育做准备，教授拉丁文和逻辑学，又广泛传播读、写、算等基本知识的学校。同时，另一种主要为皇室服务的新式学校，即宫廷学校也在这些城市相继出现，其中最为著名的可推意大利人文主义者维多里诺（1378—1446 年）所办的孟都亚宫廷学校，该校被他称为"快乐之家"，他本人被誉为"仁慈之父"和"第一个新式学校教师"。

"快乐之家"这类新型学校与大学的另一重要区别是：大学是进行专业教育（法、神、医）的场所，而维多里诺等人文主义教育家却主张一种"liberal education"（通常译为"通才教育"或"自由教育"或"文雅教育"，渊源于亚里士多德，认为教育是"自由人"的特权，为的是发展自由人的高贵人性，它不是、也不应该是一种职业准备，教育应使人"自由"，使人文雅，而职业活动是奴隶或普通劳动者之事，是使人不自由、不文雅的）。这种思想在当时是对于中世纪封建教育的反动，反映的是当时贵族资产阶级的教育理想。人文主义教育家这种自由教育思想对后代的欧美中学乃至大学教育都有着极其深远的影响。

在北欧的尼德兰等地，格鲁特（1340—1384年）创办了教会团体"共同生活兄弟会"并建立了学校制度。起初，兄弟会学校注重对《圣经》和本族语的教学，并让学生学会用拉丁语读、写、唱歌和谈话。后来，随着人文主义在北欧的影响扩大，这些学校也增加了人文主义的因素，除了进行基督教教育外，还增设古典文学和希伯来文课程。学习内容大多限于初等和中等水平，有些学生也修习神学、修辞学等较高级的课程，个别学习科目达到了大学文科的水平。共同生活兄弟会还建立了男生寄宿制度，开始是对寄宿生的学习进行管理，而后发展到对学校的全部工作进行管理。到15世纪末，他们的活动范围遍及尼德兰、日耳曼各邦和法国西部等地。当16世纪初文艺复兴运动的浪潮越过阿尔卑斯山在北欧国家兴起的时候，兄弟会所主持的学校进一步按照人文主义教育的原则改革了教学工作，首先是加强了对人文学科的传授；其次是探讨学校管理的模式，不仅建立了新型的学校制度，而且还制定了比较完备的课程，使各地学校得以遵行，并且有了衡量每个学校的共同标准。

在法国，姗姗来迟的文艺复兴浪潮终于促使法王法兰西斯一世冲破各种阻力，建立起了两所重要的人文主义学府，即1530年建成的法兰西学院和1534年成立的居耶纳学院。前者与教会大学分庭抗礼，崇尚古典文学、哲学，开设希腊文、拉丁文和希伯来文的讲座和算术、医药、东方研究等课程，并在法王的支持下摆脱了大学法庭对该校的控制，师生涉讼案件由政府审理。后者的改革精神与前者相似，但在学校管理方面更具创新性质，开始探索分年级教学，如中等科分为十级，各年级必修拉丁文和宗教课程，希腊文、数学、修辞学、演说术等课程在三、四年级开设；对教学内容也进行了改革，如哲学课主要学习亚里士多德的逻辑学和自然科学；教学方法也富有人文主义精神，多采用活跃的讨论法，首先注重本族语的教学。居耶纳学院堪称法国各城市人文主义学校的典范。

英国的人文主义教育具有更强的民族主义、现实主义和科学主义色彩，更能符合英国社会发展的实际需要，也更能反映整个欧洲教育发展的趋势。其人文主义教育更多地体现在上层社会子弟所上的中等学校和大学，如文法学校、公学等。以当时新兴的中学为例，这种或由教会、行会或由英王设立的学校成立不久就一改收纳贫苦青年的初衷，转而培养青年绅士，收费昂贵且要求严格,首重道德陶冶,实行导师制、寄宿制和学生自治,课程方面崇尚古典学科,学生皆以升入牛津大学、剑桥大学为目标。由于大多数毕业生在政治上享有较高权位,青年趋之若鹜,公学从此最享盛誉。

文艺复兴思潮于15世纪下半叶传入德国,德国的文艺复兴运动首先是从大学开始的。自14世纪中叶始,德国各大城市陆续建立大学,如1348年创办的布拉格大学、1365年维也纳大学和相继设立于1385—1409年间的海得贝尔格、科隆、爱尔福特、莱比锡、罗斯托克等大学,此后仍有新的大学出现。这些大学在时代的推动下,或多或少地都具有人文主义的色彩,在教学中,古典拉丁文代替了中世纪的拉丁文,亚里士多德著作的新译本代替了旧译本,古代作家的诗歌和修辞被列为必修科目,设立了希腊文教授的职位。16世纪初,德国的一般学校也都进行了拉丁文教学的改革,废止了通行达300余年的旧文法课本,采用简短的古典拉丁文课本,古典诗歌和散文成为学生的重要读物。人文主义和传统的经院主义在德国教育领域里经过长期激烈的反复斗争,终于逐渐取得了优势。

文艺复兴运动在意识形态领域掀起了与封建势力做斗争的浪潮,新兴的市民资产阶级借此发起了规模巨大的人文主义运动,促进了欧洲资本主义的发展。新兴市民阶级在教育领域进行了一系列的改革,也产生了一批人文主义思想家,他们所主张的用教育的方式提倡的人文主义教育表现出了一些共同的基本特点,例如,主张用教育的方式,把新生的一代培育成身心健全、知识广博的社会领域活动家;要求改革教学方法,反对经院哲学的教学方式,主张启发儿童智慧和兴趣等。这些思想扫除了中世纪以来教育的阴霾,点燃了教育中人性的火焰,展露了新时代教育的曙光,促进了近代文化和科学事业的发展。

第三节　西欧中世纪和文艺复兴时期的教育管理思想

在西欧中世纪教育的繁荣发展中,涌现出了一些著名的教育思想家,他们当中既有为基督教教育摇旗呐喊者,如奥古斯丁;也有为教育的普及而著书立说者,如夸美纽斯等。教育管理思想的兴盛代表着这一时期教育水平已经发展到了一个前所未有的高度。

一、奥古斯丁的教育管理思想

奥勒利乌斯·奥古斯丁（Auzelius Augustinus，354—430年）是罗马帝国晚期著名的思想家、教育家。他是基督教神父哲学的集大成者，他的宗教哲学对中世纪产生了极大的影响，是经院哲学所依据的权威之一；他通过其重要著作《忏悔录》所阐发的办学思想，成为中世纪西欧教会教育的理论基础，西欧中世纪的僧院学校、大主教学校以及某些学校，无不以他的办学思想为宗旨、为灵魂。因此，了解奥古斯丁的办学思想，是理解中世纪教育以及管理的重要一环。

奥古斯丁在为基督教创立神学和教父哲学的同时，提出了教会控制教育，教育应为神学和教会服务的宗旨。他根据《圣经》论证说，自从人类始祖亚当偷吃了禁果，犯了原罪之后，就形成了以上帝的善为一方的"天上之城"和以人类的恶为一方的"地上之城"，基督教会作为上帝之城在地上的体现，是人类走向天国的桥梁，是通向永生的必经之路。在"地上之城"，由于上帝的旨意是通过基督教会所表达出来的，所以教会高于世俗政权，世俗政权应接受教会的领导。这个理论对于加强教会在欧洲国际政治中以及各国中的地位，对于加强教会对教育的控制，起了重要的作用。奥古斯丁在《忏悔录》中，进一步阐述了教育应为神学和教会服务的思想。他的这一主张同样为中世纪欧洲的教育及其管理奠定了思想和理论的基础。

奥古斯丁主张教会教育应以伦理道德教育为主。关于伦理道德教育问题，奥古斯丁提出了"原罪论""赎罪论""禁欲论"和"灵魂不灭论"，认为自从人类始祖亚当违背神意犯下罪孽之后，每个人生来都是有罪的，只有依靠上帝才能赎罪得救，这就需要禁欲，死后灵魂才能升入天堂。不难看出，他提倡道德教育的目的，就是要使受教育者服从教会，遵守教规，归顺于上帝，寄希望于虚无缥缈的来世幸福而心甘情愿地忍受现实生活的苦难和统治阶级的压榨。基于这种目的，奥古斯丁主张把《圣经》列为教育的主要教材，但也不排斥古典的学科，诸如"七种自由艺术"，即文法、修辞、雄辩术、算术、几何、天文和音乐等，这些都可以作为学生理解《圣经》的工具。这就是说，他主张将古代欧洲传统的文化与信仰至上的教会教育融为一体，使古典文化为神学和教会服务。奥古斯丁提出这种以皈依上帝为目的，以宗教道德教育为核心，以圣经为中心教材，以神学化了的"七艺"为课程，以服从、体罚为主要教育教学方法的思想，成了中世纪西欧教会学校的办学指导思想，影响欧洲各国的教育达千余年之久。在后来的文艺复兴和西欧各国的资产阶级革命运动中，这种思想和传统便成为新兴资产阶级教育家们攻击的主要目标。

二、夸美纽斯的教育管理思想

杨·阿姆司·夸美纽斯（Johann Amos Comenius，1592—1670年）是17世纪捷克著名的教育实践家和教育理论家，夸美纽斯继承了前人，尤其是文艺复兴时期人文主义教育家的成果，总结了宗教改革时期丰富的教育实践经验，经过潜心研究探索，提出了一系列重大的教育改革主张，他的办学思想，在世界教育发展中发挥了巨大的历史作用，奠定了近代教育理论体系的基础。其代表作有《母育学校》《大教学论》等。

（一）关于普及教育、统一学制以及教育内容方面的思想

夸美纽斯猛烈抨击封建贵族和"富人"对于学校教育的垄断，指出当时的学校只是为富人而设，穷人是没有条件进学校的。在那些被排除在学校以外的人们之中，也许就有极其优秀的才智之士，他们被淹没糟蹋，实在是教会与国家的一大损失。与此相反，夸美纽斯明确提出新的普及学校教育的主张。其具体内容为，对所有男女授以幼儿、初等教育，对有志者授予高等教育。这种主张力图打破封建等级教育的枷锁，力求使资产阶级的子女受到完全的教育，使广大工农大众的子弟也有可能受到初步的教育，这完全符合新兴资产阶级的利益，也适应了社会生产力发展的要求。

为了贯彻这种普及教育的主张，夸美纽斯在自己的思想理论基础上提出了在全国范围内建立统一的学校制度的新思想，这是他对世界教育思想史的主要贡献之一。中世纪的学校是分散、孤立、不统一、不连贯的，夸美纽斯的改革主张是：把新生一代的教育按年龄分成四个阶段，分别设置母语、国语、拉丁、大学四级学校与之相适应。这个普遍的、单一的、民主的学校制度，虽然在当时甚至以后很长一段时间内未能完全实现，可是它的提出反映了当时新兴资产阶级和劳动人民对于受教育权的普遍要求，从制度上为近代学校教育制度奠定了基础。

在教育内容方面，夸美纽斯也进行了改革。他在《大教学论》中以切身的经历揭露了以神学和拉丁语为主要学习内容的封建经院主义教育的荒谬和空疏无用，并且从"泛智"的思想出发，为各级学校规定了多方面的学习内容，其中包括百科全书式的知识教育、道德培养和宗教教育。

夸美纽斯非常重视儿童及早期教育。他认为："任何人在幼年时代播下什

么样的种子，那他老年就要收获哪样的果实。"① 为此，夸美纽斯呼吁父母们都要承担起孩子的教育责任。在他看来，每个家庭都可能成为一所学校，孩子的母亲便是主要教师。在学前教育的内容上，他认为应该包括体育、保健、智育、德育等多方面。同时，夸美纽斯还强调游戏和玩具对幼儿成长的重要性，认为游戏是符合儿童天性的能量散发，是组织愉快的幸福童年的手段，是生活的预备。

夸美纽斯要求普及初等教育，所以强调从祖国语言学起，并用国语进行教学。夸美纽斯在西欧各民族的历史上第一个详细论述了采用国语进行教学的理论，他的主张不仅有利于普及教育的实施和教学质量的提高，而且有利于民族语言的发展与民族文化的繁荣，有利于民族的统一和资本主义的发展。在夸美纽斯为国语学校拟定的教学计划中，除了读、写、算和教义问答外，还增加了几何常识、自然常识、地理、历史、唱歌、手工等很多学科，修业6年。这在当时是非常先进的意见。

按照夸美纽斯的意见。设在大城市里的拉丁学校应该使学生掌握国语、拉丁语、希腊语和希伯来文，同时学习百科全书式的知识。这就要求在"七艺"外增加许多新的科目，主要是自然科学，此外还有神学。夸美纽斯还对学科的教学顺序做了合理的调整，先学文法，继以自然科学、数学，而后教伦理、辩证法、修辞学，使之符合"先内容后形式"的逻辑顺序，这是很有见地的。在各学科中，夸美纽斯特别重视历史学，这是他在课程论方面的一大贡献。

夸美纽斯设想的大学，沿袭当时流行的做法，仍分神、医、法三科。不过他认为大学的课程应更"周全"，"应有研究人类知识的每一门类的准备"，最后青年人应以传统的旅行来结束自己的学业。

与智育相比，夸美纽斯尤重道德教育。将培养德行看作学校的主要任务之一。更重要的是，夸美纽斯突破了西欧中世纪教会学校的传统，将道德教育从宗教教育中分离出来，并把道德教育放在比宗教教育更重要的位置上。在他的思想里，德育是贯穿各级学校的重要教育内容。他认为虔信与德行是教育里面的两个最重要的因素，"敬畏救主是智慧的开端与结尾，也是知识的基础与极致"②。在道德教育方法上，夸美纽斯提出了一系列的积极意见，如及早进行，并在行动中练习，发挥教育者的榜样作用，充分利用教会和规则，注意择友及

---

① ［捷克］夸美纽斯：《夸美纽斯教育论著选》，任钟印、任宝祥等译，人民教育出版社2005年版，第22页。
② 袁锐锷：《外国教育管理史教程》，广东高等教育出版社1998年版，第43页。

建立严格的纪律等。①

（二）关于学年制、班级授课制和教学用书

夸美纽斯对近代教育学最大的贡献之一，就是他确立的班级教学制度及其理论。

直到 17 世纪，西欧各国仍普遍沿用个别施教的教学制度，在全年内的不同时期招收学生，学生虽然坐在同一个教室里，但是教师是对学生个人而不是对学生集体进行教学和安排作业。这样，一个教师所教的学生很少而且费力，许多学生同时做不同的作业，互相干扰，教学效果也很差。中古后期，耶稣会创办的学校曾经对学校工作进行了较好的组织，已经有了关于学级的规定；德国教育家斯图谟在斯特拉斯堡办的文科中学中也曾把学生分为 10 个年级进行教学。在夸美纽斯的时代，乌克兰和白俄罗斯的兄弟会学校出现了班级授课制的萌芽。但是从世界教育史上来看，夸美纽斯是第一个在自己的实践经验和理论观点的基础上对学年制和班级授课进行系统总结和详细论证的人。

夸美纽斯要求每个班的学生应有一个教师和专用教室，教师面对学生进行集体教学而非个别指导。他认为一个教师同时教几百名学生不仅可能而且有利，可以将学生分成若干小组，每组 10 人，选出十人长协助教师工作。

夸美纽斯所确立的班级授课制度给教育教学法开辟了一条新的道路，确实在近代教育学发展史上具有跨时代的意义。但是，由于时代的局限，这一理论还存在不符合实际和形式化的种种缺陷，有待于后来的进一步完善。

在教本的编写原则方面，夸美纽斯提出了一系列宝贵的意见：教材要统一，内容要简明扼要且有系统，用祖国语言编写并考虑儿童的年龄特征，配上插图以使文字的学习与认识实际事物相结合，教本装订要好等。夸美纽斯还身体力行，亲自编写教本《语学入门》和《世界图解》等，成为当时教科书的典范。

夸美纽斯生活在欧洲从封建社会向资本主义社会过渡阶段的时代，是时代孕育出来的伟大教育家。他在批判旧教育的基础上提出了一整套比较系统的教育理论体系，为西方教育理论的发展奠定了基础。他的代表作之一《大教学论》标志着独立的教育学的诞生。他提出的关于建立统一的学校体系、建立班级授课制，提出的教学应奉行的几大原则以及关于道德教育和教师地位的论述等，至今仍有重大的现实意义。

当然，夸美纽斯的思想受其时代和自身认识的局限，也具有一定的片面

---

① 参见于洪波、李忠、金传宝等《简明中外教育史》，山东人民出版社 2010 年版，第 215 页。

性。比如，他夸大了直观教学的作用，教育的宗教色彩浓厚等。尽管如此，夸美纽斯仍称得上是教育上的"哥白尼"，是古代教育的集大成者，是新时代杰出的教育理论家。①

思考与练习

1. 说说中世纪教会学校的主要类型及其主要内容。
2. 简述骑士教育的主要内容。
3. 概述夸美纽斯的教育管理思想。

---

① 参见刘新科《国外教育发展史纲》，广东高等教育出版社2002年版，第108页。

第五章 近现代外国的教育管理

导言

文艺复兴和宗教改革运动使欧洲冲破了中世纪封建专制制度和天主教神权统治一统天下的局面，思想上的革命促使了欧洲教育走向近代化。随着近代资本主义生产方式的迅速发展，英、法、德、俄、美、日等一众国家相继展开了教育改革。在近现代教育管理史的发展历程中，英国实现了从地方分权到中央与地方相结合的教育管理方式的转变；法国在贯彻教育管理的中央集权制的同时适度下放权力；德国遵从地方自治传统，历经多次战争洗礼，坚持中央立法、地方执行的教育管理原则；俄国在社会制度重大变革中，探索着从中央集权国家管理的教育管理模式到国家和社会共同管理教育的教育管理制度的转变；美国独立后秉承教育管理的地方分权传统，不断强化联邦在教育管理中的积极作用，在高等教育行政管理方面，美国形成了国家干预、地方分权、学校自治、社会监督有机结合的体制；明治维新后，日本逐渐加强了中央对教育的控制，采用地方适度分权，逐步完善的教育行政管理系统。文化教育方面的等级性教育体制逐渐瓦解，人人接受基本教育的理想逐渐变为现实。

1640年，英国资产阶级革命拉开了世界近代史的序幕，资产阶级正式登上历史的舞台，成为时代的主角。以英国为开端，资产阶级革命迅速在整个欧洲蔓延，并波及世界。伴随着社会形态的更替，教育也发生了根本性的变革，欧洲中世纪的封建教育开始向近代资本主义的教育转变，教育管理体制、学校教育管理制度以及教育管理思想都随之发展到一个新的阶段。在近现代外国教育管理中，教育的等级性日益瓦解，取而代之的是平等、民主等现代教育理念。本章将选取英、法、德、俄、美、日作为代表，阐述近现代外国教育管理发展的脉络。

第一节 近现代外国的教育行政管理体制

近现代史上，资本主义政权建立之后，迫切需要建立一套适应资本主义社会发展需求的教育行政管理体系，为培养资本主义经济社会发展所需的人才服务。资本主义国家纷纷根据各自国内政治形势的变化和经济结构的调整，探索出一条条适应本国教育发展的行政管理体制新路。

一、近现代英国的教育行政管理

1640—1660年是英国资产阶级革命时期，这场革命对英国近代教育的发展产生了重大影响。革命阵营中平等派的领袖和思想家，把教育看作进行激进的社会改革的工具和主要手段。这次革命以资产阶级和封建贵族阶级的妥协而结束，建立了两者联合专政的君主立宪制资本主义国家，因此，资产阶级革命后的英国在政治、思想、文化、教育等各个方面无不打上资本主义与封建主义妥协的烙印。在残存着严重的封建教育传统的情况下，17世纪后半叶，英国教育中也出现了一些新的情况。许多受迫害的、不信奉国教的非国教派的大学教师创办了一种称为学园的新型学校，为非国教派培养学生。17世纪后期，宗教组织和慈善团体对普及初等教育做出了一定的贡献。

在17世纪和18世纪，英国历经数次改革，建立了被称为"中间型"或"中央与地方结合型"现代教育管理制度，即指中央和地方合作管理教育的一种体制。这种管理体制的主要优点就是能够充分调动地方办学积极性，充分利用地方的资源因地制宜办学，比较灵活，主要缺点是不利于进行全国性的统一的改革和控制，可能造成地方官僚机构的庞大。

（一）英国"中央与地方结合"现代国家教育行政体制的发展

从18世纪60年代起，英国进行了工业革命，极大地促进了资本主义工业的发展。工业现代化需要大量培训工人和职员，而教育的大发展有赖于国家的支持和协调。随着工业资产阶级直接参与政权，英国一反以往由教会与慈善团体办教育、管教育的旧传统，政府从1833年起开始干预教育，主要是通过财政补助和监督来控制学校，逐步建立起国家的教育领导结构。在这个过程中，福斯特提出并于1870年获得议会通过的"初等教育法"发挥了重要的作用，它是英国第一个由国家颁布的教育法案，奠定了整个英国教育的基础。该法案宣布国家开始设置公立学校，实施义务教育，标志着英国国民教育制度的正式形成，而且加强了国家对教会和私人团体兴办或管理的学校的监督。[①] 1856年，"枢密院教育委员会"改组为"教育局"，正式成为领导全国初等教育的

---

① 参见孙惠春《国外教育法制比较研究》，黑龙江人民出版社2001年版，第68页。

机构。1899年，又将"教育局"升为"教育署"，统一管理全国的初等和中等教育，由于范围太大，其主要只负责督导责任，具体的管理须由地方政府执行。这样，地方教育行政机构的建立也提上了议事议程。

英国于1902年通过了"巴尔福教育法"规定了地方教育领导权。该法的主要内容包括：①废除根据1870年初等教育法建立的各学区学校委员会，责成郡议会和郡自治市的议会设地方教育局管理初等学校教育；②对初等教育以外的教育，地方教育局也要提供经费或资助，促进各类教育之间的总体协调；③由地方教育局支付教师工资，可以否决地方学校管理委员会选择的不合格的校长和教师；④责成地方教育局对私立学校和几乎所有的教会学校进行资助；⑤设置郡立中等学校和教师训练学院；等等。教会学校的董事会保留任免教师的权利，但每个学校董事会的6名成员中有2名须经地方教育当局任命。

《巴尔福教育法》包括英格兰和威尔士教育的全国性合作体系，结束了英国教育的长期混乱状态，促进了英国中等教育的发展，形成了英国的以地方教育局为主体，议会、教育委员会（1944年改为教育部）和地方教育局相结合的教育行政领导体制，成为英国教育发展史上的一个重要的教育法案。

（二）《1944年教育法》与英国现代国家教育行政体制的确立

在第二次世界大战期间，英国教育遭到严重破坏。为了恢复教育，重建经济，1943年，政府发表了《教育改革》白皮书，其中心建议是法定的公共教育体系应该组织成初等教育、中等教育和继续教育三个阶段。1944年，教育大臣H. M. 巴特勒提出了教育法案，史称《1944年教育法》，亦称《巴特勒教育法》。[①]

该法案旨在谋求初等教育与中等教育的衔接，克服双轨学制的负面影响；调整教育领导体制，加强国家对教育的领导和控制。其主要内容包括：

（1）进一步明确中央和地方的职责；将教育署改建为教育部，加强中央对教育的集中领导，教育部长负责促进国民教育，管理为完成国民教育任务而设的教育机关，监督和领导各地的教育事业。

（2）确认郡和郡自治市的议会为唯一的地方教育当局，将其从原来的315个合并为146个，它们对本区各种类型的公共教育设施负有法律上的责任，并明确其在本地区的具体教育管理职责。

（3）废除以往中小学教育不连贯、相互重叠的学制，重新把教育划分为初等教育（5～11岁）、中等教育（11～18岁）和继续教育三个连续的

---

① 参见刘新科《国外教育发展史纲》，广东高等教育出版社2002年版，第116页。

阶段。

（4）根据不同经费来源将学校分为郡立学校、民办的志愿学校和独立学校。郡立学校是地方教育当局设立的公立学校；志愿学校是教会或民间团体设立的学校，接受地方教育当局的资助；独立学校主要是指预备学校和公学，这种学校财政独立，不受公款补助，在学校行政管理上独立于国家教育之外，但必须在教育部注册、备案并接受检查。

《1944年教育法》吸收了英国自19世纪以来历次重要教育法案和报告所提出的改革诉求，从根本上结束了教育管理体制和公共教育制度混乱的积弊，标志着英国现代公共教育制度的确立。① 该法实施后，形成了初等教育、中等教育和继续教育相衔接的现代国民教育体制。尽管该法的某些条款曾被多次修改，但是其基本精神和原则时至今日仍未改变。不过，也留下了一些尚需解决的问题，例如，对学生过早进行分流的"11岁考试"；对中等教育的结构和类型没有做出明确的规定；公学作为特权的"独立的教育系统"，尚未被纳入改革的方案之中等。

（三）《1988年教育改革法》与英国现代国家教育行政体制的发展

进入20世纪80年代以来，持续的经济衰退以及新的国际挑战，迫使以撒切尔夫人为首相的保守党政府出台了一系列的教育改革举措。其中，《1988年教育改革法》的颁布和实施，对20世纪末期的英国教育发展产生了重大的影响，标志着英国面向21世纪教育改革的开始。

它的主要特点及相应的重大改革措施为以下两方面。

1. 加强中央集权，将全国统一课程、考试和学校管理权上收

首先，教育法设立全国统一课程，打破了以往教育内容由地方教育局和学校自主的传统。这是政府第一次决定设立全国统一课程并以法的形式把它确定下来。其次，把全国性考试由1次增加到4次，把义务教育阶段内学生的学习阶段分为四段，分别是5~7岁、8~11岁、12~14岁、15~16岁，规定学生在7岁、11岁、14岁和16岁时参加4次全国性考试，考试成绩是衡量学校教育质量的重要依据。从此，学生和学校的压力都大大增大。再次，1988年教育法为了增强管理体制的活力，规定地方教育当局管理下的所有中学和学生人数在300人以上的初等学校，在多数家长和学校教师同意的情况下，可以摆脱地方教育当局的控制，得到国务大臣的指令而成为直接拨款学校。中央政

---

① 参见于洪波、李忠、金传宝等《简明中外教育史》，山东人民出版社2010年版，第227页。

府借此获得对普通教育的直接管理权，学校也因此获得了更多的自主权。最后，此教育法还规定，地方教育当局不再负有为本地区提供高等教育设施的职责，同时设立大学基金委员会，负责向任何大学董事会提供拨款；设立多科技术学院和其他学院基金委员会，负责向其资助范围内所属任何机构的董事会提供拨款。

2. 把教育推向市场

全国统一课程和考试不仅是为了加强中央权力，更重要的是为了使竞争有统一的标准；打破地方当局统一管理学校的局面是为了克服地方管理机构的官僚性，也是为了增强学校的活力，实现以学校为基础的教育管理思想。其中，更为根本的措施是扩大家长的权力。1988年教育法的理念基础是，家长即教育的消费者是教育改革和发展的真正推动力。因此，此法规定，首先，在地方教育当局的辖区内，家长有权为子女选择学校。其次，学校董事会成员必须包括一定比例的家长。最后，学生家长有资格投票决定其子女就读的学校是否申请直接拨款学校。1988年教育法以立法的形式确立了家长在教育中的权力。加强家长权力的目的在于促进各个学校之间的竞争，通过竞争最终实现提高教育质量和效率的目的。

《1988年教育改革法》是继1944年《巴特勒法》实施以来英国颁布的最重要的法规，并对后者的诸多规定做出了重大的修订。首先，它通过削弱地方教育局的权限来强化中央政府对整个教育系统的控制力度。其次，建立义务教育阶段"国家课程"和统一评定制度，打破了长期以来英国中小学在课程评价方面不统一的状态，确定了各地义务教育的基本水准。最后，需要指出，该法在20世纪90年代的实施过程中也引起了许多非议。例如，忽略了特殊儿童的需要，统一考试不利于能力的培养，家长择校权力的增大容易造成学校分布失调，等等。但是无论如何，但该法案对世界各国的教育改革确实起了重要的启示作用。

二、近现代法国的教育行政管理

在大革命爆发前，法国是一个以农业经济为主的封建君主专制的国家，封建贵族、天主教会高级僧侣与贫苦农民、城市市民以及新兴的资产阶级之间的矛盾构成社会的基本矛盾，其中新兴资产阶级和封建制度之间的矛盾伴随着资本主义经济的发展而日益尖锐。二者在思想文化领域的斗争，在18世纪30年代后演化为一场波澜壮阔的资产阶级反封建反天主教神学的思想启蒙运动。

在17、18世纪，天主教会在法国政府的支持下，继续控制着法国的初等教育，法国国王更于 18 世纪再度发布命令，指出学校应受天主教僧侣的监督，儿童应当学习识字、教义问答和祈祷。各新教教派也通过开办学校，传播各自的教义。中等教育学校主要有耶稣会中学和文科中学，它们以拉丁语及"七艺"科目为教学内容，经院主义气息十分浓厚。这一时期法国的高等教育也处于天主教会的管辖之下，大学在宗教改革运动之后甚至排斥新教徒，从 1638 年起还停止向新教徒颁发学位，同时极力扼杀进步思想。

1789—1794 年法国革命是继 17 世纪英国革命和 18 世纪美国独立战争后的一次更彻底、更深刻的资产阶级革命。[①] 它从根本上推翻了统治法国 1000 多年的封建制度，确立了资产阶级政权。在教育方面，资产阶级执政的各派力量都拟订过方案，这些方案虽然在当时都未来得及付诸实行，但对法国教育产生了影响。这些教育改革方案有一个突出的共同点，那就是强调教育乃公共事业，反对教会垄断教育，要求国家摆脱教会对教育的干预，举办世俗性的学校，对全国教育实行监督和管理，并建立相应的教育行政机构。他们的主张虽因当时法国复杂的政治和外交局势而未能付诸实施，但其主旨对 19 世纪法国教育的改革和发展、全国教育行政管理体系的形成、中央集权型教育行政管理体制的最终确立，均产生了重大的影响。

1804 年拿破仑称帝，建立法兰西第一帝国（1804—1814 年）。[②] 拿破仑执政期间，曾领导法国著名的资产阶级教育改革，奠定了法国资产阶级教育体制的基础。拿破仑为解决宗教冲突，同时也为了把宗教改造成为资产阶级的统治工具，于 1801 年与罗马教皇签订了政教协议（教务专约），在教会服从拿破仑政府的前提下恢复天主教。此后不久，法国的学校教育就完全取消了大革命时期所提出的教育世俗化原则，小学仍旧控制在教会手里，许多教士又继续充任中学教师，各级学校重新强调宗教教育。拿破仑又于 1806 年 5 月创立帝国大学，由帝国大学作为领导机关掌管全国教育行政，全国各级各类学校包括私立学校都在其监督之下。帝国大学的各级长官和教师都是国家的官吏。这种中央集权的教育行政管理体制，在法国沿用了很久，成为法国教育制度的重要特点。概括起来，拿破仑教育体制的基本特点是：在中央集权、国家管理教育的前提下保留宗教教育和教会学校，公立和私立学校并存；重视中、高等教育；轻视初等教育和女子教育。

1830 年 7 月，巴黎人民举行武装起义，推翻波旁王朝，但是胜利果实被

---

① 参见赵晓雷《外国经济史简编》，华东师范大学出版社 1994 年版，第 25 页。
② 参见中国大百科全书总编辑委员会《中国大百科全书·教育》，中国大百科全书出版社 2002 年版，第 75 页。

大资产阶级即金融贵族窃取，"七月王朝"实行君主立宪制。① 这一时期初等教育受到极大重视，因为工业革命的大规模展开需要训练工人。此时对初等教育的重视恰好与仅重视中、高等教育的拿破仑教育体制构成了一个较完整的学制体系的基础。1848 年，工业资产阶级建立第二共和国（1848—1852 年），不久便被推翻，由拿破仑的侄子路易·波拿巴建立起法兰西第二帝国，学校教育工作中充满着宗教和君主制度的精神。1871 年，法国人民举行武装起义，建立巴黎公社。巴黎公社失败后，1875 年，资产阶级建立第三共和国（1875—1940 年），采取了一系列教育改革措施。1880 年，教育部长儒勒·费里（J. Ferry）获得议会通过并颁布关于女子接受中等教育的法令。1881 年的教育法又确立了初等教育的免费制度。1882 年 8 月，费里推出著名的《费里法》，确定国民教育发展的义务、免费与世俗化三原则，标志着法国国民教育所取得的成就。②

《费里法》的实施使国民教育在法国受到重视，随着义务教育的普及，法国大革命的共和与民主思想逐渐深入人心，法国中央集权的教育行政管理体制的弊端更加突出。甚至发展至 1968 年，巴黎和法国其他地方的大学生走上街头抗议高等学校设施陈旧，管理体制过于集中。因此，同年 11 月，国民议会通过《高等教育改革指导法案》，该法令使法国的高等教育得到重新组织，在体制、结构和教学内容上做了很大调整，推进了法国教育民主化和现代化进程。法国现代教育管理制度确立的标志是 1947 年《郎之万－华伦教育改革方案》的提出与 1959 年戴高乐政府的一系列教育改革法的颁布。之后经过 1975 年的《法国现代学校体制现代化的建议》和 1983、1985 年的教育立法等，法国现代教育管理制度处于不断改革中。

法国现代教育管理制度被视为"中央集权型"教育管理制度的代表，被中国、日本等国家借鉴移植过。这种中央集权制度的优点是使全国的教育便于统一规划，能够有效地落实国家的方针政策；其缺点是不能充分调动地方办学的积极性并造成中央负担过重，比较呆板。因此在运行中越来越显得力不从心，不仅许多改革措施难以推行，就连日常管理也难以应付，无法适应社会对教育的多方面需求。因此，20 世纪 80 年代后，国家决定将部分教育权力下放给地方，并采取一系列非集中化措施。1982 年 3 月 2 日和 1983 年 7 月 22 日，法国议会先后通过了两项推行地方分权的法令，将原来地方政府无权过问的部分学区总长的职权下放到地方组织和政府，扩大地区议员、省议员和市长对本

---

① 参见孙惠春《国外教育法制比较研究》，黑龙江人民出版社 2001 年版，第 74 页。
② 参见王保星《外国教育史》，北京师范大学出版社 2008 年版，第 184 页。

地区教育问题的发言权。学校也进而拥有了比以前更多的自主权。国家与地方的权限划分有了很大的变化，但国家仍保留一些重要的权利，国家教育行政的主要负责人及机构分别为：

（1）教育部长。部长是根据总理提名，共和国总统政令任命。国民教育部长负责领导所有教育部门，并同时拥有制定规章制度权、任免权、隶属权、处分权、拨款审核权。部长下设有咨询机构最高教育委员会、全国大纲委员会、部机关、本部门的各行政管理司、处、室和督导机构等协助部长制定和实施有关教育的方针。

（2）国民教育总督导。总督导的主要权责是在有关行政部门的配合下，在省、学区和大区及全国范围内进行评估，并将评估结果转呈议会文化事务委员会的主席和报告人。

（3）行政机构。国民教育部下设以下司局：小学司、中学司、中学师资司、国际与合作事务司、行政人员与工勤人事司、财务管理总司、评估与预测司、督导与领导干部人事司、情报与新技术司。此外，还有直接隶属于部长办公室的办公厅、督导司和财务审计等部门。

（4）咨询机构。其职责是在教育教学和人事管理方面向部长及其职能部门通报情况和提出意见的部门，包括最高教育理事会、全国教学大纲委员会、混合代表委员会、专业咨询委员会。

根据法国的行政划分，这一时期的地方行政分为大区、省和市镇三级。全国分为27个大学区，最高行政长官是大学区总长。[①] 大学区下是省，全国本土分为95个省，最高行政长官是大学区视学官。根据法律规定，地方与中央分级负责中小学教育管理：①市镇负责小学，省负责初中，大区负责高中和一些专科学校。②市镇有权决定增设初级学校和班级，但涉及教师编制问题须与国民教育部协商解决；省级负责初级中学的修建和装备及运转费用，大区负责高中的上述费用；另外，大区还要负责有关教学质量和教学规模需求问题的调查，并制定各级各类教育的中期规划，由此制定相关的教育投入规划；由国家负责制定教学大纲和学校人员的编制，同时由国家根据地方的建议，确定每年新建学校的数量。[②]

[①] 参见曹德明《文化视角下的欧盟成员国研究：法国》，上海外语教育出版社2011年版，第6页。
[②] 参见王炳照《中外教育管理史》，湖南师范大学出版社2000年版，第381页。

三、近现代德国的教育行政管理

启蒙运动时期，德国尚未形成一个统一的国家，而是由许多分散的城邦国家组成，在教育发展水平上，无法与法国等国家相提并论。这些邦国为了强化统治和扩大军事实力，急于把国民学校的管理权从教会转到国家手中。如1763年，普鲁士王腓特烈二世就颁布法令，规定 5～12 岁的儿童必须到学校接受教育。中等和高等教育方面，至1787年，普鲁士成立高级学校委员会，使国家掌握了中等和高等学校的管理权。[①] 这表明，18世纪末期，德国学校教育向世俗化迈进了一大步。

18世纪末19世纪初，普鲁士和奥地利等邦正式成立教育部，教育管理开始走向世俗化，从由教会管辖逐步转归国家掌管，[②] 但此时德国教育具有强烈的专制主义，宗教性仍然明显。19世纪初，新人文主义代表人物洪堡（K. W. Humboldt）出任教育部长，根据新人文主义精神对各级学校进行了一系列改革。

普法战争的失败，使得德国知识界开始反思，这在很大程度上成了德国崛起的重要动力，普鲁士最终实现了德意志的统一，[③] 从而加速了资本主义的发展。但德国的统一建立在王朝战争之上，因此导致封建残余势力被大量保留，进而使得德国教育充满着沙文主义、军国主义和僧侣主义。为适应政治经济发展，德意志帝国从1872年开始对教育进行改革。1919年8月11日，德国颁布《魏玛宪法》，规定教育权归州所有，各州应提供8年免费义务初等教育。[④] 但同时还明确规定"全部教育事业处于国家监督之下"，授权联邦政府制定全联邦的教育指导原则。因此，中央政府享有管理全国教育的主权，但在具体实施教育行政管理时采用间接的宏观调控的办法，即主要制定全国教育的指导原则和法律。但由于"一战"的影响，这种由中央政府制定原则性立法，由各邦负责具体实施的教育管理体制，在魏玛共和时期并未真正实行，但对"二战"后联邦德国的教育管理体制产生了重大影响，甚至可以说，这种模式奠定了德国现代教育管理体制的基本框架。

1949年建立德意志联邦共和国。"二战"后初期，联邦德国采用美国式的

[①] 参见吴艳茹《中外教育史》，北京师范大学出版社2015年版，第239页。
[②] 参见袁锐锷《外国教育管理史教程》，广东高等教育出版社1998年版，第103页。
[③] 参见魏所康《国民教育论：和谐社会建设与公共教育政策》，东南大学出版社2008年版，第101页。
[④] 参见杨五湖、刘明波《世界行政监督大辞典》，法律出版社1990年版，第459页。

联邦制,由各州政府管理教育事业,造成了学制上的多元化。然而,这种体制酿就的危害日渐明显。1964年10月28日,德国各州总理签订了《汉堡协定》,即《联邦德国各州教育领域中的统一问题签订的协定》,为统一联邦德国普通学校学制和确立公立学校教育制度奠定了基础。这是联邦德国在新形势下为了使教育更好地适应现代工业社会的需要而采取的改革措施。该协定对德国普通教育制度的结构做了全面、详尽的规定,为联邦德国的学校教育制度和确立公立教育制度奠定了基础,并为20世纪70年代以后的进一步教育改革提供了必要的条件。全国统一的教育制度建立后,联邦德国政府进一步加强了对教育的管理。

德国现代教育制度是比较典型的"地方分权型"教育管理制度,即教育与文化主权主要集中在地方各州的一种教育管理制度。虽然教育主权主要在地方,但实际上州以下的县市和乡镇参与制定教育政策的权限很小,因此,各州的教育权主要集中在州政府。在德国,代表国家行使国家职权的是州政府,虽然德国实行以州为中心的地方分权,但全国教育在结构、内容和结业水平等基本方面是一致的。① 这是因为在州以上存在着协商机构,体现着联邦的意义。这就是德国现代教育管理制度的总体特色。德国"联邦制"国家教育行政制度的基本结构主要如下。

(一) 联邦主要的教育协调、咨询和行政机构

由于联邦的性质和联邦管理制度的特征,联邦的主要教育机构在性质上总体属于协调与咨询性质。这些机构对于全国各州的教育决策会产生重大的影响,但自身并不是决策机构,它们的建议只有到各州后通过各州的立法才能最终发挥作用。

1. "文化部长会议"

"文化部长会议"是协调各州文化政策的最重要的机构。其全称为"德意志联邦共和国各州文化部长常设会议",由各州负责教育、高等教育、科学研究和文化事务的部长联合组成。1990年12月7日,德国重新统一的两个多月后,原民主德国地区的五个州的文化部长正式参加常设会议。文化部长会议的工作目标是:通过协调以保证各州在教育方面有最低限度的共同性和可比较性;同时,促进各州之间积极交流有关教育和文化政策方面的意见和情况。文化部长会议的决议只有一致通过才能有效,而且在法律上也只是建议性质,只有在各州立法机构通过才能真正生效。

---

① 参见王炳照《中外教育管理史》,湖南师范大学出版社2000年版,第386~387页。

2. "联邦教育与科学部"

全国统一的教育制度建立后,联邦德国政府为进一步加强管理,1969 年 5 月修改联邦德国宪法,明确有关教育和科学方面的立法和管理主要由各州负责的同时,进一步扩大联邦政府对教育的管理权限。同年 10 月,联邦政府首次成立中央教育行政机构,即"联邦教育和科学部"及相应的"联邦和各州教育规划和科研促进委员会"。该部的重要职责是通过建议和拨款影响各州的教育事业,并在教育的各个重要方面协调各州。

3. "联邦和各州教育规划和科研促进委员会"

1970 年成立,各州 16 名代表,联邦 8 名代表,因为有联邦参与,所以与"文化部长会议"不同。其任务是为整个教育事业的发展制定中长期规划,为协调联邦和各州的计划提出建议,为采取紧急措施提出建议,对联邦和各州的计划提出建议,为采取紧急措施提出建议,对联邦和各州提出的计划进行研究并提出修改意见,拟订教育研究和教育规划的项目,促进国际范围内教育规划方面的交流。

4. "大学校长会议"

"大学校长会议"是联邦德国大学和高等学校的一个自由联合组织。其基本任务是讨论高等教育政策,保证高等教育最低限度的统一;为联邦和各州提供咨询,向公众宣传高等教育;向各有关部门通报国内外高等教育发展情况;进行高等教育的国际交流等。

(二) 州、县市和学校

根据基本法规定,中小学包括私立学校都在国家的监督下,而代表国家的主要是州政府。州政府包括州议会和州文化与教育部,拥有对学校的监督权,被称为"学校主权"。[①]

州政府主要制定学校立法和财政计划,州文化与教育部负责计划学校的发展与颁布相关的规定。州政府负责制定课程教学计划,分派校长、教师及负责他们的工资,这些都是学校的核心事务。县市或其他法人社团主要负责学校的校产、校舍、设备及管理人员和他们的工资。完全中学和中等教育第二阶段的学校,有的州直接由州政府管理或由它的下一级教育行政机构如专区学务局负责管理。基础学校、初级学校和特殊学校由最基层的教育行政机构即县市学校督察署负责管理。这样,在州形成了州、专区、县市三级行政,每一级行政可以在职权范围内做出决定,但各自的上级机关有权废除这些决定并有权做出其

---

① 参见王炳照《中外教育管理史》,湖南师范大学出版社 2000 年版,第 389 页。

他决定。从而可以看出，联邦实行的是地方分权，州实行的则是高度集权。

纵观德国近现代教育制度的发展，我们会看到德国的教育制度在欧美教育史占有重要的地位，具有重大影响。德国是最早实现了国家管理教育的国家。宗教改革以后，新教教派曾在德国占据优势并控制着德国的各类学校。但是从16世纪末开始，各封建公国先后将教育改由国家管理，先是初等学校，然后才是中学和大学。到19世纪，已较欧洲其他国家率先实现了国家全面管理教育。

在学校内部管理上，德国有"教师治校""教师教育自由"的原则，因此，各学校一般都设有"教师会议"，教师的作用不断加强。但校长依然有拒绝教师会议决定的权力。学校一般还设有学校会议。学校会议由教师代表、学生和家长代表组成，一般只起咨询作用，但在有些州对某些具体问题可以有决策权。

四、近现代俄国（含苏联）的教育行政管理

在整个近代史及以前的时代里。俄国一直是一个落后的国家。19世纪中叶到20世纪初是俄国历史上最为辉煌的篇章。20世纪的绝大部分时间，是实行社会主义计划经济的苏联时期。1991年苏联解体后，俄罗斯开始了由单一的计划经济向市场经济转化的历史进程，其教育也进行了相应的改革与发展。

17世纪后期，俄国经过与波兰的长期战争，俄国变成了幅员辽阔的大国。[1] 在18世纪初，沙皇彼得一世（1672—1725年）进行了一系列以加强中央集权和扩军备战为中心的改革，其中有关文化教育方面的改革措施主要是简化俄文字母，创办科学院、医学校、炮兵学校、国立普通学校等，模仿法国和德国的教育制度，把发展教育作为富国强兵的重要手段。从教育行政的角度看，彼得大帝的这项改革打破了以往教会对俄国学校教育的垄断，值得注意的是，彼得大帝的各项教育改革措施均以立法或命令的形式出台并昭示天下，这表明俄国开始运用教育法规作为教育行政的重要手段和教育改革的先导。彼得一世改革标志着俄国的教育进入近代化。

从彼得一世到叶卡捷琳娜二世（1729—1796年），历代沙皇打着开明统治的旗帜，对内强化国家权力、发展农奴制度，对外不断侵略扩张，形成了典型的封建农奴制的军事帝国主义，俄国近代教育及其管理体制正是建立在这个基础之上。到18世纪末，俄国的一些地方工商业逐渐发展，西欧的启蒙思想也

---

[1] 参见曾天山《外国教育管理发展史略》，教育科学出版社1995年版，第68页。

传入俄国，促使统治者重新开始关注教育问题。[①]

叶卡捷琳娜二世模仿当时比较重视国民教育的奥地利进行学制改革，于1782年组织了"国民学校设立委员会"，并于1786年批准了该委员会制定的《国民学校章程》。这是俄国历史上第一部关于国民教育的法令，它不但规定了全俄统一的学制，同时还规定各地国民学校由当地政府负责管理，由他们委派视学官和校长，中央设总管理处。[②]从其积极效果来看，这次改革扩大了俄国城市有产阶级子弟受教育的机会，进一步摆脱了完全由僧侣和贵族地主阶级垄断教育的局面，并为近代俄国教育行政体制的形成奠定了基础。

1802年，沙皇亚历山大一世（1777—1825年）在政府中成立了教育部，统辖教会学校之外的所有学校。其所颁布的《国民教育暂行条例》（1803年）、《大学章程》和《大学附属学校章程》（1804年）进一步完善了俄国的学校系统及其管理体制：在城乡按教区设立教区学校，毕业生可升入设在县城的县立学校，县立学校毕业可直接升入中学；在教育行政管理体制上采取了法国的学区制，全国分六大学区，每区设大学一所，大学中成立一个由校长和6名教授组成的任期一年的学校委员会，对学区内的各级学校实施领导，并派出视察员（大学教授）到各校巡视，在教学方法上指导中小学教师，是为俄国最早的督导人员。

18世纪末期，受到法国大革命的影响，沙皇政府对进步力量开始压制，俄国教育又陷入发展的低潮，俄国教育的等级性、宗教性等问题日益严重。

1861年，沙皇亚历山大二世在社会改革运动的压力下，废除了农奴制，并进行了教育制度方面的一系列改革，包括允许非教会初等学校的存在，在省和县设立了由教育部、内政部、教会、地方自治机关等各方面代表组成的教育委员会等。但是，19世纪七八十年代以后，俄国的教育政策又进一步趋向反动，专制政府和教会又加强了对教育的控制。

经过几十年错综复杂的斗争，到19世纪末20世纪初，俄国形成了独特的教育制度。从管理体制上说，体现为混乱而多头的特征，不同的教育机构之上都有自己的管理机构。从学制类型上说，形成了以双轨制为基础的多轨并进的状况。其中一轨是为劳动人民子弟设立的各级各类小学、初等职业学校和师范学校。另一轨则是为富人设立的各种中等和高等教育机构。教育上的封建色彩十分浓厚，宗教性非常突出。在教育行政上，宗教事务院直接全权管辖教区学校，国民教育部管辖除教区学校之外的一切学校的教学教育工作，各个大学区

[①] 参见于洪波、李忠、金传宝等《简明中外教育史》，山东人民出版社2010年版，第333页。
[②] 参见吴艳茹《中外教育史》，北京师范大学出版社2015年版，第245页。

的教育行政工作由督学主持，国民学校管理处和州视导处以及省、县学校委员会负责对小学的领导和控制教师的活动，地方自治局和城市自治机构通过为学校提供办学条件等手段间接地控制教育。

十月革命推翻了俄国资产阶级政权，建立起世界上第一个无产阶级专政的国家——苏联，①苏维埃政府在取得政权后，着手领导苏联的无产阶级教育改革，改革的宗旨是消灭俄国历史上造成的黑暗和愚昧，实现国民教育的世俗化、民主化，使科学、文化和教育真正成为苏联各族人民的财富，同时动员教育家、教师和学生与革命人民一起对沙俄旧教育进行全面的变革。

1917年11月、1918年1月，人民委员会先后通过了列宁签署的《关于把教会主管机关的学校转交教育人民委员部管理》和《关于信仰自由、教会和宗教团体》两个法令，宣布教会与国家分离、学校与教会分离，禁止在一切教授普通教育学科的学校里教授宗教教义，将全部教会学校改为普通学校，并转归教育人民委员部管理，真正实现了普通教育的世俗化。1918年6月，列宁签发《关于俄罗斯社会主义苏维埃共和国国民教育事业组织条例》，再次明确全苏国民教育总的领导由国家教育委员会负责，而各地则由省、县、乡的苏维埃执行委员会的国民教育部门负责。至此，苏联从中央到地方基本上摧毁了国民教育的旧领导体制，建立起了无产阶级新的教育领导机构体系。为了真正实现和巩固无产阶级对教育的领导，苏维埃教育政权还采取了一系列措施：变"读书学校"为"劳动学校"，建立新的无产阶级的"统一劳动学校"；1918年成立共产主义青年团，1922年建立少年先锋组织；1919年莫斯科首先创办起第一个工人系，高等学校向工人开放；发展少数民族教育；等等。

进入20世纪20年代后，苏联的局势逐渐稳定，开始全面进入社会主义建设阶段，这就更需要大批有文化的建设者。因此，20年代苏联在教育领域展开了各种改革与实验，力图在最短的时间内培养更多的人才。

20世纪30年代初，随着工业化、农业集体化和苏联整个国民经济的社会主义改造工作的展开，需要大批的技术人员和管理干部，20年代以来倡导的"劳动教育"无法适应经济发展的需求。因此，苏联在30年代对教育进行了调整，批判"设计教学法""学校消亡论"和"儿童学"等自由主义教育思想，否定了实用主义教育实践。同时颁布了一系列决定，如《关于小学和中学的决定》《关于中小学大纲和教育制度的决定》《关于中小学教科书的决定》等。由此进一步加强了苏联教育体系的建设和中央集权的统一领导。苏联的中央集权的国家教育行政制度在此后一直到1991年的历史中不断进行调整，但

---

① 参见孙惠春《国外教育法制比较研究》，黑龙江人民出版社2001年版，第85页。

是没有很多实质性的变化。

　　1991年俄罗斯独立后，成立了联邦政府及联邦教育部，[①] 俄罗斯国家教育行政制度开始发生了重大变革。从1917年十月革命成立苏维埃政权到1991年，俄罗斯作为苏联的一个加盟共和国，其教育事业得到了历史上前所未有的巨大发展。俄罗斯基本上扫除了文盲，建立了较为完整的教育结构，并形成了独树一帜的教育理论和实践。1991年苏联解体后，俄罗斯成为一个与原苏联在政治经济和社会制度有着原则区别的国家，其教育事业也正在发生重大的变化，俄罗斯的教育管理制度就是在这样的背景中发生着变革。俄罗斯现代教育管理制度是在苏维埃政权成立后建立起来的，一直实现的是中央集权的国家统一领导。

　　1992年，俄罗斯联邦制定了《俄罗斯联邦教育法》，奠定了新时期俄罗斯教育改革的基础。这一法案规定，教育要实行"人道主义""民主化"和"多元化"。20世纪90年代中期，对于教育必要性的认识也在提升，1996年新的《俄罗斯教育联邦法》再次提到完全中等教育是普及的和免费的，逐步又推行义务的、免费的完全中等教育。

　　俄罗斯20世纪90年代的改革过程中出现了一系列的问题，如在下放教育权、实行分权管理时，出现了互相推诿无人管理的现象；在向教育引进经济机制时，出现了高收费现象和教育私有化倾向。因此，俄罗斯教育部长吉洪诺夫提出要建立一种教育系统的新的组织——经济机制。这种机制宣布了旧的行政命令的管理模式已成为历史，同时也非常坚定地说明将俄罗斯教育私有化是违背俄罗斯历史和宪法精神的。新的组织——经济机制的核心是找到一种自由度，既能保证国家教育的统一，又能考虑地方和民族的特点。这种新的组织——经济体制的设想已经涉及以下内容：确定能够保证民族和国家在世界中具有最大安全系数的最低教育标准，即制定灵活的基础教学计划；为保证教育多样化而设置混合型教育机构；涉及各行业部门的战略性职业教育应由联邦负责；在预测劳动力市场的基础上对中专和高等职业教育毕业的学生实行国家宏观管理的"订人制"；在普通教育系统实行预算经费标准保证制；建立儿童事务律师制；组织对地方和市镇教育领导人员再培训的"百人计划"和让教师到俄罗斯重点大学、俄罗斯科学院、俄罗斯教育科学院学习的"让学校科学化"的计划；等等。

　　21世纪初，俄罗斯政府对教育与经济和社会的创新性发展及与国家安全的关系的认识更加深刻了。俄罗斯联邦政府正在努力探索建立一种民主的，同

[①] 参见王炳照《中外教育管理史》，湖南师范大学出版社2000年版，第417页。

时又能保证多民族的俄罗斯在教育、文化、科学和信息方面具有统一空间的，国家和社会共同管理教育的教育管理制度。提高教育质量，使教育符合个体、社会和国家当前及未来的发展需求，符合世界教育发展趋势成为俄罗斯教育的主导思想。

五、近现代美国的教育行政管理

美国独立前，由欧洲移民带来了不同国家文化教育的影响，但殖民（地）时期的教育制度基本上是从英国移植过来的，同时教育深受宗教的影响与控制。这就是殖民地时期教育的基本特点。

独立战争是美国的第一次资产阶级革命，[①] 使美国获得独立，为美国资本主义的发展创造了有利条件。独立后，美国是世界上唯一的资产阶级民主共和国，以天赋人权、自由平等相标榜，《独立宣言》更明文规定宗教信仰自由、人人都有享受教育的权利。当时美国进步的资产阶级政治家、思想家、教育家富兰克林、华盛顿、杰弗逊等人也都极力宣传教育是立国的根基，要求政府承担管理教育的责任。在这种情况下，教会办学、慈善教育等传统受到冲击。

到了19世纪60年代，一种自由的、公共资助和管理的州立学校制度在美国各地开始建立起来。在教育行政方面，逐渐形成了典型的地方分权的管理体制，各州在州政府领导监督之下成立了州教育委员会。作为教育决策机关，该委员会依照州教育法来确定教育政策的制定与实施，州下面分设学区作为地方教育行政机关，这在美国教育领导体制中占有重要地位。至于联邦一级的教育管理机构，原在内政部设立的教育总署于1870年几经改组后称为教育局，这种中央的教育行政机构不领导各州的教育委员会，没有决策权，只负责收集分发统计材料、情报，管理联邦的教育经费，提供咨询帮助，可召开讨论会和举办各种教育展览。

20世纪上半叶，美国表面上虽保持了各州地方分权的领导体制，实际上垄断资产阶级通过经济手段加强了对教育的控制。另外，在此时期美国继续改革学制，缩短年限，扩大受教育的范围，增加普及义务教育的年限。从1918年起，各州陆续颁布强迫教育法令，法令规定普及义务教育的年限增加到10～12岁。同时，一种颇具特色的美国教育制度进一步形成，教育行政管理方面的改革是加强州集权制，主要措施包括：①整顿学区，表现在合并学区和削弱学区的管理权限。1869年，马萨诸塞州率先由州议会决定并区。之后从

[①] 参见刘世民《西方的教育：历史·现状·理论·技巧》，甘肃文化出版社1999年版，第119页。

19世纪90年代起，合校并区遂成运动，到1905年约有20个州实行，但全国范围内发展仍不平衡。第一次世界大战后，有几次雷厉风行地归并学区的运动。诚然，差异依然存在，有的州仅有十几个学区，有的州学区多达上万个；各学区面积大小和人口多寡也极不相同。与此同时，削弱学区，尤其是农村学区在选任教师、确定教材和教学大纲等方面的权限，凡是各学期的长短、学生应交的费用以及学校开设的课程等，都按州县制定的法令实施，使一向冗员充斥的基层教育管理组织渐成历史陈迹。这一措施不但提高了教育投入的经济效益和教育效益，而且加强了教育管理，使教育行政和视导工作走向专业化。②完善县市级教育管理机构及其职能。县市管学机构通常包括主持教育方针大计的教育委员会和负责贯彻实施的教育局。教育委员会一般是民选的，教育局长则由该委员会指派。以佛罗里达州的代德县为例，县教育委员会的委员5人，任期4年，职责为决定全县办学方针和规划。依据县教育法，教育局长须具备办教育的经验，而且受过1年以上教育行政专业的训练。佛罗里达州曾于1939年制定州学校法，规定县教育局长负责视导全县学校教育工作，落实县教育委员会制定的方针和规划，并要求县与州的教育行政管理体制要相互协调。③消除对州集权专制的疑虑，各州普遍加强和完善州一级教育行政管理机构及其职能。19世纪末，不少州的教育委员会实施了合适的教育立法，制定了合理的教育税制，建立了充足的教育基金，促进了教育的发展，人们逐渐意识到设立州教委是非常必要的。第一次世界大战以后，随着美国教育的飞速发展，各州普遍设立或加强了州教育委员会。各州教委委员人数不等，最少者3人，最多者13人；委员任期也不同，最短者2年，最长者12年；委员产生的办法，有的州是依其所任行政职务而兼任教育委员的，有的州是民选的，有的州则是依照法令委任的。各州除设立教育委员会负责制定全州教育大计和领导全州教育事业外，还辅以其他多种委员会，分别办理各项任务。各州教育厅的任务和组织机构虽有所不同，但一般都属办事机构性质，在这一时期组织都在扩大，职能也更加复杂。

在第二次世界大战中，因军事需要而发展起来的科学技术力量使美国一跃成为世界霸主，为了保持其地位，就要求教育能为其在政治、经济、军事和科技上不断加强实力服务，所以美国政府更加关注其教育事业。在这种情况下，联邦政府于1953年成立卫生、教育、福利部，原教育局随之改为该部的教育总署。全署专业人员和行政人员共计1300余名，其中分为初等教育、中等教育、职业教育、高等教育、学校行政、附属性设施、调查出版、国际教育关系8个司，每司均设置正副司长2～3人。20世纪50年代，美国在苏联卫星上天的震动下，进行了教育的大改革，颁布了《国防教育法》等一系列教育法，推出了以布鲁纳为代表的结构主义的课程改革理论,强调新三艺:数学、自然科学与外语。鉴于国内外形势的急剧变化,亟须加强联邦政府对全国教育的协调和领导,联邦教育部终于在1979年10月成立。但为了不致削弱各州对教育的行政管理权,国会在通过《设置教育部法》时,特别强调"关于教育的权限和责任,保留给州和地方学区以及州所规定的其他机构"。新设的联邦教育部除接管了原教育总署的全部职能外,还把原来由联邦内政部、农业部等几个部门负责的一些联邦教育事务也统一管理起来。从教育总署到教育部,美国的中央政府一直在通过教育立法、联邦拨款和信息传播等手段加强对全国教育事业的宏观调控和指导。

由于自20世纪60年代中期起,联邦通过州给地方的教育拨款急剧增加,尤其是70年代以来,要求消除各学区间的教育差距的呼声日益高涨,州对教育的领导有进一步加强的趋势。

20世纪60年代的教育改革虽然收到了一定的效果,但也出现了一系列的问题,没有达到预期目的,反而造成了普通教育质量的下降。进入70年代后,美国再次掀起了教育改革运动,其主要内容围绕着"生计教育"和"返回基础教育"进行。这一时期,州一级教育行政机构的设置如前所述,其职权虽因州而异,但大体上不外是:①协助地方完成教育计划,如分配拨给地方的教育经费、收集和发布有关教育的资料、为地方提供指导和建议等;②判定各种教育条件的最低标准,如规定课程标准、选定课本和教学参考书、规定学校建筑标准并监督实施、确定接送学生上学的运输计划标准、制定州的教育发展规划等。

美国现代教育管理行政是典型的地方分权的教育管理制度,即教育管理的主要权利在州、学区等地方组织。学区是介乎州和基层学区之间的教育行政机构,它在州的监督下,对所辖地区内的各基层学区进行协调、监督和指导,它不具有地方公共团体性质,原则上无权单独设立和管理学校。基层学区则是直接管辖公立中小学校的地方公共团体,其教育委员会的委员由学区的居民选举产生,任期3~5年,委员会任命一个学监主持工作。基层学区教育委员会的主要职能为:制订教育计划、编制教育预算、征收教育税、教职员人事管理、维修管理校舍、购买教材教具、为学生提供交通工具等。美国现有基层学区1600个,学区的划分不一定与行政区划一致,也不从属于一般行政系统。由于各地区的经济发展、种族成分、宗教信仰等各不相同,因此基层学区的类型、大小和教育水准差异明显。

学区之下设有就学片,它由学区教育委员会和行政部门根据地理、行政、社会政治等各种因素共同划定,原则上住在同一片的学生必须在该片学校上学。学区教育委员会有权根据学生家庭与学校的距离、学生安全不受到危害和不致维持种族隔离等条件,把学生分配到适当的学校。但当前美国联邦政府已将打破"就近入学"的原则列为改革美国公立中小学教育的一项根本措施,并允许家长自主选择学校入学。联邦政府原来拨给公立学校使用的每名学生的经费额度,今后将由学生带到他们所选择的任何公立、私立或教会学校使用。此举旨在鼓励学校之间展开竞争。

关于高等教育行政管理,美国形成了国家干预、地方分权、学校自治、社会监督有机结合的体制。依据美国的宪法,除联邦为特殊目的而设立的高等院校之外,联邦政府对高等学校没有直接的管辖权,只是通过立法、资助和各种非政府机构对高等教育进行宏观调控。[①] 教育部协助管理联邦的教育投资,推动教育科研,收集并分发教育情报资料,管理民间的学校鉴定机构等。在法律原则上,各州拥有领导和管理高等教育的职权,州可以进行高教立法和颁发学校执照,[②] 但由于各州高等学校的类型、性质、传统和背景各不相同,决定了各州高等教育立法和州介入高等教育的程度也各不相同。归纳起来,各州对高等学校的管理和协调大致可分为三种类型:①通过集中统一机构管理全州高等学校;②分散型的,州政府负责资助、协调和监督,各校独立自主;③州政府不直接管理各高等学校,按高等学校的类型或层次建立协调组织。

随着20世纪最后两个10年美国教育改革的不断深入,教育领域发生了很多变化,人们已经逐渐意识到,经济的繁荣所依靠的学校的质量并没有获得普遍提高,所以对教育改革的呼吁一直持续到了如今21世纪。

六、近现代日本的教育行政管理

日本是亚洲第一个走向资本主义道路的国家。自7世纪中叶至19世纪中叶,日本经历了长达1200年的封建社会时期。其中,12世纪之前是天皇统治时期,由天皇和大封建贵族掌握国家政权。12世纪后,一些地方封建领主依仗私人武装不断扩充实力,形成武士领主集团,并由控制地方政权最终发展到取代天皇而独揽政权,到12世纪末开始了军事封建贵族独裁的幕府政治统治。从1192年到1868年明治维新运动推翻幕府,称为日本封建社会的幕府时代。[③]

---

① 参见潘懋元《现代高等教育思想的演变:从20世纪至21世纪初期》,广东高等教育出版社2008年版,第3页。
② 参见袁锐锷《外国教育史新编》,广东高等教育出版社2006年版,第274页。
③ 参见王炳照《中外教育管理史》,湖南师范大学出版社2000年版,第269页。

日本的国民教育就是从幕府时期极其简陋的民众教育基础上发展起来的。

（一）幕府时期的教育行政管理

从 1603 年德川家康在江户建立幕府至明治维新时止，历史上将这段长达 260 多年的统治时期称为"德川时代"。由于加强了幕府集权统治，这一时期的日本逐渐从分裂割据走向统一，文化教育得到了官府的重视。

德川幕府在日本建立的是一个中央集权的封建政体和社会等级制度，人民被分为武士、农民、手工业工人和商人四个等级。[①] 国家实权掌握在幕府手里。在这种社会里，教育的机构、内容和方法，都依社会的等级而不同。这是德川时期教育的一个重要特点。

德川时期逐渐形成的学校教育有幕府直辖学校、藩学、民众教育所三个等级。前两等都是收武士子弟以培养统治人才的。各藩国教育机构重视儒家经典和军事技术的讲授，同时开设有关和学和日本历史的课程。民众教育机构主要包括乡学、寺子屋和私塾等类型。这些教育机构相当于中等教育和高等教育的私立学园，不分等级向所有人开放，讲学自由，有亲密的师生关系，学生可以自由转学听课，很像我国古代的书院。私立学园大多讲中国经书，也有不少是讲国学、西学的。德川时代的学术水平，主要靠私立学园保持下来。这一时期日本的教育带有鲜明的封建气息，其目的是培养幕藩统治的接班人。

（二）明治维新至"二战"期间的教育行政管理

18 世纪中叶之后，希望破除封建制度对社会发展的阻碍、发展日本近代资本主义经济的一部分启蒙思想家，联合资产阶级，建立起大地主大资产阶级联合执政的明治政府。明治政府在借鉴西方国家教育发展经验的同时，根据自己国情的需要，加强了中央对教育的控制，地方适度分权，逐步完善了教育行政管理系统。

1871 年，明治政府废藩置县，确保了对全国的直接控制，接着成立了文部省作为负责教育行政管理的中央机关。1872 年 8 月，文部大臣公布了新的教育政策和日本历史上的第一个国家教育制度（以下简称《学制》），连同征兵法、土地税修正法一起被称为明治维新三大法。[②]《学制》对日本的各级学校教育和全国的教育行政管理做了明确的规定：坚决要求废除封建教育制度，

---

① 参见王卫国《人类文明之旅·教育》，喀什维吾尔文出版社、新疆青少年出版社 2006 年版，第 175 页。
② 参见陈志江《当今日本教育概览》，河南教育出版社 1994 年版，第 34 页。

学校向所有人开放，讲授以西方新知识为基础的实用学科，命令在文部省统一管理下将全国分为 8 个大学区，每区设大学 1 所，每个大学区又分为各设 1 所中学的 32 个中学区，每个中学，分为各设 1 所小学的 210 个小学区。这样，根据《学制》的规定，学区是日本明治时期的教育行政单位；此外，府县等一般行政单位也被认为是教育行政单位。所以，此时日本的地方教育行政形成了大学区—中学区—小学区体系，在全国则形成文部省—府县—中学区—小学区体系。从这个学制来看，其教育行政管理的中央集权制和学区制的思想取自法国，而单轨制的设想则来自美国。这个学制在执行过程中，由于不尽符合日本当时的实际，文部省在 19 世纪七八十年代曾反复做了修改。1879 年颁布的《教育令》和 1880 年颁布的《改正教育令》在《学制》的基础上，进一步强调接受教育不是个人的权利，而是像服兵役那样，是为实现"富国强兵"的目标服务的，是国民必须承担的义务。此后几年，随着明治政府改革官制和政制，实行内阁制和君主立宪制，"文部大臣掌管有关教育、学术的事务"得到确认，其主要的权限是：制定小学校教学大纲，规定每周授课时数，决定节假日，审定教科书，制定有关人事规则、服务规则、惩戒规则等。与此同时，随着日本地方自治制度的完善，明治政府通过有关法令也明确规定了府县知事、郡长和市町村长的教育管理权限。

　　明治维新后，日本迅速发展，到 20 世纪初，日本已进入了帝国主义阶段。日本自身的封建性和军国主义，决定了教育的发展方向。20 年代日本走上了法西斯的道路，使教育体制开始向军国主义教育体制过度。到了第二次世界大战时期，教育已经完全沦为战争的工具，学校教育完全崩溃。为推行战时教育改革，全面审查和修订明治时期的教育制度和内容，日本内阁于 1917 年设立了临时教育会议作为内阁总理大臣的教育改革咨询机构；又于 1924 年成立了文政审议会，该机构在内阁总理大臣的监督下，调查、审议、制定了一系列军国主义（又称国家主义）教育政策，将军国主义和皇道精神的教育渗透到各级各类教育中去；1937 年 12 月，日本政府又设置了总理大臣的教育咨询机构——教育审议会，审议战时的教育制度和教育内容。随着战事不断失利，日本放弃了义务教育，实行学生战时动员体制，全面适应战时教育体制，原有的教育行政管理体制被打破。

　　教育督导是日本加强教育行政管理的重要手段。[①] 从明治维新到第二次世界大战，日本逐渐形成了与其各个时期教育行政管理体制相适应的、具有极大权限的、系统的教育督导制度，通过权力监督教育，对自上而下颁定的各种管

[①] 参见袁锐锷《外国教育管理史教程》，广东高等教育出版社 1998 年版，第 210 页。

理原则和教学要求负责，确保国家意志和天皇的《教育敕语》的贯彻执行。除了督学执行以上职能外，督学局还设有大视学、中视学和小视学，负责巡视各大学区，监察学事。此后，各中学区设置了"学区取缔"，约 10 名，每人分管 20 多个小学区。这样，日本在短期内便建立起由督学、视学和"学区取缔"构成的督导系统。其中，督学和视学属中央政府的行政官员，"学区取缔"为地方政府的行政官员。从 1899 年起，各府县除设视学外，还设置了视学官。1913 年，视学官易名为教学官。1937 年，增设督学官，监督学校教学。1942 年，又将教学官和督学官统一为教学官。

按 1872 年《学制》规定，日本应设 8 所大学，当时因种种阻力未能兑现，只于 1877 年建立东京大学一所，为日本现代高等教育的起步。1918 年，日本颁布《大学令》，强调大学的任务是向学生传授国家所需要的知识，拥护日本国体的国家主义等。《大学令》颁布后，高等教育机构得到了较快的发展，专科大学增加到 12 所，公立和私立大学增加到 30 所。高等教育行政方面的许多重大事项，如经费、人事、教师待遇、招生人数等均由文部省决定。在两次世界大战期间，日本不仅大力增加了高等学校的数量，调整了大学的专业设置和教学内容，而且把高等教育完全变成日本军国主义侵略扩张的工具。

（三）"二战"后的教育行政管理

"二战"后，日本的 U 型学校教育完全崩溃，在美国的控制下，日本政府开始对日本的政治、经济、教育等方面进行改革。颁布了《教育基本法》，引发了日本近代教育史上的第二次教育改革，已建立与政治经济相适应的资产阶级民主化的教育体制。

1948 年国会通过决议，废除统治日本教育达 50 年之久的《教育敕语》，从而建立了日本民主教育制度必须遵守的几条管理基本原则：法律原则（有关教育的重大事项通过法律加以规定）、民主行政原则（按照民主的原理实施行政管理）、中立原则（指教育不服从不当的统治，而直接对全体国民负责）、条件完善原则（指教育行政的目的应为完成教育任务而努力完善各种必要条件）、地方分权原则（指把教育作为各级地方公共团体，即都、道、府、县、市、町、村的固有事务，按照地方自治的考虑，实施教育管理）等。据此，战后初期日本教育行政管理的改革路向是由中央集权制改为非集权形式，文部省相当大的一部分权力移交给了地方教育行政管理部门，课程设置和教材不再由政府决定，而改为根据学生的发展阶段和个性以及所在地区的社会生活来确定。这样，文部省从过去一个发挥监督和控制作用的机构转变为一个指导、服务和提供建议的中央教育行政机构，其内部组织结构也相应改变了。

在经济大发展的情况下，日本各产业部门对人才的需求不断加大，这使得与经济发展联系密切的职业教育受到政府重视，并于1951年颁布了《产业教育振兴法》，促进职业教育的发展。1952年，日本修正《文部省设置法》，制定了《文部省组织令》；1953年，又制定了《文部省设置法施行规则》等法规，这些教育法规重新加强了文部省的权力。1958年，文部省在"发展科技"的口号下，彻底修订了"学习内容"，推行标准课程，同时加强了对教育的控制。显然，日本教育行政管理中的地方分权趋势已减弱，在经历了整整一个世纪的反复改革之后，日本形成了以中央权力和地方权力相结合为特征的教育行政管理模式，并以立法的形式制定了一整套的章程和规则，明确规定中央与地方的教育管理机构各自的权限和职责范围，各级权力机构各自行使自己的权力，各司其职，并行不悖。

总的来说，日本现代教育管理制度在本质上是地方分权的，但是由于文化传统和特定历史时期的影响，中央一直在教育管理上发挥着重要的作用。自20世纪50年代以来，日本一直实行的是中央与地方合作的教育管理制度。日本中央一级的教育行政机构包括内阁及内阁总理大臣、文部省及文部大臣。日本宪法规定：日本的最高行政机构是内阁。关于教育的国家一级最高行政权也属于内阁，其具体权限包括：制定法律所需的政令，在内阁会议上决定有关教育的法律案、教育预算案，决定重要的教育政策，等等。内阁会议由总理大臣主持，总理大臣在教育行政上的主要权限是向国会提交在内阁会议上决定了的教育法案和预算案，以及任免文部大臣并对其进行指挥和监督。在中央一级，实际主持教育行政工作的是以文部大臣为首长的文部省，其管理权限在《文部省设置法》《学校教育法》《关于地方教育行政的组织及其运作的法律》中有明确的规定，归纳起来主要是：在一般教育行政方面，对振兴教育、学术、文化等实施调查和制定规划，编写专门资料等；在学校教育事项方面，设定学校设置标准、教育课程标准，审定教科书，向义务教育学校（含私立学校）无偿提供教科书，对国立学校的经营进行指导和咨询；在地方教育行政事项方面，对地方教育行政组织及其经营进行调查，制定规划，向他们提供指导和咨询并对有违法令和不适当的行政行为采取必要措施；在对外关系上，进行教育的国际交流与合作；在内部组织方面，文部大臣负责归总整个国家的教育行政事务，可依法发布省令、告示、训令及通知等。另外，根据《文部省设置法》，在文部省内设置了审议会（即咨询机构），主要有：中央教育审议会理科教育与产业教育审议会，教育课程审议会，教学用图书（教科书）调查审议会，教师培训审议会，大学设置审议会，学术审议会，社会教育审议和私立大学审议会等。这些审议会根据文部大臣的指示进行调查审议，也对文部大臣进行审议。

地方一级的教育行政，分为都、道、府、县和市、町、村两级，其主要的教育行政机构分别为都、道、府、县知事和与之相应的教育委员会，市、町、村长和与之相应的教育委员会，同时各级议会也与教育行政有关。地方议会是由经选民选举而产生的代表所组成的地方立法决策机构，在教育方面其所具有的主要权限是制定条例，决定预算，决定有关学校征收学费、入学金等议案，批准对教育委员会委员的任命等。都、道、府、县知事和市、町、村长作为地方政府的最高负责人，在教育行政方面拥有的主要权限是：管理都、道、府、县立大学和市、町、村立大学；批准私立大学的设置或停办，对私立学校进行援助等；任免教育委员会委员；向议会提出有关教育的预算案和条例等；取得教育资金，执行处理预算。教育委员会是一种合议制行政委员会，它由多名成员组成，表决时需得到全体成员的一致通过或多数人赞成才能做出决定。基于尊重教育自主性的原则，教育委员会独立于一般行政，即它对地方议会和地方行政长官具有相对的独立性。教育委员会是无党派性的行政机构，为确保教育的政治中立，教育委员会中不得有半数以上的委员同属一个政党，同时，禁止委员从事积极的政治活动。其职责是主管有关地方公共教育事务中属于地方行政长官权限之外的所有教育事务。

日本教育经历过三次重大改革（明治维新时期、"二战"后以及20世纪70年代），前两次教育改革都是以学校教育为中心开展的。第一次是为了追赶西方国家，建立起国家主义的近代学校教育体制。第二次是在美国的指导下，建立起平等的单轨制学校教育体系。第三次是以终身学习为基本精神，建立起以终身学习为基轴的教育体系，在这个体系中，学校不再是唯一的教育机构，而是一个学校、家庭和社区融为一体的教育体系。

第二节 近现代外国的学校管理制度

走出封建统治的欧洲诸国以及亚洲的日本等国，将宗教势力逐渐从学校管理中分离开来，在学校教育内容上更加注重现代科学知识的传播和普及。随着学校在国家发展中重要性的日益突出，学校自身的功能、层次、内容等更加完善，近代学校管理开始建立并完善。

一、近现代英国的学校管理

英国是一个受封建传统思想禁锢深重的国家。在封建时代，教育是特权阶级（贵族及僧侣）所专属的一种权利，教育的领导与管理权则主要由罗马教廷属下的英国天主教教会所控制，直至16世纪宗教改革后，英国的学校教育转归英国国教掌管，教育在之后的几个世纪中一直被视为宗教教派活动或民间事务，英国政府对此不予过问。随着资本主义大工业的发展，为了适应工业发展对劳动力素质所提出的教育要求，19世纪30年代英国政府才开始干预教育，并在随后的20世纪初形成了从中央到地方的教育管理系统，同时确定了由国家统一领导与地方分权并存的教育领导体制。

近代以来，英国双轨制教育体制特点鲜明。在整个近代教育史上，英国初等教育的对象都是劳动人民子女，初等教育历来属于宗教、慈善事业，而富人家庭则均聘请家庭教师对子女进行教育。1870年"初等教育法"颁布后，政府才广设公立学校，逐渐普及初等义务教育，一般劳动者的子弟从中受到的宗教教育和粗浅的文化教育，是不足以升学的。中等教育为升学做准备，它有自己的预备学校，是达官贵人和富裕家庭的子弟求学的轨道，以文法学校、公学和牛津、剑桥等古典大学为主体。19世纪以后其他形式的中学、大学以及师范教育才适应社会的发展需要而陆续发展起来。在这300多年时间里，特别是在后期，英国教育的宗教性和古典主义、经院主义虽然渐渐有所削弱，但仍然是英国教育的一个显著特点。它们作为封建势力在教育上的反映，使英国教育在很长的历史时期里与资本主义经济的发展不相适应，这是英国后来落后的原因之一。①

（一）初等学校的管理

在英国的封建历史中，教育是将贫民子弟排除在外的一项属于贵族、高级僧侣及上层社会家庭的子弟的特权。16世纪宗教改革之前，英国的初等教育主要由教会开办。贫苦家庭的儿童主要是在天主教堂附设的读经班或唱诗班里进行一些初步的阅读、唱歌、读经的活动。宗教改革时期，天主教与新教各派为了争取群众，都对初等教育给予了较多的重视。宗教改革之后，新教成为英国国教，天主教的僧院学校均被停闭，国教开始创办由各教区负责的一些简陋的教区学校，这种学校接纳穷人子弟入学，教学多用英语，仍以《圣经》为

---

① 参见袁锐锷《新编外国教育史纲》，广东高等教育出版社2005年版，第97页。

主要学习内容,是英国初等教育学校的最初形式。1662 年,英国国会通过一项教育法令,确认国教教会对初等教育的控制。述及英国初等教育的发展时,应该提到英国国教成立于 1699 年的"基督教知识促进会"和 1814 年成立的"国外福音宣传会"。这两个团体在促进英国贫苦家庭儿童的初等教育方面做出了重要贡献。基于宗教宣传的需要,这个两个团体分别开办了许多招收贫苦家庭儿童的慈善性质的学校,这种方式此后被各地的慈善家们仿效,"乞儿学校""劳动学校""贫民日校"等许多慈善学校就此在英国办起来了。1781 年传教士雷克斯首创一种让贫苦家庭儿童在星期日学习教义和简易读写的班级,到 1795 年,全英已有 1012 所星期日学校。这一时期最有代表性的私立初等学校是"普通私立学校"和一种由老年妇女在家中开办的"妇女学校"。但是以上所有这些由教会、民间慈善团体或私人开办的初等学校都存在一个共同的问题:学校办学条件和师资水平问题突出,在这种恶劣条件下,贫苦家庭儿童离校后大多不能进入中等学校继续学习。

18 世纪末 19 世纪初的英国初等教育一直是一种慈善事业,在师资和办学环境等方面问题重重,为了克服初等教育的困境,许多慈善学校都在学校中进行调整,导生制学校和幼儿学校就是此时在英国出现的两种属于慈善事业的典型代表。

导生制也称相互教学制度（monitorial system）,它由传教士贝尔（Dr. Andrew Bell）和兰卡斯特（Joseph Lancaster）所创,故而又称"贝尔-兰卡斯特制"。其基本方法是,教师先在学生中挑选一些年龄较大且学业成绩较佳的学生充任导生,预先对其教学,然后由他们去教其他学生。导生制之所以盛行是源于师资匮乏的困境。但是,导生制的缺陷也是显而易见的,它仅仅适合于循规蹈矩和机械化的教学,不利于教学质量的提高。[①] 它在英国盛行近 30 年,对后来英国初等教育制度的形成有很大影响,对欧美其他国家也有影响。

幼儿学校（infant school）是 1816 年罗伯特·欧文（Robert Owen）在英国的纽兰纳克为工人子弟创设的一种教育机构,也是英国第一所学前教育机构。经过欧文的理论宣传,形成了"幼儿学校运动",在社会的强大压力下,英国政府不得不于 1834 年通过了第一个"工厂法",其中要求凡在工厂劳动的童工每天应在工作时间内接受 3 个小时的教育,学习读、写、算和基督教原理。欧文坚信环境和教育决定论,认为"人类的天性是相同的……通过审慎的训练,世界上任何阶级的幼儿都可以容易地转变成另一个阶级的成人"。

[①] 参见戚万学《简明中外教育史》,山东人民出版社 2010 年版,第 221 页。

19世纪下半叶，英国基本上完成了产业革命，为了满足技术革新对提高工人教育水平的要求，并确立国家对初等教育的全面控制，1870年英国国会正式颁布了《初等教育法》（Elementary Education Act），又称《福斯特法案》（Forster Act）。《初等教育法》重申国家对教育的补助和监督，在各学区设立国民学校（小学），承认教会学校为国家教育机关的一种，但要求学校中的世俗科目与宗教分离。1880年英国政府规定初等教育为强迫教育。到1891年，开始实行初等教育免费的规定。至此，英国初等教育制度基本形成并为国家所控制。一般初等教育为6年，也有的为8年或9年。6年的毕业后可进高小，8年的毕业后可进职业学校或师范学校，这是劳动人民子女受的那一类教育。

（二）中等学校管理

双轨制传统下，英国的中等教育向来为统治阶级的子弟所独享，在英国资产阶级革命到产业革命这段时间里也是一样，而且其基本形式仍然是文法学校和公学，只是中等教育的对象逐步扩及资产阶级的子弟。

文法学校的历史相当久远，可以上溯到古代罗马的时代，它的名称是在1387年正式确定下来的，学校主要的教育目的是让学生掌握拉丁语。这种学校多为天主教会及传教士所建立，宗教色彩很浓，强调学习古典语言和文法，教学上使用拉丁语，其毕业生一般进入牛津大学与剑桥大学，或者成为一般的官吏、医师、法官和教师等。此外，市镇还建立了一些简易文法学校。1558—1685年，英国至少建立了358所新文法学校。中世纪文法学校的许多特征保留到近代初期，如一间教室、一个教师（或由一个助理教员协助）、学日长和盛行体罚等。文法学校重视古典知识，轻视实科知识。英国工业革命以后，文法学校的培养对象从原来的贵族、僧侣子弟扩展到大工业家、大商人、乡绅等阶层的子弟，自费入学，也有少数比较贫穷的工人子弟进入文法学校学习。[①]文法学校在资产阶级夺取政权以后仍然得到发展，由于学生主要是自费入学，因而，当时处于社会底层的劳动者子弟入学仍然不普遍。文法学校后来曾由清教徒移植到北美，殖民地时期北美的拉丁文法学校就是按这种模式建立起来的。

公学实际上也是一种文法学校，而绝非"公立学校"的简称，它是专为上层社会子弟，尤其是贵族后代服务，培养统治阶层中坚人物的私立寄宿学校。"公学"是相对于延聘家庭教师的教学而言，强调这种学校是由公众团体集资兴办，其教学目的是培养一般公职人员，其学生是在公开场所接受教育。

---

① 参见周采《外国教育史》，华东师范大学出版社2008年版，第137页。

最初是由国王设立的，后来由私人或公众团体集资兴办，并受到教会的支持，学校办学条件优越，但学费极为昂贵。公学也主要进行古典文科教学，教学中重视宗教课程和集体的宗教仪式活动。公学的教学质量较高，为英国培养了不少政治、经济领袖人才，因而总以天才教育为目标，被称为"英国绅士的摇篮"。

到19世纪，英国的中等教育学校与初等教育仍不衔接（中学之前有预备班），是有产阶级子弟受的那一轨教育。此时英国中学的类型主要有四种：除原来的公学与文法学校外，出现了新的私立中学，此外还有一些由地方税款维持的学校。公学和文法学校比较保守，仍然把主要精力放在古典语文和古典著作上，但学术地位很高。私立学校为适应资本主义工商业发展的需要，比较重视自然科学的讲授，但办学者多以盈利为目的，一般教学水平不高。

1872年以后，英国政府鼓励学校重视科学，对能开设3年自然科学课程的学校给予特别的补助，于是实科学校、技术学校以及理科班级都发展起来。公学与文法学校也稍许增加了一点实科的内容，减少了古典和神学的内容。

1918年的"费舍法案"着重要求各地方当局大力发展中等水平的学校，广泛开办技术学校、夜校、艺术学校、商业学校以及家事学校和附设于工业学校的二年制工业、商业专修班等。这样，在当时"普及中等教育"的口号下，英国的中等技术学校、中等职业教育学校大有发展。同时，还出现了一种新的中学——现代中学，但这种中学水平很低，其毕业生是不准参加大学入学考试的。上述这些学校的学生多为劳动人民子女。富裕家庭出身的青年仍然经过家庭教育或预备学校升入公学和文法中学，为将来升入大学做准备。显然，这一时期的英国教育仍实行双轨学制，由于在当时的许多资本主义国家中，在不同的学制轨道上学习的青年和儿童有着明显不同的经济背景，因而这种学制受到了多方面的批评。

英国现代学校管理制度是在1944年《巴特勒法案》中确立的，随后经1986年和1988年两次教育改革法的修改，逐渐成形。《巴特勒法案》根据经费来源的不同，将学校分为郡立学校、民办的志愿学校、独立学校等。其中，公立学校由中央和地方教育当局以及有关的团体共同管理，民办、私立学校在学校内部管理方面的自由度大于公立学校，学校自主权的大小与受政府资助的多寡成反比。

英国的中小学管理在历经20世纪七八十年代的各种改革浪潮后，逐渐形成了如下的发展模式：①实行董事会决策的民主制与行政上校长负责相结合的学校内部管理体制；②校长为学校的最高行政长官，学校运行的指挥者、组织者，也是校董会的当然成员；③在校长之下设若干副校长或校长助理，协助校长管理学校某一方面的具体工作。

（三）高等学校管理

17 世纪，英国高等教育的主要形式仍然是建立于中世纪的古典大学，其中最著名的要属创建于 1168 年的牛津大学和创建于 1209 年的剑桥大学。剑桥大学（Cambridge University）于 1209 年从牛津大学中分出。这两所大学"比英国国家还老"，主要教学内容是古典文科和神学。这两所大学都由多学院组成，教学大多采用导师制。它们最初都是由城市中的学者与学生团体组织而成的学术机构，并非近代学制中的初等教育、中等教育之上的高等教育阶段。后来它们虽然受到宗教的束缚和教会的控制，但毕竟为英国的学术繁荣、教育发展和社会进步做出了一定的贡献。这两所学校逐渐发展成由多所学院组成的大学，到 18 世纪已各自拥有约 20 所专业性学院，教学上大多采用导师制。

英国资产阶级革命后，大学的学生仍以上层社会的青年为主，17—18 世纪牛津大学和剑桥大学的学生大多数来自贵族、官吏、军官、大商人以及牧师、医师、法律家的家庭，一般职员、小商人和富裕的自耕农的子弟寥寥无几，属于下层社会的青年更难入学。此时，这些大学的教学内容仍然以古典文科与神学为主，但是到了 19 世纪末 20 世纪初，受培根唯物主义哲学和牛顿科学成就的影响，两所古典大学开始设立自然科学的讲座，牛顿就曾亲自担任过数学讲座的教授。

19 世纪以来，英国资本主义随着工业革命和殖民地的扩张而不断发展，英国古典大学的管理思想和管理方式已不适应形势发展的需要，由此催生了伦敦大学等新型大学。同时，由于非国教派教师受到古典大学的排斥，所以，许多具有自由主义思想的非国教派人士、重视科学发展的世俗学者以及一些工业资本家中的开明人物，都有建立新大学的强烈愿望，形成了建立新大学的思潮，于是英国开展了"新大学运动"。

1825 年，著名诗人汤玛斯·凯杏贝尔提出了建立一所"大伦敦大学"的设想，要为富裕的中层阶级子弟建立非寄宿制的、有专业分科的、费用低廉的大学，与贵族、教会控制的古典大学相抗衡。1828 年，他用募捐来的 15 万英镑在伦敦建立了具有民主主义、自由主义精神的第一所高等学校——"伦敦大学学院"，拉开了"新大学运动"的序幕。[①]

到 19 世纪末，伦敦大学已成为一个拥有近百所学院的巨型大学系统，学生人数居英国大学之最。它在管理上将大学和学院的关系建立在"散漫的邦

[①] 参见赵慧君、李春超《中外教育史》，吉林人民出版社 2004 年版，第 257 页。

联"上，各学院有很大的自主权，在财产管理、教学行政、人事、招生等方面都实行自治、自主，大学主要是组织考试和授予学位，学生一般都实行走读制，以课堂教学为主，也提供部分宿舍。继伦敦大学之后，英国在人口密集的工业城市相继兴建起来的市立学院，也逐渐完善了自己的内部结构和管理，从而在19世纪末20世纪初先后取得了完全大学的地位，成为英国的新大学。

第二次世界大战以后，英国的经济曾一度得到振兴，原有的古典大学和20世纪初建立的新大学都无法满足社会对高等教育日渐增加的需求。"1944年教育法"鼓励地方办学，责成地方教育当局建立和维持郡立学院，为本地区受完义务教育后不能升学的在职青年提供接受继续教育的机会。因此，各地政府从地方税收中拨出款项，兴办了一批讲授高等教育课程的教育机构。原来的地方大学，如利物浦学院等都陆续改为大学，发展成为高等科技学校。伦敦大学规模更大，拥有30多个学院，主要培养高级科技人才。古典大学，如牛津大学、剑桥大学等，则仍然处于英国大学系统的金字塔顶端。

1963年罗宾斯高等教育报告中提出高等教育要向大众化、职业化和终身教育方向发展，要通过同时发展正规的大学和地方举办的公共类高等学校这两种并行的高等教育制度的途径发展英国的高等教育。这样，英国的高等教育事业迅速发展，尤其是地方举办的教育学院和多科技学院更加如雨后春笋般地涌现。20世纪六七十年代英国高等学校管理的主要状况可以归纳如下：

（1）正规大学有开设课程权和学位授予权；公共类高等学校开设的课程须经全国学位授予委员会审查批准，它也没有学位授予权，其毕业生由全国学位授予委员会审查授予学位，或者由伦敦大学按校外学位管理。

（2）中央政府对大学的资助，通过大学拨款委员会直接分配经费至大学，每5年分配一次，由大学自行安排使用；公共类高等学校的经费由中央和地方共同负担，中央的大学拨款委员会给这类学校的拨款一律通过地方教育当局统筹安排。

（3）大学实行自治；公共类高等学校受地方教育当局管辖，其人事、财政等管理受到诸多约束。

（4）大学主要是全日制办学，而公共类高等学校则全日制、部分时间制、工读交替制并举，而且以部分时间制为主。

（5）大学实行教学与科研并重，以培养学术性高级人才为主；公共类高等学校实施职业性教育，以培养工程技术、中小学教师等中级职业技术人才为主。

1980年后，英国的人口出生率下降，大学的适龄青年减少，同时期英国经济出现衰退现象，导致政府一方面大幅度削减对高校的拨款，控制高等教育规模；另一方面又期望高等学校能够提高管理效率和教育质量，为振兴英国经济做出贡献。在此背景下，《1988年教育改革法》应运而生，并对英国的高等教育管理提出了若干改革措施，其主要内容包括：将部分原属地方管辖的多科技术学院和规模较大的独立学院脱离地方教育当局的管辖，使其具有法人独立地位，赋予其自治权，以使各校充分发挥自己的优势，调整专业设置，自主地使用学校资源，提高教育质量，争取更大的办学效益；将中央的大学拨款委员会改组成为两个基金委员会，即负责大学经费分配的"大学基金委员会"和负责对多科技术学院及其他独立学院分配办学经费的"多科技术学院和学院基金委员会"，并改拨款制度为合同制度；脱离了地方教育当局管辖的学院，成立董事会，董事会不少于一半的成员是用人单位和当地工商实业界的领袖，地方政府成员不占优势，旨在密切学校与企业的联系，有利于为当地经济发展服务和争取当地实业界的支持。

从英国高等教育的发展历程可以看出，英国的高等教育是与生产和科技进步同步的，从古典大学发展至今形成了多种形式、多种类型的高等学校体系。基于政府对高校的教学和管理自主权的尊重，加上英国的高等学校索有教授治校和自主管理的传统，英国高校在其管理体制上表现出鲜明特色。各校都根据自身的特点和发展需要，设置自己的内部管理机构，制定本校的规章制度，政府也不要求建立统一的高校内部管理模式。英国高等学校的内部管理可概括出如下若干显著的特点：

（1）校一级注意建立适合自治需要的权力结构。英国高等学校除部分由地方教育当局管辖者外，都有自治的传统，因此一般都设有负有立法职能的学校最高权力机构、最高行政管理机构和监督、咨询、审议机构。

（2）实行校、院、系三级管理体制。除独立学院外，在大学的三级管理系统中，校长、院长、系主任分别为各级的行政首长，但英国的大学校长大多是名誉制、终身制，所以实际的行政负责人是副校长，由董事会从学术委员会中选举产生。院级行政领导机构为学院委员会，由各系主任和教授组成。系级行政机构为系务委员会，由该系全体教学人员组成。

（3）充分发挥师生参与学校管理的作用。英国高校的各项管理工作主要由教学人员兼任，尤其是教授，他们在学校的各级领导岗位和管理部门中占据了多数的和重要的位置，对教学、科研和管理诸方面都有举足轻重的发言权。学生也参与学校的管理，他们可以列席参加学校的行政会议和学术委员会的会议，并有权代表学生发表意见。

（4）行政管理职能部门精简高效。由于主要依靠师生参与管理，发挥各种委员会的作用，加之后勤服务社会化，所以，英国高校的管理部门精简，专职管理人员不多。

二、近现代法国的学校管理

（一）中小学校管理

自从 16 世纪宗教改革以来，新兴资产阶级和封建制度的矛盾一直突出地以宗教斗争的形式表现出来。新教教派，如胡格诺派和詹森派等，受到天主教会和封建专制政府的残酷迫害和劫夺，被迫奋起反抗，同时资产阶级对天主教神学思想和封建专制制度，包括封建教育展开了尖锐激烈的批判。在这个斗争过程中，斗争双方始终把教育当作影响儿童和群众的重要手段。16 世纪下半叶，法国爆发了前后持续 30 余年的胡格诺战争（1562—1594 年），它不仅是法国国内的一次宗教战争，也是法国新教贵族同天主教贵族争夺王位的战争。战争后期，亨利四世背叛新教，改奉天主教。1598 年，他宣布天主教为国教。天主教的各个团体大都积极举办学校教育。

17 世纪至 18 世纪大革命前，法国的初等学校一直是教会对儿童进行宗教教育的场所，管理权完全控制在教会和封建贵族手中。法国的小学是一种单独的机构，与中学不衔接，不以培养学生升入中学为主要任务，初等学校也没有统一的教学计划。尽管如此，作为一派新教，詹森派在办学方面还是进行了一些改革。詹森派学校不同于天主教，尤其是耶稣会的学校，它们重视数学、地理、历史的教学，强调学习本民族语言并用民族语言教学，注意采用实物教学和进行练习，着意发展学生的智力，要求教师以温和的态度对待学生。这在当时的法国是一种进步的现象，可惜它只存在了 20 多年，到 17 世纪 60 年代就被耶稣会派封闭了。不久，法国天主教神甫拉萨尔创立"基督教学校兄弟会"，开办了许多免费的初等学校，目的是对抗新教的办学活动，维护主教的势力。但是这类学校顺应当时教育的发展趋势，采用了一些新的做法，如识字教育从学习法语开始，然后再学拉丁文；按儿童能力分组，每组由教师在同一时间内用同一教材进行教学等，但仍保留着严厉惩罚学生的方法。该会所办的学校在法国当时的初等教育方面占据统治地位，它们创办于 1684 年的训练初等学校教师的讲习所是欧洲最早出现的师范教育设施。[①]

天主教所属的耶稣会特别重视中等和高等教育，耶稣会在全国开设了许多中学和大学。这一时期，法国的中学主要是耶稣会中学等。耶稣会中学以组织

---

① 参见袁锐锷《外国教育管理史教程》，广东高等教育出版社 1998 年版，第 83 页。

管理严密、设备完善和训练严格著称。每所学校都有严密的组织,教学设备良好,教学质量很高,在当时很有影响,吸引了大批贵族和中产阶级的子弟。到18世纪中叶,耶稣会的学校遍布欧洲各国,如比利时、德国、荷兰、奥地利、波兰、匈牙利等。学院(相当于中学)217所、神学校55所、教学实习学校24所、教会160个,仅在法国就有92所学院。这种中学在前4年学习法语而不学拉丁文,高年级学习拉丁文而不学希腊文,拉丁文的教学不重文法而重阅读原著,注重历史教学,加强数学以训练思维,增加实科方面的内容,使物理、化学在课程中占有一定的地位。圣乐会的教育活动一直持续到法国资产阶级革命时期,对法国的中等教育有一定的影响。

1789年,法国爆发了资产阶级革命,这是一次具有深远意义的革命,不仅决定了法国历史的发展方向,也对法国和欧洲教育的发展产生了重要的影响。从此,法国资产阶级积极改造旧教育,逐步建立起符合资本主义发展需要的近代教育制度。在法国大革命中先后上台的立宪派、吉伦特派和雅各宾派都十分重视国民教育问题。在教育改革方面他们提出了20多个教育方案,其中,康多塞的《国民教育组织计划纲要》和雷佩尔提出的教育方案最具有代表性,集中反映了新兴资产阶级对国民教育的要求。

1799年,拿破仑建立了法兰西第一帝国。为了巩固法国资产阶级革命成果,拿破仑在进行一系列政治、经济和军事改革的同时,在教育上实行高度中央集权的领导体制。但此时国家只将全国的中学管理权收回,由帝国大学统管,而初等学校直到1833年的《基佐法案》通过后才受到国家政府的关注,至于初等学校正式接受国家管理则是19世纪80年代初《费里法》颁布后的事情。及至1886年和1887年的教育法案的公布,法国小学的课程计划和课程标准才有了统一的规定。大革命后,特别是第一帝国时期,法国的中学得到了较快的发展,当时法国的中学主要有两种,即中央政府设立的国立中学和地方自治机关设立的市立中学,中学与大学衔接,最初中学一般修业6年,自然科学不受重视。到了第二帝国(1852—1870年)初期,中学仍分国立中学与市立中学两种,修业8年,但教学内容上的古典主义逐渐有所改变,从1852年起实行文、实分科,到1865年又改办实科性质的中学,可是这种学校的地位低于文科中学。

19世纪末的法国学校系统是充满等级色彩的双轨制:一轨是母育学校—初等学校—高等小学或职业学校,学生多为下层家庭子弟,毕业后成为劳动阶级的后备军;另一轨是家庭教育或中学预备班—中等学校(国立或市立中学)—大学或高等技术学校,受教育者多为富家子弟,毕业后成为法国中上层统治人才或技术精英。①

法国的双轨学制一直持续到20世纪初,要求改革法国教育体制的运动是在1919年由"新大学同志会"的教师发起的。他们呼吁全面改革法国教育制度,并把主要矛头指向双轨制,认为它是产生阶级差别的土壤,影响了政治和公民平等的真正实现。他们的方案要求建立一种"统一学校",这种统一学校具有初等和中等教育的共同基础,它根据学生的能力与倾向向所有儿童开放。1933年法国开始实行中学免费,但是此时这种受教育的机会实际上只是形式上的平等,大多数劳动人民的子弟由于家庭的经济以及文化背景等原因,仍然很难通过中学、大学受高深的教育。

20世纪80年代法国的学制中,中等教育阶段具有结构多样、灵活、普通教育和职业技术教育相互渗透和结合的特点,它分初中和高中两个阶段来实施,其中初中学制4年,前2年称为"观察阶段",采用统一课程和教材;后2年为"方向指导阶段"。学生分为AB两组,A组面向普通高中或技术高中;B组多数进市立技术中学。高中阶段为3年,分为普通高中、技术高中和职业高中。

由于法国自拿破仑执政以来在教育上一直实行高度中央集权的行政管理体制,全国中小学执行同一项教育政策,学校内部的教学、人事和财务管理大致相同,因此,全国中小学的管理机制和运行状况基本一致,校长的自主决策权很小,大多扮演执行者的角色。

目前法国的中小学内部管理体制基本上是一长制,即校长对学校全面负责,同时又实行民主参与,由教职工、学生及其家长、社会知名人士等组成各类机构,监督、审议学校各方面的工作,并为校长提供咨询。就小学而言,一般每校设校长1名,校长在省督学的直接领导下,负责学校的行政管理和教学组织工作。参与学校管理的三个委员会分别是:

(1) 教师委员会,由全体教师组成,校长领导,对学校的日常工作及校内生活管理提出批评和建议。

(2) 家长委员会,由学生家长的代表组成,校长一般不参加该委员会的会议,该委员会主要是向学校反映家长们对学校各方面工作的意见或建议。

(3) 学校理事会,由前两个委员会的成员联合组成,校长任理事会主席,其主要职责是研讨校规、教师与家长的联络方式、班级人数、学生上学交通、学校清洁卫生和食堂管理、课外活动等问题。

校长一般是根据自愿的原则,通过审查档案和面试的方式,从小学的在职

---

① 参见周采《外国教育史》,华东师范大学出版社2008年版,第338页。

教师中挑选，最后报请学区批准并任命。校长的职责主要是：安排教师的教学任务，确定每个教学班级的学生人数，协助教师搞好教学，统筹教学设施的使用，监督学校纪律的执行，定期向学区总长提供有关本校管理与教学情况的报告，负责协调学校与所在市（镇）的关系等。

法国的中学有严格的管理制度，学校设校长1名，领导学校的行政和教学工作，校长具有既代表国家又代表学校的双重权力。初中设副校长1名，高中设教导主任1名，分别作为校长的副手协助工作。另外，中学还设有1名负责学生日常教育和生活管理的教育顾问，1名负责对学生进行学习方向指导的"方向指导顾问"以及总务主任、图书资料员、校医、实验人员等。参与学校管理的各种委员会有：学校理事会、教师理事会、家长委员会、班级委员会（由教师、家长和学生代表组成，负责对本班级各方面工作提出意见或建议）等。中学校长由在职的有威望的教师担任，须经学区考察并推荐，上报国民教育部，由教育部长任命。中学校长的主要职责是：领导学校理事会的工作；制定和执行学校的预算以及学校内部有关的规章制度；统筹学校的人事安排，分配教师的工作并考察其能力与教学；统筹使用学校的教学设备，保证学校环境的整洁以及学校财产和教师的人身安全；组织对学生进行方向指导，对违反校规的学生进行惩处；承担一定的教学任务，做教师的楷模；根据国民教育部的指令，决定学校是否参与地方的继续教育事业等。

自20世纪80年代以来，随着法国教育行政管理体制改革的逐步展开，地方的教育行政权和学校的自主权逐步在扩大。法国的学校管理正在进行一系列新的改革尝试，目的在于提高学校内部的管理效率，其主要的改革措施有：加强学校与地方的联系，地方政府行政负责人参与学校理事会的工作，密切学校与企业界的联系和合作；进一步发挥学生家长代表和教师在学校管理中的作用，扩大家长委员会和教师理事会的权限，进一步重视学生的要求和建议；更加突出校长在学校管理中的作用，校长不再只是对地区和中央的上级负责，而是要从周围环境的需要和可能出发，考虑如何提高所管理的学校的教育和教学质量。

（二）高等学校管理

中世纪的法国高等教育完全由教会控制，经院主义色彩十分浓厚。17—18世纪，法国的高等教育仍掌握在天主教会手中，保守势力极为顽固，新教和进步思想受到排挤。巴黎大学是欧洲最古老的大学之一，是天主教会的精神支柱，它在各大学中居于主导地位。这个时期的法国大学仍然沿袭中世纪的做法，由文、法、神、医四科组成，文科属预科性质。大学的教学内容与中世纪相差无几，陈旧落后。学校收费昂贵，规模不大。①

近代法国的大学以巴黎大学为代表，大多产生于中世纪，到16世纪前后，巴黎大学已经拥有许多所学院，其管理也日臻完善，它颁发的学位，在西欧乃至整个基督教世界都享有盛誉。因此，很多国家都以巴黎大学为模式，创办了自己的大学。但由于大学处在教会严格控制之下，又以经院哲学和神权为自己的办学基础，学术上保守，脱离实际；组织上封闭，不适应思想的进步和科学技术的发展；管理跟不上社会的发展，所以，在17世纪和18世纪，法国的大学便走向衰落。②

1789年法国资产阶级革命以后，法国的高等教育才受到一定的重视，一批高等专业学校才开始出现。18世纪末法国资产阶级革命的胜利，对当时的大学产生了有力的冲击，1791年关闭了巴黎大学所属的学院和学校，1793年取消了法国全部27所大学，当时，法国的大学苦于找不到适当的管理体制，国民公会和督政府便决定建立专业学校。于是，一批高等专科学校便应运而生。这时，法国只有高等专科学校，而没有大学。这类新型的正规高等学校，既有国立的，也有私立的。这些专科学校的共同点是重科技、重实践、重应用，有严格的入学选拔和毕业考试，学生质量高、适应性强，能为新兴的资产阶级培养高等专门人才。高等专科学校的出现，打破了长期以来大学一统天下的局面，从此开始了具有法国特色的高等专科学校与大学并存的历史。

拿破仑建立第一帝国后，为了统一国民思想，按一致的模式培养未来的行政和军事官员，便于1804年至1814年间对法国高等教育进行了法国高等教育史上的第一次重大改革。1806年拿破仑发布命令，决定建立"帝国大学"，并推行高等教育必须遵守的三原则，即"忠于皇帝，忠于帝国政策和遵守天主教戒规"。当时，法国就只此一所"大学"，它既不是13世纪的师生自治性行会组织，也不是后来的几所学院的集合，更不是今天意义上的大学，而是教育行政的首脑机关，其职能相当于现在的教育部，管理帝国一切公立教育。这种情况持续了一段时间，拿破仑后来又支持开办了一批工程师学院，使高等技术教育乃至整个高等教育的状况大为改观。但此时高等教育的发展是不稳定的。此后的60年中，高等学校伴随着政治的变幻，发展历经曲折。

在1885年至1895年间，法国的高等学校又进行了法国高等教育史上的第二次重大改革，施行所谓"中立、义务、免费"三大原则，这才使法国高等学校又发生了一些变化。1879年公立大学在获得国家授权的基础上行使学位

---

① 参见诸惠芳《外国教育史纲要》，人民教育出版社2004年版，第107页。
② 参见袁锐锷《外国教育管理史教程》，广东高等教育出版社1998年版，第86页。

颁发的权利；1880年建立国立中学高级教师职位奖学金；1885年大学获得法人资格，有权接受社会捐赠和资助；1885年将学院理事会和教师代表大会确定为学院的行政管理机构，学院理事会负责学院发展中所涉及的管理、财务、教师聘任及晋升事务等，学院有关教学、科学研究及学生生活的重大事务则由教师代表大会负责。

经过长期、反复的酝酿和准备，法国政府终于在1896年通过法令，宣布每个学区要建立一所大学；大学的教学和财政由校长领导下的理事会负责。这个创举推动了高校内部管理民主化的进程。同时，大学开始重视对理科与技术学科的教学，在内部普遍增设了理学院。于是，在全国第一次出现了17所文、理、法、医四科齐全的综合性大学，有近3万名学生。

进入20世纪以来，为适应社会和经济的发展，法国的高等学校管理通过改革，不断向民主化、正规化和现代化靠拢。20世纪上半叶，法国的经济发展迅速，为了适应经济的发展，法国政府于1956年至1958年间，又对高等学校进行了法国高等教育史上的第三次重大改革。通过改革，又扩建和新建了一批高等学校，主要是应用科学学院和各种类型的工程师高等学校，并开办了高等教育的又一个新层次，即短期技术学院。与此同时，政府又采取措施，为进一步改善学校的内部管理，完善高校本身的管理体制，把大学的教育分成"基础教育""专业教育"和"科学研究"三个相互联系又相互独立的部分，即通常所说的三阶段大学教育体制。另外，政府还规定大学一律免收学费，取消入学考试，并开始尝试为非高中毕业生解决接受高等教育的途径。

法国高等学校由于取消入学考试，免费入学，所以，在高中时要进行毕业会考。通过考试的学生，分别得到高中毕业会考和技术科高中毕业会考文凭，并在文凭上注明其高中学业的方向。然后，根据会考的结果进入有关大学就读。这样，大学与中学互相衔接，保持着密切联系。

进入20世纪60年代以后，法国经济的发展进入了"黄金时代"。因此，高等学校陈旧的管理体制遭到了越来越严重的挑战。为使高等学校的管理体制更好地适应经济、科技和社会发展的需要，法国政府又先后于1968年、1984年和1986年酝酿并进行了三次重大改革。

受政府计划和控制的法国高等教育，课程内容陈旧，考试制度严酷，严重落后于社会发展的需要。1968年爆发的"五月风暴"引发了战后法国高等教育的重要改革。同年11月，议会颁布了《高等教育方向指导法案》即《富尔法案》，该法案确定了三条指导原则，即"自治、民主、多科性"。这次改革，取消了大学里的院、系建制，改其为"教学与科学研究单位"。改革的内容主要是：大学是享有教学、行政和财政自理权的国家机构；在教育部长及大学区总长的领导下，各大学及"教学与科研单位"设立各级委员会负责管理学校；打破以往学科的阻隔及互不联系的传统，发展各学科之间的联系，重新组合各种相邻的学科，创立新型课程。该法案旨在改进政府对大学的控制，使高等教育的专业设置更符合经济和科技发展及国际竞争的需要。经过这次改革，法国的大学很快由 20 多所增加到 60 多所，大学技术学院也发展到 60 多所。1973 年的大学生和教师人数同时比 8 年前增加了 100%，与此同时，巴黎南部还建立了大型高校教学和科研基地。通过这次改革，法国的高等教育在教学方面更加注意专门化和多样化，新学科、新课程不断出现，跨学科教学不断加强，文凭种类不断增多；检查学生知识和能力的方法更加灵活，教学形式多样；继续教育的规模扩大，地位得到了提高。可以说，这次改革较为彻底地改变了旧大学的管理体制，可以作为法国高等教育发展史上的一个里程碑。

20 世纪 70 年代，经济危机席卷西方，与此同时，世界范围内的科学技术都在突飞猛进地发展，此时，法国在经济、科学技术方面的传统地位发生了动摇，其直接后果是法国产品在世界市场上的竞争力每况愈下，严重地影响了法国经济的复苏。社会各界把产生这种现象的原因之一归结于高等学校管理的落后与教育质量的低劣。在这种情况下，当时由法国社会党和法国共产党组成的左派联盟执政的法国政府，为扭转国家当时所面临的种种问题，除了不断调整经济政策外，还寄希望于教育与科技事业的发展，迫切希望通过迅速改善高校的管理体制，提高高等学校的办学质量及人才素质，使法国能更好地迎接日益激烈的国际经济竞争和技术发展的挑战。

1983 年，法国政府根据普洛斯特《关于高等教育改革》报告，强调高等教育要实现"现代化、职业化和民主化"，对高等教育进行了自 1968 年以来最大的一次改革。1983 年 12 月 20 日经国民议会投票通过，1984 年 1 月 26 日由共和国总统颁布执行的《高等教育法》界定了"公共高等教育事业"的概念；规定了由国民教育部负责的高等教育的实施原则，规定了科学、文化和职业公立高等学校的组织与管理原则；规定了科学、文化和职业公立高等学校的受教育者和教育人员的资格；对高等教育的省、地区和全国性的机构做了规定。

这次改革的深度超越了 1968 年的高校改革，它触及现代高等教育的很多问题，在一定程度上反映了时代的需要，指出了解决法国高等教育所面临的一系列问题的大致方向，对进一步健全和完善法国高校的管理体制起到了很大的促进作用。1986 年 7 月，由右翼两大党执政的法国政府对高等学校的管理体制又进行了一次改革。这次改革的要点是：

（1）在办学的指导思想上，以"竞争、创造性和责任感"的口号代替

"现代化、职业化和民主化"的提法。要求高等学校全面履行自己的职责，鼓励在学校之间、学生之间进行竞争，支持学校与个人敢于拔尖。

（2）在高等学校本身的管理方面，政府提出高等学校必须具有自主权和竞争力。要保证高等学校拥有重要的、直接的财政手段，国家必须减少对高校的干预，使其实现经费自主，有权从外界获取资金，并在一定限度内自行确定学生的注册费。学校可以颁发本校的文凭，组织本校的教学与科研；学校有权根据本校情况规定注册条件和淘汰部分高中毕业生，可以对新生进行适当筛选；学校必须缩小学生、工勤人员在校务委员会、学术委员会的代表比例，以确保教授、研究人员在高等学校的领导地位。

（3）在学位制度方面，这次改革试图否定新博士制度，重新恢复1984年以前的两级博士制度。

这次改革因直接触及学生及其家长的切身利益，引起了他们的强烈抗议与抨击，来自全国各地的几十万学生云集巴黎，连续举行声势浩大的示威游行，强烈要求政府撤销改革方案。同时，还由于其他方面的原因，致使这次改革最终夭折。但是，这次改革对法国高等学校管理体制的影响还是比较深刻的。

综上所述，法国高等教育的发展与其社会的发展是紧密联结的，社会政治、经济的发展需求推动着法国高等学校的管理体制不断完善，逐渐形成高等学校在管理体制上的三大特色，即中央集权与学校自治相结合、大学与高等专科学校两个差异很大的体系并存、大学和中学保持着密切联系，这些特色至今仍然保持着。

目前法国的高等学校内部设有理事会，每个大学理事会的成员不超过80名，由从教师、学生、研究人员、行政人员、技术和服务人员、校外人士中分别选出的代表组成。这些代表可由"单位"选举，也可由全校成员直接选举产生。原则上教师与学生代表数相等，但实际上的比例大致是：教师代表占40%～50%，学生代表占30%，行政、技术、服务人员代表占8%～10%，校外人士占15%。理事会设常务理事会，以及负责各方面工作，如教学、预算、仲裁、继续教育等的专门委员会等，特殊情况下还可设临时工作委员会。在校一级，还设科学研究委员会和各学科专家委员会，作为理事会在教学和科研方面的咨询机构。

理事会设主席，通过选举产生。理事会主席即任学校校长，任期5年，不得连任。校长一般都是教授，如选出的主席（即校长）不是教授，则须报请全国高等教育与科学研究理事会同意，并经教育部长批准。理事会定期召开会议，其职能与议会相似，主要是：确定本校的规章制度、内部结构和与外部的关系，审议"单位"的规章制度、教学和科研规划，审查与校外签订的合同，办理有关馈赠事宜，制定和检查预算，分配经费，确定学校计划，研究教学方法和考试方式，等等。同时，大学有任免人员之权，所以，理事会还要通过任免事项。

大学校长则负责执行理事会决议，领导学校各项工作。其负责维护秩序，执行纪律，管理学校财产，执行预算。而其更主要的职能是在教学和科研方面，如分配教学科研任务，组织招生和升学工作，安排教学和考核，确定教学原则和方法，制定科研政策，等等，从而保证学校工作的正常进行。校长下面的办事机构设有总秘书处、校长办公室、教学顾问处、对外关系处、财会人事处、生活服务处等。校长通过这些办事机构和"单位"主任以及其他有关机构一起来履行职责。另外，校长还作为本校代表处理对外事宜。这样，大学就改变了过去教授通过他们的代表——院长管理一切的办法，平衡了大学内各级各类人员的权力。

同时，每所大学下面的"教学与科学研究单位"也设立理事会，其成员不超过40名，成员的组成和产生方式与校一级的相同。它决定自己"单位"的预算、教学和科研计划，并通过理事会主任行使它的管理权。"单位"的理事会主任任期3年，可从教师（含教授、讲师、助教）、研究人员中选出，若选出的是行政人员，须经教育部同意并任命。

法国每所大学及其下面所有的教学与科研单位，都有自己的章程。前者的章程由教育部批准，后者须经所在大学的理事会批准。此外，学校及其"单位"还定有详细的内部管理制度，对一系列问题做出详细规定。与此同时，学校的教师和科研人员有讲学和研究的自由，但要符合法律规定，符合大学传统，遵守客观和宽容的原则。[①]

三、近现代德国的学校管理

（一）中小学校管理

17到19世纪以前，德国资本主义发展缓慢，远远落后于英法两国，但在教育上却并不逊色于两国。这一时期内的30年战争、狂飙突进运动等也在一定程度上影响了德国教育的发展。[②] 早在宗教改革的过程中，路德派就建立和发展了初等学校，后来经过虔信派的努力和倡导，这种学校在17世纪中期以

---

① 参见袁锐锷《外国教育管理史教程》，广东高等教育出版社1998年版，第92页。
② 参见戚万学《简明中外教育史》，山东人民出版社2010年版，第291页。

后发展成为德意志学校,在 18 世纪,其成为全德国(特别在乡村)初等学校的主要形式。1774 年,奥地利国王不但以法律形式规定在其境内广办平民学校(德意志学校那样的初级小学),而且在城市设立中心学校(高等小学)。这种高等小学,很快传到俄国和欧洲其他一些国家。

这一时期德国初等学校的设备甚为简陋,最初设在乡村教堂附近,由牧师任教,但教师更多的是教堂的仆役、裁缝、鞋匠、退伍士兵等,教育质量很差,学生主要是在学习教义问答、赞美诗的过程中得到一些简单的读、写、算的初步知识。接受这种教育是劳动者子弟的义务,但他们没有升学的权利,因为中学、大学与初等学校是不衔接的。① 中等学校的类型有三种:文科中学、实科中学、骑士学院。

文科中学在德国中等学校中占有重要地位。由梅兰克顿所创办的拉丁学校演变而来的文科中学是 17 至 18 世纪德国中等学校的主要类型,其目的在于培养德意志各封建公国的官吏、训练预备担任"学术职业"的人物(如法官、医生等)升入大学,教学内容以拉丁语、希腊语以及文学为主。它的任务是为大学输送新生和为政府培养一般的官吏,唯有文科中学的学生才有资格升入大学。

骑士学院是 16 世纪末到 18 世纪德国的一种特殊学校,以训练包括王子在内的贵族青年担任宫廷文武官职为任务。这些学校陆续产生于杜平根(1589 年)、卡息尔(1599 年)、哈勒(1680 年)、埃尔兰根(1699 年)、勃兰登堡(1704 年)、柏林(1706 年)等地,到 19 世纪才消失。骑士学院的产生、发展和消失有其特定的历史背景。它的任务是把贵族子弟训练成为能够担任文武官职和从事外交事务的人员,因而它的学习内容十分庞杂。除了现代语言(当时欧洲通行的语言和法语等)、拉丁文和神学外,还有数学、机械学、物理、军事科学、法律、历史地理、伦理等学科,并且重视训练举止礼仪、舞蹈、骑马、角力、射箭等。这种学校是中世纪骑士教育在德国特定历史条件下的复活。

实科中学作为新型中等学校,也起源于哈勒学园。1708 年,哈勒学园的席姆勒(Semmler)试图为成年人学习数学、机械学、自然知识和手工工艺设立学校,也可以说是学习班,还讲授物理学、力学、天文学、地理、法律学、绘画和制图。在教学法上广泛应用图表、标本和模型等直观教材。开办时仅有 12 名学生。尽管有市政府的支持,但它存在的时间很短。其后,一个曾经肄业于哈勒学园的学生赫克(J. J. Hecker)在考赫斯特拉斯(Kochstrasse)建立

---

① 参见袁锐锷《外国教育史新编》,广东高等教育出版社 2006 年版,第 125 页。

了第一所这样的学校，名叫"经济数学实科学校"。据1747年该校规划书上提供的资料，它开设德文、法文和拉丁文等学科，后来又增设历史、地理、几何、机械、建筑和绘图等学科。这所学校办得很成功，并存在了很长时间。它还附设各种工艺学习班，并具有师资培训学院的性质。德国的许多城镇也设立了类似学校（1756年在威丁堡、1764年在赫尔伯斯特、1765年在布律斯劳等）。这类学校的宗旨是为学生提供现代生活实际需要的知识和技能，它排除了教学科目、课程内容的纯古典主义的倾向，适应了德国资本主义经济逐渐发展起来的需要，也反映了资本主义生产方式与封建生产方式的较量，但德国资产阶级在这时的力量是很弱小的，实科中学的社会地位也比文科中学低得多，它的学生是不能升入大学的。

18世纪末，德国各邦的资本主义经济逐渐有所发展，加之受到18世纪法国大革命的影响，软弱的德国资产阶级也开始寻求表达国家统一和反对封建的要求的方式。德国的资产阶级选择的表达方式是"抽象的思维活动"，在文学、历史、哲学、教育等科学领域表现为新人文主义运动，在教育上表现为泛爱主义和洪堡德改革。

泛爱主义是受到法国资产阶级启蒙思想，尤其是卢梭思想和德国新人文主义的深刻影响而产生的。泛爱主义教育宣扬泛爱思想和人道主义，认为教育的目的在于培养幸福、健康、对社会有用和能促进人类幸福的人。主张由国家管理和监督学校教育，以摆脱教会的控制和教派斗争的影响。认为智育的目的在于发展儿童的智力，主张学习广泛、实用的知识。重视启发儿童的主动性，使学习变得有趣而令人愉快。要求对儿童进行以爱国主义精神和人类互爱为基本内容的道德教育，培养儿童具有温良、谦逊的态度。强调进行军事体育训练，以促进儿童身体的发展。

洪堡等一些进步人士都希望建立一个国民教育体系以提高德国普通民众的文化水平。一是在小学逐步推行裴斯泰洛齐教育教学方法的尝试。普鲁士当局派遣大批青年到瑞士的伊佛东向裴斯泰洛齐学习。这些青年学成归来之后，他们不仅在德国传播裴斯泰洛齐的教育教学方法，而且以裴斯泰洛齐对国民教育的热情和热爱投身于德国初等教育体系的重建中。二是发展师范教育。1809年，德国首创培养教师的机构——柏林师范学校。到1831年，普鲁士的每个省都已经建立了师范学校。1840年，已达38所。教师的素质得到提高，初等教育的质量也得到改善。三是中等教育的三项改革措施：①颁布考核中等学校教师的规程，规定了高级文科学校老师的考选办法；②整顿各种不同名称的古典中学，将以前所谓的文科中学、高级女子中学、学院、拉丁学校、阿卡德米学校等统称为文科中学，并且规定只有文科中学的毕业生才能升入大学或者担任官吏；③推行新的课程体系，学校课程实行文理并重的思想，目标在于推行"全面教育"，主要学科有拉丁文、希腊文、德语、数学、科学、哲学、历史等。[①]

在"神圣同盟"存在时期，尤其是主要由无产阶级参加的1848年欧洲资产阶级革命失败后，欧洲大陆各国的封建统治者进一步趋向反动。在教育方面，普鲁士1854年颁布初等学校法规，宣称教师的首要任务，是向学生"灌输对皇室的敬爱"，指令小学必须特别加强宗教的教学，禁绝一切启发式的教学方法。1856年之后，文科中学的科学教育干脆被取消，因为科学破坏信仰，实科中学则加重神学课分量，增加拉丁文课程，从而产生了文实中学，但此时文实中学的毕业生仍不准升入大学。

经过改革之后的德国学校出现了"双轨制"。一方面，德国的初等教育和中学的课程不相衔接，课程各自独立、自成体系；另一方面，在学制方面，初等学校修业时间是6～14岁，而中学的修业时间则是9～18岁。根据规定，初等学校学生经过最初3年的学习之后不允许转入中学，而大学是专为文科（实科）中学学生提供的，是文科（实科）中学的继续教育。修满规定年限学业的初等学校毕业生，根据规定只能升入工业或商业学校，或者夜间的、星期日的学校。

在德意志帝国时期（1871—1919年），帝国当局于1872年发布普通学校法，规定6～14岁的8年初等教育为强迫义务教育阶段，并要求年龄不满18岁的在职青年接受职业补习教育。此时，将8年的国民学校分为4年的基础学校和4年的高等国民学校，增设6年的中间学校供基础学校的毕业生就读。名义上中间学校的学生可以转入各类中学的相应年级，但实际上有许多困难。这是对劳动人民子弟就学的教育轨道所进行的调整与改革。在帝国时期，德国的中学正式确认为由文科中学、实科中学和文实中学三种类型所构成，但文科中学仍为主要类型。1901年，随着资产阶级地位的提高，正式确认实科中学、文实中学的毕业生也有权投考大学。这是对特权阶级子弟就学的教育轨道所进行的调整和改革。

魏玛共和国时期正处于欧洲新教育运动发展的兴盛时期。许多教育家在教学方法、课程设置等方面提出了改革主张，形成了"改革教育学运动"。这一运动特别强调劳动教育、艺术教育，主张"从儿童出发"，反对学校强制性的教育手段。"活动学校原则"对这个时期的德国学校的教学与管理产生了影响，促使学校教学和管理工作发生了一些变革。1924年和1925年，魏玛共和

---

① 参见周采《外国教育史》，华东师范大学出版社2008年版，第292页。

国教育部分别颁发关于小学和中学教育与教学的规定，在教学内容和教学方法上给教师以更多的自由。根据国家与教会分离的原则，魏玛共和国在德国教育史上第一次取消了教会对公共教育进行干预的权利，禁止牧师对学校的管理。为了消除帝国时期学校与家庭分离的状况，学校当局还规定成立"家长委员会"，定期召开会议，与校长和教师进行合作。在魏玛共和国时期，女子也获得了接受各级教育的机会。受过大学教育的女子可以担任中学教师，担任学校管理者和学校督学的职务。根据《魏玛宪法》，学校的校长享有和履行国家官员的权利和义务，其地位相当于政府官吏，并且是当然的职工会议主席，主持学校的全部工作，对内领导学校，对外代表学校。每所独立的学校都设有董事会，校长是从教师中选举产生的，有一定的任期。

在纳粹统治时期，学校教育和管理的一切都为强化纳粹统治而服务，学校实行军事化管理。纳粹政府在教育行政方面取消了地方分权的做法，进行所谓"划一革新"，建立了中央集权的学校管理体制，于1934年设立了"帝国科学、教育和国民教育部"。由这个部来规定从教科书直至教学程序安排等一切教育事宜，排斥了一切民主权利，取缔了一切群众性组织，关闭了一切实验学校和私立学校。

"二战"后，联邦德国按照魏玛时期的教育结构，重建和巩固了传统的学校教育。其《基本法》规定教育立法权属于各州的权力范围，各州教育部是各州教育事务的最高权力机关。重建后的联邦各州教育行政机构一般分为三级：州、专区和市县。为了协调各州教育事宜，1949年，联邦德国建立了"德意志联邦共和国各州文化教育部长常务会议"。重建后的联邦德国学制虽因各州实行教育自治而不统一，但儿童一般都是先接受共同的基础学校教育，然后分流进教育性质不同的三轨学校，即国民学校高级阶段、中间学校和高级中学。至20世纪50年代末，联邦德国的战后恢复重建工作结束，人民生活已恢复到战前水平。进入60年代后，联邦德国的教育开始进入改革和发展的新时期。与此同时，联邦德国的教育行政管理体制也在不断地调整和完善。战后联邦德国的学校管理颇具特色，对教育外部事务和内部事务的管理有明确的权限划分。一般而言，教育外部事务，如学校建筑、设备、经费、福利等方面的事务，由普通行政单位负责，集中管理，无须学校管理人员经手；教育内部事务，如学校教学、课程、教材、教师等方面的事务则由各州教育部及其授权的地方教育局（或处）负责。所以，德国学校管理的工作范围主要是教育内部事务，即学生管理、教师管理和教学管理等，学校的管理机构也十分简单，管理人员也很少，一般只有校长、秘书等人，校长还要兼课，不但没有专设的财务、总务等管理部门，而且也不专设教务处等负责教学和教育管理工作的部门与管理人员。

民主参与被视为德国学校管理工作中必须遵循的基本原则，因此，德国的教育十分重视学生自治和教师、学生家长、学生参与学校工作计划的制定、执行和监督。学校会议（教职员会议）是法定的常设机关，也是学校管理和决策的基础机构，由全体教师和学生家长代表组成，学生代表也可以参加。学校会议决定学校的重大问题。德国普遍成立由中小学家长自发组织的家长会，而且形式多样。在学校管理方面，学生家长通常是以班级为单位每年举行两三次会议，听取教师关于班级情况的汇报，共商解决问题的办法。

（二）高等学校管理

德国的大学起源于中世纪，是教会创办的修道院和大主教学校，旨在培养神职人员，宗教色彩非常浓厚。到15世纪，全德国已有威登堡大学等9所大学。17世纪和18世纪初，德国又创立了哈勒和哥廷根等一些新的大学。德国大学在宗教改革以后就开始按照新教的思想和要求进行改革，宗教神学和古典主义的性质逐渐有所削弱，人文主义精神占有一定地位，增加了一些新的人文学科（历史、政治学、哲学、法律等）和实用学科（数学、物理、地理及实验课等）的内容，教学上允许使用德语（以前只能用拉丁语或希腊语），并注意进行学术探讨。到18世纪，德国大学已经在世界上逐渐处于领先地位，并酝酿着新的改革。

19世纪初，德国在普法战争中丧失了大片国土，在这些土地上的著名大学如哈勒大学和哥廷根大学也随之丢失。洪堡在哲学家费希特的建议下，于1810在柏林建立了一所具有现代管理思想和规模的柏林大学，其主要特点是提倡学术自由，强调教师教学和学生学习的自由，同时还提倡教学与科研的统一。当时则侧重于纯科学和艺术的研究；大学管理实行自治，设有神学、医学、哲学、法律、数学和自然科学等学科。继洪堡德的传统大学之后，为了适应资本主义经济对工程技术人才培养的需要，德国又建立了一批开设工程应用学科的高等学校，区别于传统大学的纯科学和基础理论的教学研究，而强调开设与经济发展紧密结合的学科，但在管理上仍实行大学自治，要求学生通过实验、设计和观察，培养实践能力，强调教与学的自由等，使德国大学一跃成为世界现代大学的楷模，培养了大批杰出的科学家。

在1848年欧洲革命失败后，德国高等教育的这些优良传统备受摧残，大学和社会生活的其他方面一样，呈现出停滞的状态，大学的自治和学术自由受到压制。学术自由被破坏，教授的言行和生活、学生的思想和行动受到反动当局的严密监控，德国的大学重由科学和哲学的中心倒退为仅仅从事实验研究和史料搜集、贮存的场所，高等教育甚至还充斥着沙文主义、军国主义的精神。这种情况直至共和时期才有好转。①

在魏玛共和国时期，德国的高等教育管理仍保持着传统上的三大特点：一是高等学校以公（州）立为主；二是实行大学自治；三是强调学术自由，提倡科研与教学的统一。德国的大学曾是世界现代大学的楷模，培养出了大批杰出的科学家。科学的发达大大提高了德国的国力，使其跃居世界强国之列。但在纳粹统治时期，德国高等教育明显衰退，大学被置于教育部长的直接控制之下，高等教育的教学自由、大学自治、教学与科研相结合的原则被破坏殆尽。在纳粹统治初期，全德平均每年有14.34%的大学教师和11%的大学教授被解雇，致使大批科学家流亡国外，德国高等学校受到严重破坏。

1976年1月，联邦政府颁布了《高等学校总纲法》。这是战后联邦德国在高等教育方面的第一个权威的法规。《高等学校总纲法》既保留了大学传统的民主自治的特色，又注重开发大学的潜力，以适应经济发展和国际竞争的需要。《高等学校总纲法》对德国高等学校的任务、修业年限课程设置、录取条件、科研、学校内部人员机构的构成、学校组织和管理、校长的任期、学历的认定等做了规定。其核心部分是改革修业和考试的规定。规定正规的修业期为4年，改变了过去因学生自由选科、自定毕业考试时间而平均修业7年的状况。②

为了加强对高等教育的协调和控制，联邦政府颁布了一系列法规，联邦政府对高等教育的影响得以增强。但是，绝大多数大学和高等院校都是由各州创办的，由各州来提供大部分经费，同时监督高等学校的财政计划和人事安排，而且高校教师、技术人员和其他人员通常都是各州的职员或官员，所以，各州仍担任管理学校的主要职责。

联邦德国的大学内部一般实行校、学科、讲座三级管理体制。①学校一级设校长、副校长若干人，从教授中选举产生，有一定任期。校部还设有精简的办事机构来处理各种具体事务。由于德国大学的内部领导体制实行委员制，强调民主参与，所以校一级除上述办事人员和机构外，还有各种形式的委员会，其中有的是决策和立法机构，有的则是审议、咨询机构。②学校的第二级管理机构是学科或系。学科相当于学院的建制，设学科长主持学科的教学、科研和行政管理等各方面的工作。学科长或系主任均由该单位的全体教授选举产生。另设学科（系）委员会，为学科长（系主任）之顾问机构，由该单位的教授、

---

① 参见袁锐锷《外国教育史新编》，广东高等教育出版社2006年版，第127页。
② 参见诸惠芳《外国教育史纲要》，人民教育出版社2004年版，第336页。

副教授以及由教授提名的两名其他教学人员组成。③讲座相当于教研室，为大学内部基层的教学管理机构，由一位教授主持，负责讲座的教学活动、财政和人事安排。德国这种讲座的教学组织管理形式曾对其他国家的高校管理产生过很大的影响，但现在有些大学感到这种组织结构难以适应不断发展的高新科技，所以开始尝试将其改为系的设置，或者将讲座与有关的研究所合并为专业区。

四、近现代俄国（含苏联）的学校管理

（一）中小学校的管理

在17世纪以前，俄国长期处于封建割据状态和外国武装势力的干预之中，经济发展落后；只有在莫斯科、圣彼得堡等大城市才有一些少量的识字学校。学校数量不仅少而且教学质量低下。17世纪初，俄国开始了罗曼诺夫王朝的统治。新王朝恢复了中央集权制，加强了已有的农奴制度，使俄罗斯完全成为一个君主专制的封建国家。国家的统一，带来了社会经济的初步繁荣和俄罗斯文化的形成。同时，商业、手工业等活动的发展，与外国的不断接触，封建中央集权国家行政的发展以及教会的发展，都需要大量有文化的人才。当时，社会上的有识之士积极倡导发展教育、建立学校。17世纪中叶，莫斯科逐渐出现了一些设在修道院的希腊语和拉丁语学校。这些学校的产生，促进了古代俄国教育的发展。但真正进入近代化以来的教育发展，则是从18世纪初期的彼得一世改革开始的。

开办国立普通学校，为培养国家建设需要的技术人员打下基础，是18世纪初彼得改革的一个重要方面。1714年，俄国政府下令开办算术学校，以读写知识和算术、几何为主要教学内容。这是俄国最早的国立初等学校，它打破了教会对教育的垄断，并传播了新的科学知识。为了发展俄国的科学事业并培养自己的专家学者，1725年在彼得堡根据彼得一世的遗志创办了俄国科学院，第二年科学院又设立了附属的大学和文科中学。一般认为，这所文科中学就是俄国第一所中等普通教育学校。

18世纪后期，叶卡捷琳娜二世执政期间，俄国的一些地方工商业逐渐发展，西欧的启蒙思想也传入俄国，促使统治者重新开始关注教育问题。1786年，俄国颁布《俄罗斯帝国国民学校章程》，这是俄国政府历史上发布最早的有关国民教育制度的正式法令。该法令规定各地设国民学校，由当地政府领导，聘请校长进行管理。该章程规定的基本学制是：在县设立两年制的免费初

级国民学校；在省城设立五年制的免费中心国民学校，也可同设初级国民学校。学校经费主要由当地的政府、贵族和商人共同承担。初级国民学校的课程和中心国民学校的前两年相同，主要有读写算及文法课。在中心国民学校的高级部则设有机械、物理、地理、历史、自然等课程，对于想升入文科中学和大学的学生，还需学习拉丁语和其他外国语。这些学校的设置表现出一定程度的民主与进步因素，但就当时设置的这些学校而言，仍然主要集中在城市，农村教育尚未得到重视。除此之外，俄国在18世纪30年代开始兴办的贵族等级的寄宿学校发展起来，数量逐渐增多。这对提高俄国贵族的文化修养和实际工作能力，进一步巩固和强化俄国贵族在国家政治经济生活中的主导地位，起到了重要作用。由此也可以看出，俄国在18世纪中期教育的等级性已经非常严重。

1802年，刚刚上台的亚历山大一世建立国民教育部，这是俄国历史上第一个全国教育行政机关。当时规定除教会学校之外的其他世俗学校全归其管辖。俄国中等教育的广泛发展是1804年以后才开始的，1804年《大学所属学校章程》规定自大学之下设有三类学校：堂区学校、县立学校、中学。中学是由国家斥资在省城设立四年制学校，与县立学校和大学上下衔接，招收各社会阶层的学生免费入学。但是不久以后，中学的等级性增强，1828年新的《大学所属各级学校章程》将根据1804年章程建立起来的较为民主和注重实际的中学正式改变为特权阶级的、古典主义的中学（七年制），中等和高等教育系统便成为贵族等上层阶级子弟独享的学校轨道。

19世纪60年代的教育改革为俄国初等教育带来了新的气象，在1860年到1864年间，沙皇政府先后颁布了一系列教育法规，如1860年的《国民教育部女子学校章程》、1863年的《大学章程》、1864年的《初等国民学校章程》和《文科中学和中学预备学校章程》等，根据这些章程，沙皇政府对教育进行了一系列改革。

根据1860年的《初等国民学校章程》，初等国民学校的设立与经营划归地方行政、群众团体乃至私人，但教会学校并不属于这类学校，教会对这类学校有监督权。各地的初等国民学校应招收各阶层的男女儿童入学，但在入学年龄、修业年限、是否免费、学校规模等具体问题上却没有直接规定，体现了一定的灵活性。学校开设神学、读、写、算术等基本学科，并要求用俄文教学。

根据《文科中学和中学预备学校章程》，中学应给予学生以普通教育，并且是他们升入大学及其他高等专门学校的预备学校。它可以招收任何阶层的学生，学制一般为7年。中学的类型主要有两种：古典中学和实科中学。实科中学的毕业生只能进入高等专门学校。另外，该章程还扩大了中学教师会议的权限，鼓励师生之间改革教学方式，等等。①

根据1872年的《实科中学章程》，修业6～7年的实科中学实际上是半职业性质的学校，它在高年级分科进行职业化教学，只有其中修普通教育科的学生有可能升入高等技术学校。直到1888年，实科中学的职业化才被取消，后来它的毕业生又都获得升入工科和农科高等学校的权利，通过拉丁语的附加考试者也可升入综合大学的数理系和医学系。1896年，八年制的商业学校也被承认为中等普通教育学校，并受到资产阶级的支持。

十月革命前的沙皇俄国教育落后，充满等级性、宗教性和民族歧视。俄国男子几乎有70%是文盲，女子将近90%是文盲。居住在俄国的71个民族有48个没有文字，4/5的儿童是文盲。在初等教育方面，当时俄国的小学大多数还是三年制，学龄儿童的入学率只达到20%，成人中文盲占70%以上。中等教育与高等教育基本上被地主和资产阶级垄断，还为贵族子女设立专门的学校和学院。学校教学内容陈腐落后，教育教学方法机械烦琐，盛行强迫纪律和死记硬背。此外，还存在一批为教会直接控制的教会学校和神学院，而神学则是中小学各年级的必修学科。然而，各级各类教育在当时毕竟已经初具规模，并且积累了丰富的教学经验，培养了一大批人才，这是苏联教育赖以发展的基础。

苏维埃政权在建立初期就开始了对学校和整个国民教育制度的革命性改造，以实现教育的民主化和世俗化。根据1917年11月8日苏维埃第二次代表大会通过的《关于成立工农政府的法令》设立了教育人民委员部。11月9日颁布《关于成立国家教育委员会的法令》，规定由国家教育委员会取代过去的国民教育部，作为全俄教育领导机关。1917年12月，人民委员会发布《关于把教育事业从宗教事务院移交给教育人民委员部的决定》，规定撤销沙皇时代各种类型的教会学校。1918年1月，人民委员会发布《关于信仰自由、教会和宗教团体的法令》，规定教会必须与国家分离，学校必须与教会分离；在学校里禁止讲授宗教教义和举行宗教仪式；教会不能干涉学校事务。1918年1月，国家教育委员会开始取缔沙皇时代的国民教育管理体制——学区制，撤销了学区督学、国民学校校长和学监的职务，各地中小学由当地工农代表苏维埃领导。

经过几十年的反复改革，苏联的普通教育学制最后确定为四年制小学、九年制不完全中学和十一或十二年制普通中学。苏联的中小学重视对学生进行思想政治教育，十分注重党、团和少先队的组织建设，这些组织在学校里积极组织学生开展各种兴趣小组的活动，党、团组织还直接进行教学，对学生进行道

---

① 参见戚万学《简明中外教育史》，山东人民出版社2010年版，第335页。

德和公民教育。从 20 世纪 30 年代起，苏联的中小学坚持以课堂教学为教学的基本组织形式。

  苏联的教育行政长期以来是高度集中统一的，各地的中小学都必须接受上级教育行政领导，按其指令和决议管理学校，在学校内部则实行校长负责制，并辅以集体管理和学校视察员制度。校长向国家负责，主持校内的全部工作，并负完全的责任。学校依规模大小和工作需要，可设置数量不等的副校长协助校长管理教育、教学、生产教学和总务工作。普通中学的校长由市（区）国民教育局推荐、上级教育行政领导机关任命，副校长则由市（区）教育局根据校长的提名任命。不完全中学和小学的校长由市（区）教育局选拔、任命。中小学校长的候选人必须是受过相应的高等教育或中等师范教育、从事教育工作 3 年以上的优秀教师。

（二）高等学校的管理

  1726 年，俄国科学院创办了附属大学；1755 年，成立了俄国高等教育史上影响最大的莫斯科大学。在近 50 年的时间里，莫斯科大学一枝独秀，直到 19 世纪初，俄国才陆续创办了杰尔普大学、维利诺大学、喀山大学、哈尔科夫大学和彼得堡大学，莫斯科大学的规模也扩大了。1802 年，受欧洲资产阶级革命的冲击和影响，俄国皇帝亚历山大一世巴甫洛维奇（1777—1825 年）把俄国业已过时的"参议会"管理制度，变成欧洲各国时兴的各部，其中之一就是成立国民教育部，统一领导和管理俄国各级教育。同时，他于 1804 年颁布了《大学附属学校章程》，以此来推动俄国各地教育的发展与改革的进程。[①]

  根据 1804 年的《大学章程》，大学不仅是教育和学术研究的高级机构，而且是各大学区的教育中心和领导机关；大学本身享有选举校长、系主任、教授等的自治权利。当时，这些大学较之专门培养高官显贵子弟的那些阶级特权学校，在社会上有着更高的声望，它们聚集着来自社会各阶层的思想先进的学者。但该大学章程没有规定给大学以充分的古典大学式的自由，如讲学自由和听课自由。

  俄国的高等教育虽然起步较晚，但它比较重视高等技术教育，尽管这时俄国高等学校的活动主要还是限制在满足国家官僚机构和军事需要的范围之内。俄国技术教育的传统形成于 18 世纪，当时俄国建立了各种典型的技术学校。但是，由于俄国历代沙皇改革都具有不彻底性，从"神圣同盟"形成以后到

---

① 参见贺国庆、于洪波、朱文福《外国教育史》，高等教育出版社 2009 年版，第 231 页。

尼古拉统治时代，俄国高等教育一直饱受摧残。

在19世纪五六十年代社会和教育改革运动的强大压力下，1863年的《大学章程》才恢复了大学自治的某些权利（教授自治权、大学委员会权等），学区督学的作用只是一般地监督大学的活动。但这种极有限的"自治权"旋即又被取消，为了防止大学中的革命运动，1884年的《大学章程》进一步将大学的教学活动和大学生的全部生活置于专制政府的严密控制之下。然而，农奴制度废除后，资本主义生产的发展走上了建设大型企业或半国营企业的道路，急剧地增加了对受过高等教育的专家的需要。沙皇政府为了赶上时代，开办了新俄罗斯大学、俄罗斯华沙大学、托姆斯克大学等新的大学，并扩大了原有大学的规模，1872年还先后在莫斯科和彼得堡创建了女子高等学校（后来停办，1900年恢复）。至1895年，俄国的高等工业学校已发展到11所。与此同时，高等农业教育和高等艺术教育也纷纷发展起来，出现了彼得堡农学院、彼得罗夫斯克－拉祖莫夫农林学院、彼得堡音乐学院等著名的专业学院。

十月革命后和整个20世纪20年代，俄国高等教育得到重视，发展迅速。俄国高等教育经过100多年的发展，至20世纪已经略具规模，而且在高等工业教育、高等医学教育、高等法学教育、高等艺术教育等各方面均有所发展，初步形成了一个比较完整的体系，培养了不少人才，其中有些人成了世界著名的学者。革命胜利后的最初10年，高等教育改革的主要方向是彻底改变高等学校的学生成分，加强高等教育的民主化。根据1918年的《高等学校入学条例》，工农及其子女有优先进入高校的权利，高等学校取消了入学考试，实行由党组织、工会和经济组织联合推荐的办法招生，这对当时改变高校学生的阶级结构，实现高等教育的民主化有一定的促进作用。可是，后来这种办法暴露出严重的问题，那就是学校难以招收到合格的生源。从1926年起，部分高校又开始恢复入学考试制度，力图保证新生的质量。在高等学校管理上，革命胜利之初，苏维埃政权颁布法令，规定所有高等学校都归教育人民委员部管辖。同时选派大量党的干部到高校任职，保证党对高等学校的领导权。为加快对高级专业人才的培养，20世纪20年代后期又大力兴办高等技术学校和中等技术学校，这些学校划归苏联最高国民经济委员会和有关的部领导，加强对高等学校的直接领导，有利于更有效地培养新型专家。①

进入20世纪30年代以后，苏联的工作重心逐步转移到了经济建设方面。1926年，苏联开始实行国家工业化，作为培养经济建设干部的高等学校也采取了相应的管理措施，以适应新形势、新任务的需要。①1933年恢复了高等

---

① 参见戚万学《简明中外教育史》，山东人民出版社2010年版，第343页。

学校入学考试制度，招收高中应届毕业生通过竞试入学，但仍保留推荐部分工农干部和工农家庭出身的青年入学的制度；②1934年恢复了学位学衔制度；③在高等学校管理体制上实行重大改革。主要内容是将大部分高等技术院校和高等农业院校从教育人民委员部转交给国民经济委员会、交通人民委员部和农业技术委员部主管，把专门人才培养纳入国民经济计划，促使高等学校的招生、教学和毕业分配与工农业的发展需要有机地结合起来。另外，还在高等学校内实行了一系列的领导体制改革。

20世纪60年代开始，苏联大学管理的自主性有所提高，大学人文学系得以逐渐恢复，校长、系主任选举制、高等学校委员会和系委员会的选举制得以恢复。但是，高等学校教学计划和教育内容的划一性依然继续，在教学计划中，意识形态性的课程占有重要地位，如苏联共产党史、辩证唯物主义和历史唯物主义、社会主义政治经济学等课程。高等教育内容以及个别课程处于国家和党的严格监督下。

20世纪80年代，高等教育领域的发展同其落后的经济和社会贡献之间的矛盾已极为尖锐。1987年，高等学校旨在实现教育、生产和科学一体化，完善教学过程，改变大学教育工作的改革得到支持。1988年，苏联国家国民教育委员会主席根·亚戈金在全苏国民教育工作者代表大会上提出高等教育改革设想，一方面要扩大高等学校的管理权限；另一方面则要改变一长制的领导原则，目的在于实现高等学校管理的民主化，实现教育的新质量。此外，还修改了高等学校专业目录，加强高等学校同生产与实践的联系，建立高校与经济部门协调活动的经济机制，开辟计划外培训工作，财政收入归学校使用。1988年12月，苏联国家教育委员会对原高等学校条例进行修改后，提交全苏国民教育工作者代表大会研究，于1989年7月，批准通过《苏联高等学校暂行条例（示范）》，反映出扩大高等学校权限和实现高等学校管理民主化方面的内容。

五、近现代美国的学校管理

（一）初等学校管理

殖民时期美国的初等学校是面对劳动人民子弟的，以粗浅的文化知识为内容，着重培养宗教信仰。美国不同地区的殖民者来源不同，教派各异，教育发展由各地移民自行设校管校，民族复杂的中部各州尤为突出（中部以教派学校为主要类型）。北部殖民地作为清教徒聚居之地，以马萨诸塞为代表特别重视普及教育。当局曾于 1647 年发布法令，规定市镇中只要有 50 户居民就应设立一所小学，于是，市镇学校在北部兴起。这种由地方当局办理、干预教育的做法，与其宗主国——英国全由私人、教会办理教育的传统是不同的。南部各州的移民多为英国国教徒，他们是种植园主，便仿效英国的富裕家庭，对子女实施家庭教育，或者干脆送回英国读书。这里的贫苦儿童起初只能受到学徒训练，后来才通过教会所办的星期日学校与慈善机构举办的贫儿学校接受一点文化教育。

美国独立后，为了更好地巩固新生的资产阶级政权，尽快建设一个独立的强大的资本主义国家，美国的开国元勋们高度重视教育的作用，把教育作为振兴国家、培养美国公民精神的重要手段。一方面是由于资本主义工商业的发展需要有文化的劳动力；另一方面也是劳动人民为争取教育权而不断斗争，使美国公立小学逐渐增多。为了普及教育，美国采用了英国的兰卡斯特导生制。1818 年，兰卡斯特本人还应邀到美国宣讲导生制。到了 19 世纪 30 年代，普及初等教育的呼声更高，广大儿童开始涌向小学。但是，此时美国初等教育的设备、组织、师资和教学水平仍然低于西欧。1843 年，贺拉斯·曼（当时马萨诸塞教育厅长）考察德国，才引进了当时普鲁士的教学制度，同时大力宣传卢梭、裴斯泰洛齐等欧洲教育家的思想，美国各地的小学遂开始采用西欧近代的教学制度。

南北战争以后，美国铲除了资本主义发展的绊脚石，美国资本主义迅速发展起来，到 19 世纪末，它在各国的经济技术方面均处于领先地位。随着政治经济的发展，美国的教育也进入了一个新的时期，具有民族特点的完整的教育制度终于形成。这一时期，美国从一开始，就没有统一的全国性教育领导机构，而是以州为领导教育的最高权力机构。南北战争后，各州在州政府领导、监督下成立州教育委员会，作为教育决策机关。州教育委员会依照州教育法来确定教育政策的制定与实施。州下面分设学区作为地方教育行政机关。这使得在美国教育领导体制中占有重要地位的普通教育制度初步形成。这一时期，美国除确立了完整的教育领导体制外，还形成并确立了完整的普通教育制度。①

自从 1860 年波士顿市率先办起福禄培尔式的幼儿园以后，到 1900 年为止，美国已有许多地方将幼儿园纳入公立学校的系统之中，成为初等学校的有机组成部分。

从马萨诸塞州的第一个义务教育法开始，直到 1918 年后各州才普遍颁布强迫教育法令。第二次世界大战前，普及初等教育在美国基本成为事实。在这

---

① 参见戚万学《简明中外教育史》，山东人民出版社 2010 年版，第 242 页。

一时期，六年制的小学进一步发展，八年制学校相对减少，出现了一种所谓的统一学校代替农村的小规模学校。

"二战"后，美国教育的教育行政制度仍是地方分权制。1953年美国的安全总署虽升格为联邦卫生、福利、教育部，教育局也随之升格为教育总署（U. S. Office of Education），但仍不负有领导全国教育的责任。然而，在资本主义各国普遍出现加强国家集中领导教育这一趋势的影响下，美国也逐步要求加强联邦政府在教育行政方面的领导作用。

1979年10月，美国建立了联邦教育部。它的行政职责除原来教育总署主管的全部业务外，还统管以前分散在内务部和农业部等部门中的联邦教育事务。真正掌握各州教育大权的还是州教育委员会，州的教育政策和教育发展计划由它来制定。在州以下还有地方教育行政机构，如最基层的学区教育委员会和介于州与基层学区之间的中间学区委员会。20世纪60年代以来，特别是70年代以后，由于联邦对地方所拨教育经费急剧增加，基层学区经过多次调整合并，州一级教育行政职责逐步加强。从1958年以来所制定的几次教育大法以及1979年教育部的成立，都是使教育领导体制朝集中方向发展的迹象。虽然美国联邦教育部还没有直接领导教育的权力，但通过教育经费的拨发，联邦政府的政策还是能够渗透到州及地方，从而对全国50个州的教育进行实际控制。①

美国小学管理上实行的是校长负责制。学校如需聘用校长，首先由学监发出招聘广告，具备条件的人可以提出申请，经学监考察甄选后，由学区委员会讨论通过后任命。小学校长一般都有硕士学位，受过学科专业知识的系统教育和学校管理知识的专业培训。校长在推荐教师、选用教材、管理教学、使用经费、学校发展等方面拥有较大的办学自主权。小学规模不大，班额较小，一般只设1名校长，辅之以秘书或管理助理。美国小学重视协调与社区、家长之间的关系，主动争取社会力量支持办学，采取的主要形式有：与所在社区的有关单位挂钩，由该单位的志愿人员义务帮助工作；社区中的知名人士和家长代表联合组成教育委员会，发动社区内的单位和居民资助学校；由家长选举产生家长工作委员会，直接参与学校管理。

（二）中等学校管理

在新英格兰，1635年波士顿市创办了最早的拉丁文法学校。此后，拉丁文法学校就成为殖民时期中学的主要类型。它以升学准备为唯一任务，为了适

---

① 参见王天一《外国教育史（下册）》，北京师范大学出版社2006年版，第99页。

应学院的要求，便以七八年的时间主要进行古典语文的教学，教学内容枯燥，教法机械，体罚盛行。随着北美经济的逐步发展，拉丁文法学校愈发不合时宜，大城市中开始出现英语文法学校，由私人用英语传授现代外语和实科知识。1749年，富兰克林写了著名的小册子《宾夕法尼亚青年教育的建议》，主张改革拉丁文法学校，设立文实并重的新型中学，并于1751年创建费城文实中学，被誉为美国"文实学校运动之父"。但是，当时文实中学并未得到重视。

美国独立以后，资本主义工商业迅速发展，开拓疆土和振兴实业都需要中级人才，拉丁文法学校逐渐被淘汰，文实学校得到大力发展，成为这一时期美国中等教育的主要类型。随后，为了满足当时对具有中等教育水平的实际工作者的急迫需要，波士顿市于1821年率先创办公立中学，这种中学免收学费，学生经济负担较轻；课程丰富，侧重实用科目，利于学生就业；学校由政府管理，易于适应社会需要。这种修业3～4年的公立中学在南北战争之前便已逐渐发展起来。

内战后，各州普遍开设公立中学，使之成为中等教育的主要机构，而且中学开始被确认为初等教育的延续，即实现了初等教育与中等教育的衔接，在八年制小学的基础上进行4年中等教育。八四制的形成表明美国形成了与欧洲双轨制迥然不同的统一公共教育制度。1888年，哈佛大学校长埃利奥特首先对八四制提出批评，建议中学早2年开始，小学6年。此后，他又多次提议改革学制。在其影响下，对学制的批评研究者日众，人们普遍认为，小学8年时间太长，不利于义务教育的普及，不符合儿童发展的规律，课程难免重复，等等。在多方努力下，八四制终于在19世纪末20世纪初改为六三三制，即小学6年，初中、高中各3年。由于六三三制更有利于普及初等义务教育，更符合儿童的年龄特征，因此颇受欢迎。当然，在一个地方分权制的社会，学制是不可能统一划一的，尽管六三三制在第一次世界大战后被广泛采用，但仍有八四制、六六制、五四三制并行。①

进入20世纪后，由于美国工农业生产迅速发展，机械化、电气化程度不断提高，加之国际间竞争日益激烈，对劳动者提出了更高的要求。这一时期，美国在普及初等教育的同时，开始向中等教育的普及迈进，"中等教育为所有适龄青年敞开大门"已成当时的奋斗目标。据统计，1870—1940年，美国人口增加了3倍，而中学生则增加了90倍。1900年，美国公立、私立中学共有7983所，学生50多万；到1918年则发展到21616所，学生160多万。重视职

---

① 参见诸惠芳《外国教育史纲要》，人民教育出版社2004年版，第191页。

业教育也是这时美国教育的特点，中等教育的发展就包括了各类职业中学的大发展。此时美国中学有文理科中学、职业中学、多科中学等，前者为学生升学做准备，职业中学则培养具有一定专门技能的工人和职员，多科中学兼具两种中学的性质。20世纪20年代以后，美国公立中学开始实行综合学校制，学生按地区不经竞试入学，初中前两年全体学生学习同样的课程，但经常实行"智力分组"，从初中三年级起，教师根据学生的"智商"和具体情况为他们分别设置不同的选修课，并对他们进行高中选科的指导（高中一般分为大学预科、职业科和普通科）。进普通科学习的学生家庭经济状况较差，他们往往在义务教育期满后（即读完高中一年级）就离校就业。美国中学实行学分制，课程内容十分丰富，越来越强调自然科学和实用科学，因时、因地甚至因人而异地开设了许多选修科目，努力使教育适应社会的需要，但是课程也实在过于庞杂。

"二战"后的美国并没有对中等学校的类型进行调整。目前，美国的普通中学多为肩负就业与升学双重任务的综合中学，高中阶段综合中学分为学术科、职业科和普通科等。除综合中学外，还有职业中学、职业技术中学等。从办学体制看，综合中学、职业中学都有公立和私立两种，以公立居多，私立中学学生约占全部中学生人数的1/13。美国中学实行学分制和选修制，学生选课时，教师可根据学生的智商、兴趣和成绩进行指导，从管理的角度看，美国中学的弹性越来越大，不仅放宽了一般学生选课的尺度，并将课外作业充当学分，而且通过开设暑期班给学生积累学分的机会，还出现了夜间中学和开放中学，即不拘传统形式而给予学生以更大自由度的学校。也正是由于这种实用化倾向，美国中学的教育质量引起了全社会的关注，20世纪70年代的生计教育与返回基础运动也因此展开。

美国中学一般设有社区教育委员会、学校董事会、教师工会、家长工作委员会等机构。其中，由校内外各方代表参加的学校董事会是学校管理的最高决策机构，负责筹划学校大事，私立学校董事会的权限更大。校长是学校行政的负责人，又是学校教学的领导人。公立中学的校长是由学区教育委员会根据学区督导长的提名任命的，校长的任职资格一般是要求具有硕士以上学位，有5年以上的教育工作经验，并在大学的教育学院接受过教育管理教育，包括学习有关的专业课程和接受相当时间的现场训练。中学校长的主要职责包括：传达和执行上级行政部门的方针、政策和决定；监督学校教学计划的实施，对学生和学校设备进行管理；安排教师的工作，考查和评估其业务水平；处理学校日常事务，指导学校内务方面的工作；组织家长会等，协调校内外各方面的关系；向上级汇报学校的教学情况，呈报学校的预算计划和实际开支情况等。校长可以根据工作需要，在上级行政部门同意的前提下任命副校长和助理校长，在他们之下，一般不设教导处等职能部门，而实行专人专项负责制，即设专人分管纪律、考勤、教学材料、教学计划、教师发展、学生工作等。美国的学校还十分重视民主管理，如校长提出的课程计划和工作方案，必须与教职工协商讨论，校领导要和一般教职员一样提出自己的工作职责，并公之于众，工作情况要接受全校教职工的监督等。

（三）高等学校的管理

18世纪中叶，北美地区的英国殖民者开始仿效英国牛津、剑桥等大学创办了哈佛、耶鲁等9所学院。这些学院都是私立的，其中除费拉德尔菲学院外，全由教会直接控制。18世纪末期，高等教育已开始向世俗化方向过渡，其标志为州立大学初步兴起及传统大学课程中反应现代科学的内容逐渐增多。[①]

美国独立后，当时美国进步的资产阶级政治家、思想家、教育家富兰克林、杰弗逊等都极力宣传教育是立国之本，要求政府承担管理教育的责任。在这种情况下，国会通过了一系列法案，在提供地方办教育的物质条件方面采取了一些措施，并把办教育规定为州的职权。内战前，受公立学校运动的影响，州立大学进一步发展，全国27个州中已有25个州举办了州立大学，打破了高等教育领域教会独霸天下的局面。然而从总体上看，其间高等教育的发展是缓慢的，保守力量更强势。

南北战争（1861—1865年）使美国最终摆脱了封建主义和英国殖民主义的束缚，资本主义在全美范围内飞速发展，高等教育更进一步向满足工农业发展需要的方向前进，这期间所成立的高等学校就有200多所。此时的美国高等教育一方面学习欧洲重视学术的高等教育传统，于1876年创办约翰·霍普金斯大学，致力于高深的学术研究；另一方面颁布《莫雷尔法案》，由联邦政府增地拨款资助各州大办农工学院，培养适合工农业发展所需要的专门人才。继农工学院之后，其他公立高校纷纷创办，美国的高等教育较早显示出大众化的趋势。

19世纪末，美国高等教育逐渐进入快速、持续的发展轨道。但随着中学普及运动的开展，教育民主化浪潮的高涨，以及社会上对不同职业技术水平人才的需求，高等教育结构的单一模式也开始发生变革。美国高等教育逐渐形成了由社区学院、本科生院和研究生院组成的比较完整的体系结构，能够培养半

---

① 参见诸惠芳《外国教育史纲要》，人民教育出版社2004年版，第191页。

熟练专业人员、熟练专业人员乃至高级专门人才，基本上满足了工业化国家对各级各类专业人员的需求。据统计，到1940年，美国共有高等学校1800所，学生150万。尽管此时美国的大学一般都已有一定的规模，但其典型的大学校长仍是一种"学者式管理人员"，他们潜心于学术研究，对于机构管理上的混乱无动于衷，学校的教学科研等日常事务通常是由一名教务长协调处理的，而许多后来由专家承担的管理工作，诸如为学生提供咨询和个别指导则依然是教授的责任。

"二战"后，由于美国科技与生产技术的多种发展，需要各种高级的现代化人才，因此，美国高等教育的制度与类型也发生了重大变化。当前，美国的高等教育已形成了三级结构，即：第一级结构，两年制初级学院，毕业后可得副学士学位；第二级结构，四年制综合大学和各种专业学院，毕业后可得学士学位；第三级结构，研究院和高级专业教育。研究生可在不同的年限与水平上攻读硕士、博士及博士后学位。美国的初级学院已有80年的历史，当前更取得了重大的发展，据统计，20世纪的前20年，美国的初级学院（现在大多发展、演变为社区学院）只有200所，到1970年时增至1000所，而截至1980年年底，全美国已有1230多所两年制的社区学院，遍设于50个州，绝大多数为州立，约有2%属于私立，目前全美共有近500万人在社区学院学习。[1]

从高等教育行政管理来看，此时美国联邦政府进一步通过立法和投资，把国家政策渗透到了高等学校之中，从而影响以至于决定了高等教育的发展方向。从1945年至1970年，美国高等学校内部的管理体制也经过了多次的调整和适应，此时的大学校长多数在任职前曾长期在其他大型组织中工作过，来到大学后便将主要精力用于筹款和营建校舍，学校的教学科研和教师方面的事务由学术副校长协调。由于教师队伍的扩大和专业化的加强，各个学术部门的自治程度越来越高，美国高校内部管理的二元权力结构更加明显。其中，一元是学术的管理功能，这个结构内部的领导权定期地从一些教授转移到另一些教授，组织上常以各种委员会和评议会的形式出现，此外还有系主任和院长等岗位，管理权力是分散的；另一元是非学术的管理功能，范围从财务、图书馆到学生的活动，这个结构已变得更加科层组织化，职业管理人员是非学术结构的骨干，包括从事学生心理辅导等工作的各种专业人员。

20世纪60—80年代，因联邦政府减少了对高等教育的投资，美国高等教育的发展速度也随之放缓。从70年代开始，美国很多高校为了维持入学人数，不得不实行开放入学政策，同时也在英国开放大学的影响下，发展起开放大学

---

[1] 参见王天一《外国教育史（下册）》，北京师范大学出版社2006年版，第106页。

的形式。在美国也称无墙大学、自由大学、实验学院、新左翼学院等,这种大学也授学位。但是,由于美国高教与英国高教阶级壁垒森严的情况不同,加上公立社区学院的普遍发展,大部分适龄青年都有入学机会,因此,美国的开放大学不像英国那样具有重要的地位,影响也没有那么大。高等院校因此迎来了各种新的利益集团,各大学的董事会都在征聘律师、心理学家等具有斡旋于利益集团之间调停冲突的特殊技能的人担任管理工作。公立高等教育的管理开始向州一级集权。因此,多分校大学系统和州协调机构的产生,以及校内部门自治、利益集团的活动等,使得校长的领导更加软弱,校内管理权力更加分散,学术改革也更加艰难。

目前,美国各大学的内部管理体制并不完全相同,但是其内部结构要素一般都包括董事会、校长、评议会、中层管理等。

(1) 董事会。高等学校内部的最高权力机构,名义上享有裁决学校事务的全权。一般而言,学校董事会负责决定学校的大政方针,确定学校的性质、目标,建立长、短期规划;维护和修订学校的宪章,使其与社会经济文化的发展保持一致,以利于学校始终处于优势地位;考核、选定、留用或免除校长,并原则上保留任免每一个管理人员的特权;批准学校的预算,为学校广辟财源;广泛建立校外联系,提高学校的社会地位和声誉;监督校长、学校各管理部门和教师的工作效率及其行为;协调学校内部各方面人员之间的关系;等等。其对学术管理、具体的教学工作则很少介入,董事会多把学术管理权交给教师评议会。严格说来,学校董事会的管理权力和作用也是相对的,因为它除了受联邦、州政府和法律的限制外,还须尊重学校的宪章,而且实际上是由校长实施对学校的管理和领导。董事会主要由校外人士组成,来源多是政府官员、企业董事或经理、教育名家、社会名流等,主要条件是对高等教育感兴趣并在社会上具有一定的威望。公立院校的董事会和私立院校的董事会职能基本相同,但产生途径不同。私立院校的董事会最初由大学的创办人任命,而后由董事会成员集体选择增补的新董事。公立院校的董事会通常由公民选举产生的官员任命,在一些州也有直接由公民投票选举产生的情况。学校董事会一般设主席 1 人,副主席 1 人或若干人,书记和司库等。①

(2) 校长。美国的高等学校基本实行校长负责制,校长负全校一般管理和学术管理之总责,负责组织并指导一个有效的校内管理系统;兼任评议会主席,提出学校总的学术政策;协调教学、科研、行政管理各方面的关系;争取社会的资助,提出学校预算并监督实施;领导制订、修订学校发展规划,主持

---

① 参见袁锐锷《外国教育管理史教程》,广东高等教育出版社1998年版,第185页。

决定学校重大设备的购置；定期与学生组织的代表会晤，研究解决学生的要求和问题；等等。随着管理职责的专门化，各校开始设有若干名副校长协助校长工作，分别负责各种校务。副校长的人数多寡视学校规模而定。除副校长的协助外，校长治校，学校工作的正常运转，主要还是依靠一整套严格的"运行规则"，管理理论中称之为"标准运行程序"，这是美国各高等院校在长期的管理实践中形成的一系列规章制度。

（3）评议会。学校的学术管理专门机构。从管理范围看，评议会主要包括：学生事务，包括学生录取、毕业要求和学位授予等；教学事务，包括课程设置、课程要求、教学策略、教学评估等；教师事务，包括教师聘用、长期雇用决定、教师考核、职称晋升等；科研事务，包括对大学科研进程和学术项目确立的论证；与学术相关的事务，如大学的预算和预算执行情况、图书馆管理等。从管理权限看，评议会的权限主要包括：立法权，即评议会是学校的学术立法机构，有权制定有利于学校发展的学术政策；咨询权，即直接向大学校长和董事会提供与学校发展相关的意见和建议，是学校的主要咨询机构；审议权，即对列入大会议程的各项提案和报告进行讨论和审查，并经审议后做出肯定、否定或驳回修改等意见；决策权，即有权制定和裁定涉及大学学术发展方面的决策。[①]

美国规模较大的学校一般下设学院或分校，各学院与大学下属机构平行。学院有较大的独立性，是一个独立实体。这种权力再分配的管理制度常见于专业、学院众多的大学。独立学院是美国高等教育机构的另一种主要形式，它既不从属于任何大学，也没有下属学院。学院下设系，所谓"中层管理"主要是指院、系的管理机构。美国高等教育的管理具有很大的自由度，各州各校之间没有完全一样的管理体制和组织模式，但强有力的中层管理仍被普遍认为是美国高等学校管理的显著特点之一。美国大学的院、系在处理任用教师、课程设置、授予学位、开展学术活动等重大事宜方面拥有很大的权限。院长向校长负责，系主任向学院院长负责。院长和系主任都是从本单位的教授中选任的。应当指出的是，美国大学里的院长、系主任通常都是由校董事会根据校长的推荐任命的，并非由选举产生。如果这些管理人员工作不力或失职，随时可予撤换。这种任命制有助于建立起强有力的中层管理，使之有可能在解决棘手的问题时能够果断地做出决策，并能切实付诸实施。诚然，这种任命制也有不足之处，从美国高校的管理实践来看，比较明显的问题是管理人员与教学人员之间容易产生摩擦。这就需要我们在借鉴时扬长避短。美国大学对现任的院、系领

---

① 参见郭为禄、林炊利《美国大学评议会的运行模式》，载《全球教育展望》2012年第4期。

导实行定期审查的制度，必要时也有进行非定期审查的情况。审查由专门组织的委员会来实施，其成员包括行政人员和教学人员，其中至少有一名来自外单位的教师。这种审查实际上是对学校院、系行政管理人员的一种全面综合评价，既包括对领导者必备的个人品质的评价，还根据管理目标的实现程度来测定其工作成就。如果委员会的大多数成员对被审查对象的工作很不满意，就可以提出要求其辞职或要求解除其职务的建议，通常委员会的建议是很有效的。

六、近现代日本的学校管理

（一）初等学校的管理

日本在德川时代到明治维新以前，教育等级森严，庶民子弟只能接受初步的小学教育，中高等教育仅向贵族和封建主的子女开放。那时的平民初等教育机构主要是乡学和寺子屋。乡学又分为两种：一种招收封建主的子弟，另一种招收平民子弟。由于学校设在乡村，故称"乡学"。寺子屋以招收普通人家的儿童为主，最初设在寺院，学生称寺子，后来发展到寺院以外，主要学习读写算等基本知识。贵族子弟则在家接受初等教育。①

从19世纪70年代明治维新起，近代日本的教育制度就开始逐渐形成。为满足资产阶级采用先进科学技术以发展资本主义经济的需要，1872年《学制令》提出了"全民教育"即普及初等教育的目标。至此，全国各学区除了在改造寺子屋的基础上广设小学外，还出现了女子小学、村落小学、贫民小学和私立小学等各种类型的小学。小学学制8年，按年级制组织课堂教学，考试十分严格。但由于当时8年的义务教育对于日本政府来说负担过于沉重，无法实现，因此其后将小学的前4年调整为国民义务教育。

由于《学制令》过分强调中央集权制而受到广泛的批评。明治政府于1879年又颁布了具有美国自由主义特色的《教育令》，试图实施自由的、非强制式的教育。《教育令》规定，私立小学也可以承担义务教育的任务。此后，各地的私立学校数量迅速增加。在《教育令》公布的第二年，东京都内私立小学的数目，已达到公立小学数目的35倍。而全国学龄儿童的入学率较之新《学制令》实施期间有了明显的下降。据统计，儿童的入学率，1879年为41.26%，1880年为41.16%，1881年为41%。② 鉴于此，政府又两次修改了《教育令》，史称《改

---

① 参见诸惠芳《外国教育史纲要》，人民教育出版社2004年版，第201页。
② 参见[日]尾形裕康《日本教育通史》，早稻田大学出版社1981年版，第178页。

正教育令》。《改正教育令》否定了人民参与教育管理的权利，强调中央政府对教育的统制，带有浓厚的强制性色彩，故而又称《强制教育令》。

1900年起，日本小学实行免费制度。1907年，日本正式将8年小学的前6年定为义务教育，同时决定废除一切私立学校，国民教育全部由国家举办。1920年，日本的小学入学率超过99%。此时的日本小学，开始开设修身课（道德课）以灌输"皇道"思想和"武士道"精神。

明治维新至第二次世界大战，日本的小学设校长、副校长，校长是学校的管理者和经营者，负责制订学校的教学计划、编排学校课程、管理在校学生、处理日常校务。根据1886年的《师范学校令》，公立小学的教员由普通师范学校培养，校长应持有一级普通教谕许可证，校长必须具有教育见识和指导教师的能力，具备专门的学校教育和经营管理的知识与才能。

"二战"后，日本颁布了《学校教育法》和《学校教育法施行令》，规定公立学校可在不违反国家和地方法律以及教育委员会规则的前提下，灵活自主地处理有关设施、设备、组织编制、教育课程、教材处理等方面的事项；公立学校的校长和教职员均需根据教育委员会委员长的推荐，由教育委员会任命，其工资、惩戒及去留按《地方公务员法》的规定办理；一般小学设校长、教头、教谕、养护教谕及办事员等，还可根据实际情况设教务主任、年级主任、保健主事。校长必须具有《教育职员免许法（教师许可证法）》一级普通教谕许可证（免许），在正规学校从事教学工作5年以上。

《学校教育法》规定校长拥有"掌管校务，监督所属职员"的权力。具体而言，校长掌管学校一切事务，包括财物的管理，向教育委员会提供编制预算的资料和数据；还包括对学生的教育和对教职员的指导。校长负责签发学生入学通知书和毕业证书，编写学生指导要录，决定对学生进行嘉奖或惩罚。校长在不违背《教职员许可证法》规定的基础上，可以根据学校经营管理需要，对教职员进行指导和命令。

日本小学所设置的审议、咨询机构有下列几种：①教职员会议，全体教职员参加，负责审议和表决学校经营管理的大政方针，协助校长决策，为校长提供咨询，但不能限制校长职权的行使。②在规模较大的学校，有从教职员中选出代表组成的代表会议，以保证决策的正确和决定的迅速贯彻执行。代表会议一般在出现紧急问题或处理无须通过全体教职员会议讨论的事项时召开，所处理的事项以后必须向全体教职员会议报告。③计划、调整委员会，这是为先行审议将提交教职员会议审议的某些事项而设置的专门委员会，主要任务是制订学校教育计划、编制教职员会议议案。该委员会由校长、教职员会议负责。

（二）中等学校管理

明治初年，由于初等教育是日本教育的发展重点，中等教育的发展迟缓，中学较少。当时，各地根据1872年《学制令》开办了一些开设西方学科和外语课程的中学，以及在原来学西方文化的私立学园的基础上建立了一些私立中学。19世纪80年代初开始，日本对中学进行了整顿，为男子中学划定标准，不合格者不得称为中学，由此，日本中学数量大幅减少。随后，新的学制令将中学学习年限从6年改为7年，最后2年为高级中学。高级中学作为当时中等教育的重点，是通向大学的阶梯。中学实行严格的考试制度，重视基础科学知识和外语教学。

19世纪末，日本在中学（男子中学）和女子中学进行的教育曾称为"高等"普通教育。高等普通教育兼顾升学与就业的双重目标。随着日本国民经济的发展，19世纪末，日本开始出现农业、商业和专门技术学校等各种职业中学。1899年，日本政府通过一系列法令将中等学校分为三种类型：中学、女子中学和职业学校。日本的普通中学与英、法等国有所不同，而与美国比较接近。英、法等国将中学视为贵族学校，而日本则将其视为"高级国民教育"，是初等教育的继续。与此相适应的是明确规定中学教育的方针是升学与就业兼顾的中学招收读完小学6年的学生。1872年《学制令》规定在八年制初等学校之上设立六年制的中等学校。经过一段时期的探索后，1886年的《中学校令》规定，中学的学制延长为7年，分为五、二两段。五年制的初级中学称寻常中学，由地方设置和管理，是普通教育学校；二年制的高等中学校是中等教育的第二阶段，属于大学预科性质，全国只设5所，由文部省大臣直接管辖。至此，日本中等教育学校的结构初步定型。[①]

根据1899年日本政府的职业学校令，职业学校、农业学校、商业学校、商船学校和职业补习学校都包括在这个职业系统之内，徒工学校也被视为一种技术学校。这样，技工和中等技术人员的培养不再是学徒制而是学校化了。这一时期日本的各类中等教育迅速发展，学生人数增加几十倍，甚至上百倍，教育内容和方法都有所改进。但是，"忠君报国"教育和军事教育大大加强，学校成了"兵营"，成了日本军事帝国主义进行侵略活动的工具，大学和师范学校也是一样。这一时期，日本的中等教育与高等教育如何衔接的问题突出，而且女子中学和职业学校的毕业生实际上很难进入大学，表现出近代日本双轨学制的特点。

---

① 参见王炳照《中外教育管理史》，湖南师范大学出版社2000年版，第296页。

明治维新至"二战"期间，日本的中学设校长、副校长。此外，日本的中学往往还设教职员代表会议等机构，为校长提供咨询，参与学校大政方针的审议和决策。据1886年《师范学校令》的要求，中学教员由高等师范学校培养。日本中小学的校务组织一般是在校部之下设教务处和事务处。教务是与教育活动有直接关系的校务，教务处之下一般设教学科目指导组、生活指导组、特别教育活动指导组等。事务是与教育活动无直接关系的校务，又称杂务。事务处之下一般设庶务组、会计组、设备组等。

（三）高等学校的管理

明治维新前，日本的高等教育以幕府直辖的教育机构为主。在幕府之下的教育机构中，昌平坂学问所成立最早（1631年），主要传授儒学，是儒学研究和教育的一个中心。

明治初期，日本新政府曾设置与维新方针格格不入的保皇学校"大学校代"。"大学校代"的管理人员包括大学别当（由亲王担任）、大学头（由公卿担任）和大学助（由政府官员担任），同时设立教官，设大学博士和大学助教两种职称。其教学内容和其所依据的教育方针浸透着复古主义。这种不合时宜的学校不久就在明治三年（1870）七月被宣告废止。

明治维新初始，政府接管了原幕府直辖的昌平坂学问所和开成所等教育机构。1868年，开成所得以复兴，1874年定名为东京开成学校。昌平坂学问所改为昌平学校、医学所改为医学校、开成所改为开成学校，又于1869年将这三所学校合并成大学校，以昌平学校为大学校本部，其余二校为分部。1870年该校改称为大学，配备校长治理校务。大学的课程设置按教科（神教、修身）、法科（国法、民法、商法、刑法、实用经济法、施政学）、理科（物理学、天文学、植物学、动物学、化学、数学、器械学、筑造学等）、文科（历史学、文学、哲学）、医科（本科、预科）等五科设置。至此，日本将近代高等教育机构初步建构起来了。

1877年，日本在东京开成学校和医学校的基础上又成立了东京大学。东京大学初期只设立了法学院、理学院、文学院和医学院等学院，随后又增设了东京大学附属预科、教育博物馆、植物园等。

从1887年到1936年这50年间，日本的高等教育发展迅速：一是高等院校数量猛增；二是高等院校开始多元化发展，出现了许多新的公私立大学和高等专科学校；三是高等院校得到学校管理的状况正在逐步完善。1886年的《帝国大学令》把东京大学改名为东京帝国大学，并规定它由研究生院和分科大学组成，增设了研究生教育这一层次。为更好地解决分科大学与当时科学领域发展不相适应的问题，1918年的《大学令》规定，大学一般设数个学院（特殊情况下也可只设一个学院），学院为法学、医学、工学、文学、理学、农学、经济学和商学等八类，如有必要，只要在实质上和规模上能构成一个学院，也可在上述学院的基础上进行分合，设立新的学院。至此，学系数也就由以前的5个增加到8个，此后，日本大学学系的设置基本上是以这个模式为基础再进行调整的。但是随后军国主义的阴霾笼罩，高校的教学与管理都遭到了破坏。

"二战"后，日本高等教育在盟军最高司令部的监督下实行了一系列的改革，其间日本政府于1949年公布《国立学校设置法》，不但具体规定了各大学的学院、研究所、研究生院、附属短期大学等机构的设置，而且对各大学的招生学科都做了详细的规定。此后，日本政府对此法虽有过多次修订，但其基本内容并无重大改动。

20世纪60年代，日本在发展高等教育中，强调扩充与增加理工科教育（增加经费和招生名额，增设适应科学技术新发展的专业与课程等），以扭转高等教育重文法、轻理工的传统倾向，加速培养各种高级技术人才。70年代，在提出高等教育内容专业化与综合化的要求后，于1973年创办了新型的综合大学——筑波大学进行实验。①

随着高等教育的快速发展，一系列问题也随之而生，连绵不断的学潮和教育质量的下降等情况愈演愈烈，针对上述问题，日本政府在20世纪70年代采取了一些措施。为解决文法科与理工科毕业生比例失调的问题，日本政府不断调整大学专业结构和招生定额，并不时地根据社会经济发展和科学技术的进步以及人才市场的需求变化，增设新的学部和学科。学部是日本的大学里进行教学和科研的最基本的组织，相当于"系"，是教学科研一体化组织，也是师生共属组织，按专业分为文学、法学、经济、商学、理学、工学、医学、农业、家政、美术、音乐、体育等学部。日本的大学，无论是国立、公立，还是私立，一般都采用学部（系）制。作为一种改革尝试，1973年创办的日本国立筑波大学不设学部、学科，打破了传统的文理科概念，并把两者结合起来，设置了文理混合编组的学群和学类。

大学学部主要招收高中毕业生或有同等学力的各类人员。从1979年起，日本政府决定国立和公立大学实行两次入学考试制度，打破了长期以来日本的大学入学各校单独进行招生考试的传统。第一次是全国统考，着重考查基础学力；第二次由各校独立进行，着重考查专业适应性。私立大学不参加全国

---

① 参见王天一《外国教育史》，北京师范大学出版社2006年版，第132页。

统考。

大学中的一般专业学制 4 年，医学部、齿学部学制 6 年。大学实行学年学分制，在大学里学满 4 年以上并获得规定的毕业学分者可获学士称号。1972年以后，日本修改了大学设置标准的有关规定，开始在大学内引进学分互换制度，即如果大学方面认为有必要，可允许学生选修其他大学讲授的科目，所获得的学分可算作在本大学获得的学分。从 1982 年开始，这种制度又推广到了短期大学。至于大学院（研究生院），实行此制度者更多。

根据日本"由学校的设置者管理其设置的学校"的原则，国立、公立、私立大学的管理制度不尽一致。一般而言，大学设校长（日本国立综合大学称学长，私立大学称总长），教职员有教授、副教授、讲师、助教、事务员、技术员等，实行校长负责制和教授治校，各类大学在不违反有关法规精神的前提下，享有自主权。尤其是私立大学，作为教授治校的体现，大学设"教授会"和"评议会"。评议会是大学的权力机构，操纵着大学的命脉，对学校的大政方针、人员编制等进行权威性的评议审定。评议会的成员主要由有声望的教授组成，也就是说大学的管理权力集中在有影响、有地位的教授之中。评议会会长一般由校长担任。校长由教授会产生，实行任期制。校长是学校的办学法人，对学校的经营办学负责，但不负责日常管理。学校的日常管理工作由学校总部和事务局负责。各学部部长由学部的教授选举产生，学部长对本学部的人事聘任和经费支配拥有实权。各学部都有自己的"学则"，各项管理照章办事。学部下设学科（相当于专业），学科下设讲座（相当于教研室）。每个讲座只配 1 名教授，该教授既是学术带头人、权威，又是教研室的行政负责人。

第三节　近现代外国的教育管理思想

社会形态的更替会使教育的外部环境发生变化，教育必须在新的历史背景中进行重新定位，这引发了教育学家、思想家等人的广泛思考。这一时期各国都涌现出一大批比较有代表性的教育学家、思想家，如英国的洛克、法国的卢梭等人，他们结合各自的理解和思考提出了一些影响至深的教育管理思想，直到今天还指导着我们的教育管理实践。

一、近现代英国的教育管理思想

(一) 洛克的教育管理思想

洛克(J. Locke, 1632—1704年), 17世纪英国著名的实科教育和绅士教育的倡导者。其教育领域的著作有《教育漫话》和《工作学校计划》等。洛克的教育思想与其社会政治观点和哲学思想是紧密相连的, 并以其哲学思想为理论依据。在社会政治观上, 洛克反对为封建专制辩护的"君权神授"论, 主张"社会契约论"。在哲学观上, 洛克继承了培根和霍布斯的唯物主义经验论, 详尽地论证了知识和观念起源于感性世界的基本原则, 推动了近代经验哲学的发展。他反对天赋观念论, 主张知识来源于人的感觉经验。[①]

洛克从唯物主义经验论出发, 高度评价教育在人的发展中的作用。他把儿童天性喻为没有痕迹的白板和柔软的蜡块, 可以任人随心所欲地涂写与塑造。在他看来, 一个人之所以成为这样或那样, 绝不是先天禀赋所决定的, 而是后天教育的结果。从现实生活看, 在人的发展中起着决定作用的是教育。因而, 他要求英国的资产阶级必须使自己的子弟受到良好的教育。虽然洛克没有认识到遗传、教育、环境在人的发展中相互作用的辩证关系, 但他反对天赋观念, 强调人不是生来就有优劣, 而是受教育后才有好坏。这一思想沉重打击了封建贵族为维护等级差别而鼓吹的遗传决定论, 为资产阶级要求政治平等、教育民主提供了理论依据。

洛克认为教育就是培养绅士。什么样的人才算是绅士? 他认为绅士既要有健壮的身体, 又要有"德行、智慧、礼仪和学问", 实际上, 绅士就是具有情绪的理智和坚强的意志, 掌握经营工商业的知识与技能, 仪态高雅, 举止适度, 通晓世故人情, 善于处理公私事务, 勤劳勇敢, 既能满足个人幸福生活需要, 又能促进资本主义发展的资产阶级事业家。洛克关于绅士教育目的的观点反映了英国资产阶级新贵族培养新人的理想, 它适应了当时英国资本主义经济、政治和社会的需要, 既表现了洛克与封建贵族教育的鲜明区别, 又从另一个侧面体现了他的妥协性。

洛克从培养绅士的目的出发, 讨论了范围广泛的教育问题, 第一次较为明确地提出了一个包含德、智、体三育的教育体系, 重视培养, 注重训练的意义。在体育方面, 他要求培养刻苦耐劳的健壮身体, 并详细论述了养护和锻炼

---

① 参见刘新科《国外教育发展史纲》, 中国社会科学出版社2002年版, 第119页。

身体的一系列方法，成为第一个提出精密体育理论的教育家。在德育方面，他用满足现实人幸福的资产阶级道德观来代替追求来生美好生活的宗教道德论，反对天赋道德观，强调克己功夫，刻苦训练。在智育方面，他认为提高人的心智能力较之灌输具体知识更为重要，极为注意培养儿童的自由思考能力。他反对天赋观念，重视教育的作用，认为人的好或坏完全取决于所受的教育。洛克的这些教育思想，都体现出其反对封建主义、经院主义教育的进步意义。

洛克认为，绅士的培养应在家里进行，决不能通过学校教育来培养。这是因为：①当时英国的文法学校是古典主义的，所学知识空疏无用；②学校里的学生良莠不齐，成分复杂，小绅士与之交流，易受污染，性格变坏；③学生人数太多，教师难以进行个别的细致考察。因此，洛克极力主张凡是请得起导师的家庭应不惜重金聘请具有严谨的性格、良好的礼仪、丰富的社会实际经验、较好的文化修养的人作为导师，对子弟施以个别教育，以取得理想的教育效果。洛克对当时英国学校采取否定态度，自有其客观原因，但这也暴露了他对学校教育的轻视和对上流社会旧传统的偏爱。

1697年，洛克为英国贸易和殖民地事务委员会拟写过一份《工作学校计划》。洛克在计划中主张将没有工作而领取教区补助金的贫民家庭的14岁以下的子女组织起来劳动，以便安定社会秩序，减轻教会负担，创造更多的利润。工作学校中没有文化知识的学习，只有养成宗教意识的活动和从事纺织品制作等方面的手工业劳动，还允许雇主来校选取儿童当学徒。工作学校实际上就是贫穷儿童收容所、职业分配机关或童工工场，这与他的绅士教育主张形成鲜明的对照。

洛克以其唯物主义经验论哲学、自由主义政治学说、信仰自由和宗教宽容学说、功利主义伦理学说和绅士教育学说，在西方思想史与教育史上建立起自己崇高的学术地位。洛克的哲学思想为其教育学说奠定了理论基础，他的思想方法深受当时自然科学所建立起来的数学－力学世界图景的影响。其教育思想不仅使教育进一步摆脱了古典主义和习俗的束缚，还发展了人文主义教育家关于教育适应自然的思想，将教育方法建立在心理学的基础之上，[①] 但同时也暴露了他对学校教育的轻视，对上流社会旧传统的偏爱，这在一定程度上也反映出洛克的保守立场。

（二）斯宾塞的教育管理思想

斯宾塞（Herbert Spencer，1820—1903年）是19世纪英国著名的资产阶

[①] 参见周采《外国教育史》，华东师范大学出版社2008年版，第225页。

级社会学家、唯心主义哲学家和科学教育的倡导者。在近代教育家中，斯宾塞是以倡导科学教育而著称的，他为争取科学被承认为教育的一个必不可少的组成部分而努力斗争，力主教育在教学内容、方法等方面均须与自然科学的发展相协调。

斯宾塞生活的时代，是自由资本主义发展的鼎盛时期，并开始逐渐进入垄断资本主义社会。由于科学和生产的高度发展，社会生产方式和人的生活方式也发生了极大的变化。社会既需要培养精于工商业的管理人才，又需要培养大量的掌握一定实用技能的工人。① 斯宾塞适应时代的要求，批评当时盛行的古典主义教育虚饰大于实用，认为它既不能满足个人的需要，又不能充分发展个性，他说"从远古直到现在，社会需要压倒了个人需要，而主要的社会需要是对个人加以约束……所考虑的不是什么知识最有真正的价值，而是什么能获得最多的称赞、荣誉和尊敬，什么最能取得社会地位和影响，怎样表现得最神气"②。

斯宾塞认为，教育的目的是为"完满生活做准备"，个人生活中有直接保全自己、间接保全自己、抚养子女、社会关系、闲暇娱乐等五个方面的活动；教育的任务就在于教导人们怎样生活，只有教给人们科学知识，才能使人们为圆满完成各种生活活动做准备。斯宾塞还从知识的比较价值、训练价值和教育价值等各方面论证科学知识对训练智力的作用更大，更有教育作用，更有实用价值。因此，他认为科学在门类繁多的课程体系中应该居中心地位，并将众多的科学课程分为五类，要求学生在全面学习的基础上有所选择和侧重。

斯宾塞认为，科学教育在方法上应顺应儿童的发展，必须既传授知识，又发展学生的智力；在教学上应遵循从具体到抽象、从简单到复杂等原则，鼓励儿童主动学习。

从弗兰西斯·培根的时代开始，近代科学教育便取得了缓慢而稳固的进步。在德国和美国，科学早已先后进入大、中、小学的课程之中。可是在英国，古典主义传统教育的势力太过顽固，所以，自然科学的成果迟迟没有进入学校课程。随着科学的发展，这种传统古典主义的课程与英国当时的现实需要形成了尖锐的矛盾，英国的教育面临着改革。斯宾塞目睹了这一切，因此，他尖锐批评当时英国古典主义教育的课程内容，认为那些是脱离社会生产和生活实际的，提出教育要适应新时代的生产和生活的需要，科学要进入学校课程，成为新教育的重要组成部分，并广泛建立实科中学。

---

① 参见胡金平《外国教育史纲》，南京师范大学出版社2006年版，第244页。
② 胡毅、王承绪：《斯宾塞教育论著选〈教育论〉》，人民教育出版社1997年版，第55页。

英国的教育界从19世纪三四十年代就开始了关于是否要在英国实施科学教育的争论。尽管在这场持久而激烈的争论中,有许多具有广博的科学知识和享有较高科学声誉的人士都赞成并领导实施了科学教育运动,但斯宾塞是其中极为鲜明的代表人物,他对传统的古典主义抨击最激烈,对什么知识最有价值这个问题的回答得最为明确,对这3个世纪的教育改革的合理思想表达得最清楚。

二、近现代法国的教育管理思想

让·雅克·卢梭(Jean Jacques Rousseau,1712—1778年)是18世纪法国启蒙运动中最激进的启蒙思想家、哲学家和教育思想家。他以思想斗士的形象在政治学、哲学和教育领域同一切旧观念进行了不屈的斗争。他接受了洛克等人提出的关于"自然状态"和"社会契约"的主张,指出私有制乃社会不平等的起源,提倡"天赋人权",宣扬"自然神论",认为"人性善"而"社会恶"。他提出的"社会契约论""自然状态说""人性本善论"等思想,在西方的思想史上占有无可替代的地位。[①] 在教育上,他反对戕害天性的陈腐教育,倡导自然教育理论,要求教育要适应儿童天性发展。在对封建旧教育的批判中,卢梭是一名在教育思想上扭转乾坤的勇猛的战士。

卢梭认为人生来是自由的、平等的;在自然状态下,人人都享受着这一天赋的权利,只是在人类进入文明状态之后,才出现人与人之间的不平等、特权和奴役现象,从而使人失掉了自己的本性。为了改变这种不合理的状况,他主张对儿童进行适应其自然发展过程的教育,教育的目的是要培养资产阶级理性王国的"新人",即反封建的自由人,这种人不依赖他人为生,卢梭认为,只有靠自己劳动为生的人才是真正自由的人。

在反封建斗争中,卢梭提出了"返于自然"的革命理论,对封建专制制度予以无情的鞭挞。"返于自然"的含义有三:①以"自然权利"(即天赋人权)反对封建专制制度,反对按阶级划分人类。提出封建专制制度这种人为的不合理的制度,应当由建立在天赋人权上的自然制度来代替,即政权属于全体人民。②以"自然宗教"反抗作为封建制度思想支柱的天主教会,主张让人们自由地选择宗教。③以"自然教育"反抗封建教育,以遵循儿童的自然发展,反对封建经院主义学校。"自然教育"是卢梭反对封建专制制度的一个

---

① 参见朱家存、徐瑞《外国教育史》,山东人民出版社2008年版,第150页。

组成部分，也是卢梭教育思想的核心。这一理论贯穿在他的整个教育体系中。①

诚然，卢梭反对经院主义教育，强调教育应该从儿童的实际出发，考虑儿童的年龄特征，这是正确的。他把人的教育分析为三个来源，实际上是遗传、环境、教育共同制约人的成长，这也是不言而喻的。但是，卢梭把人的教育仅仅归结为教师帮助儿童学会更好地利用其才能和器官的内在发展，这就抽去了教育的内容，否定了教师传授知识的作用，同时把人的才能看成与生俱来的，只需对"本性"加以发展，这是唯心主义的。另外，他把人类的学习仅仅归结为"事物的教育"，否定了文化的传承性，抹杀了学习系统知识的必要性。

卢梭认为，遵循自然的教育是没有外力威慑的、自由的，这样的教育才是自然的。因此，他反对"把人像花园中的树木那样，照他喜爱的样子弄得歪歪扭扭"，而是要求让儿童的天性、儿童的身心得到充分自由的发展。"只有自己实现自己意志的人，才不需要借用他人之手来实现自己的意志；由此可见，所有的一切财富中最为可贵的不是权威而是自由，真正自由的人，只想他能够得到的东西，只做他喜欢做的事情。这就是我的第一基本原理，只要把这个原理应用于儿童，就可源源得出各种教育的法则。"卢梭的自由教育要求反对和控诉封建专制制度对儿童个性与自由的摧残和压制，反对经院主义教育强迫儿童呆读死记宗教教义及反对其严酷的纪律和体罚，体现出其教育思想中具有反封建的革命进步意义，其所追求的资产阶级"个性自由""个性解放"亦是社会进步的需求。

为了培养自由人，卢梭要求教育的方法也应该是自由的。他反对封建教育强制儿童接受传统偏见、服从教师的权威，强调发挥儿童的积极性，让儿童通过活动和个人经验独立地去认识现实的事物，进行学习。他认为只有这样，才能够把儿童培养成为能够独立进行判断的人。这种主张，在当时具有重大的思想解放意义，而卢梭关于在学习中发挥儿童的主动性、积极性、独立性的见解也是精辟的。但是，仅仅让儿童从生活和实践的切身体验中，通过感官感受去获得他所需要的知识的做法，在我们看来则是不完全可取的。②

18世纪的法国，"贵贱天生殊异论"仍在流传，封建统治阶级总认为自己是天之骄子而污蔑劳动人民天性不善。卢梭则针锋相对地认为，人人都有优良的天性，在自然状态下无贵贱之分，这在教育上自然也就驳斥了封建教育的等级论。他把当时社会上人性变恶的根源归结于封建文化教育对人性的腐蚀和败

---

① 参见李申申《简明外国教育史》，河南大学出版社1997年版，第181页。
② 参见徐寒《世界历史百科全书》，北京出版社2005年版，第428页。

坏，从而得出结论：要恢复人的天性，就必须改造封建教育。所以卢梭要求远离丑恶的城市和腐败的封建文化，在乡村的大自然怀抱中对儿童进行教育。他认为，教育者的任务是保持和发展儿童完美的天性，这就剥夺了封建教育任意体罚儿童、摧残儿童身心健康的动机，也为儿童的个性解放和自由发展提供了理论依据。①

卢梭关于"自然"而"自由"的教育主张是他整个教育思想的核心，而该理论的焦点在于教育对象，即儿童。卢梭的自然主义教育理论是其教育思想的核心，虽然该理论本身存在矛盾的地方，而且难以落实到实践层面，但卢梭的自然主义教育思想对批判封建社会顽固儿童需求的问题意义深远。它不仅推动了反宗教、反封建的斗争的发展，推动了近代教育理论的发展，而且也对后世儿童观和教育观巨大变革启发良多，成为后来儿童中心主义的思想来源之一。

三、近现代德国的教育管理思想

（一）赫尔巴特的教育管理思想

赫尔巴特（J. F. Herbart，1776—1841 年）是 19 世纪上半期德国著名的哲学家、心理学家、教育家。在长期的教育实践和理论探讨的基础上，赫尔巴特明确提出把教育学建成一门独立学科的设想，并为此做出了巨大的努力，提出了一个较为完整的教育思想体系。从 19 世纪后期开始，赫尔巴特的教育理论得到了广泛的传播，对 19 世纪末、20 世纪初许多国家教育的发展，产生了广泛的影响。他的教育代表作是《普通教育学》。

哲学上，赫尔巴特是一个唯心主义者，他认为宇宙万物都是由一种不变的"实在"所构成，人的心灵也不例外，但是他到底还是承认"一切概念都毫无例外地是时间和经验的产物"。

赫尔巴特在社会政治观上是保守的，主张维护现存社会秩序，那么教育怎样才能使学生珍惜社会秩序，甚至必要时为之牺牲呢？为此，他概括了五种道德观念，即人人应具有的五种永恒不变的美德，希望以此来协调人与事、人与社会的关系。这五种道德观念为：①"内心自由"的观念，即个人的意志和行为能摆脱一切外在的束缚，而听凭于个人内心的判断，实现自我控制，选择明确的行为目标。②"完善"的观念，即使意志力追求完美，希望自己能做

---

① 参见贺国庆、于洪波、朱文富《外国教育史》，高等教育出版社2009年版，第231页。

得更好，从而努力完善自己。③"仁慈"的观念，即与人为善的观念，督促自己与他人和谐相处，避免与人发生冲突。④"正义"的观念，即守法的观念，以法律来调节人的行为，维护社会秩序。⑤"公平"或"报偿"的观念，赫尔巴特认为，假如一个人的行为不能受上述观念的支配，就要承担不良行为的后果，即善有善报、恶有恶报。以此五种道德观念支配自己的行为，世界将会井然有序。同时，他还把道德归结为观念，从而也归结为知识。①

在这个基础上，赫尔巴特毕生致力于架设"心灵"与"知识"之间的心理桥梁，创立了以"统觉"为核心的教育心理学体系。所谓"统觉"就是利用已有的观念吸收新的观念并构成统觉团，统觉团越丰富、越系统化就越能吸收新知识，统觉中观念的运动有一定的规律。在赫尔巴特看来，"统觉"是人的最基本的心理活动，无论是意识中的各种观念，还是人的各种心理现象，都是通过统觉作用而获得和产生的。这种心理学理论在当时只是一种理论假设，而且还有神秘和机械的性质。但是，由于有了自成体系的心理学作为依据。赫尔巴特的教育理论比起夸美纽斯、洛克、卢梭、裴斯泰洛齐等人的教育理论来，就显得更理论化了，同时也向科学化前进了一步。事实上，赫尔巴特为使心理学从哲理中走向实验做出了巨大的努力和贡献，他紧紧地围绕解决如何根据人的心理活动规律去传授各种知识这个教育理论上的核心问题进行了数十年的实验和研究，创立了这种关于人的意识的内在活动规律的学说，它不但集中反映了当时教育心理学趋势所取得的成就，而且大大推动了近代心理学和科学教育学的形成和发展。

赫尔巴特认为，儿童生来便有一种处处都会表现出来的、不服从的、盲目的烈性情绪的种子，它是儿童不守秩序的根源，而且这种原始的欲望会逐年增长扩大，以致发展为反社会的倾向、养成反社会的意志，不可避免地同社会发生冲突与斗争。所以，对于儿童的管理是至关重要的。赫尔巴特认为，管理本身虽不是教育工作，但它能为实现教育过程创造不可或缺的条件。管理的目的在于克服学生原有的"野蛮的顽皮性"，为教育工作创造顺利进行的外部秩序。

赫尔巴特指出，管理的基础在于让儿童活动。成人应当满足每一个年龄阶段的儿童对身体活动的各种需要，而且这种活动最好是儿童自己选择的。为了让儿童能充分地、持续地从事活动，成人应当对儿童提出活动的任务，明确活动的规则，以保证在活动中养成秩序。"一切管理首先采取的措施是威胁。"但由于本性顽强的儿童会蔑视威胁，软弱的儿童无法承受威胁，从而使威胁成

---

① 参见诸惠芳《外国教育史纲要》，人民教育出版社2004年版，第107～108页。

为极不可信赖的手段,因此要借用监督。监督不可过多运用,否则,不仅对监督者本人是负担,而且会给被监督者带来极大危险。为防止或克服威胁、监督的消极后果,赫尔巴特提出"权威与爱"作为补偏救弊的手段。他认为人心屈服于权威,权威能拘束心的出乎常轨的活动。所谓爱,一是靠情感的和谐,二是靠习惯。赫尔巴特认为,权威极自然地归于父亲,爱极自然地归于母亲,把二者结合起来便能发挥管理的效能。

赫尔巴特在教育学史上突出的理论贡献,还在于他最早明确地表述和论证了教育性教学的原则。"教学如果没有进行道德教育,只是一种没有目的的手段;道德教育如果没有教学,就是一种失去了手段的目的。"他认为道德教育的功用,在于陶冶学生的意志,形成善良的品格,带有温和性,而且是永恒的。所以,他把道德教育称为品格训练,认为道德教育的根本途径和手段是教学,通过教学向学生传授知识,并在此基础上培养学生的品德,没有教学就没有教育,就无从实施品格训练。

赫尔巴特所提出的教学"形式阶段"理论是对 20 世纪以来全世界众多国家教育教学活动影响深远的重要理论。由教师采取符合心理规律的教学程序,有计划、有步骤地把作为一个未来成人所应具有的知识和技能传授给学生,并培养其美德。

赫尔巴特把多方面的兴趣和培养学生的注意力结合起来,提出了教学的四个阶段:第一个阶段是"明了",教师应当在了解学生"思想仓库"的基础上,运用各种方法,帮助学生清楚、明确地感知新教材;第二个阶段是"联合",教师可以采用无拘无束的自由谈话等方法,激发学生的"创造性思维",让他们从已有的知识出发去接受新的知识;第三个阶段是"系统",教师要运用综合的方法,帮助学生把新旧知识整理得井井有条,最后做出概括和结论;第四个阶段是"方法",即学生在教师的指导下,通过练习学会灵活地运用所学知识,以解决各种实际问题。赫尔巴特指出,上述四个阶段按顺序迅速地从一个环节过渡到另一个环节,是教学中必须遵循的程序。

赫尔巴特一生对现代教育学的贡献举足轻重,诚然,其教育思想中存在着在其历史背景下的种种局限,"形式阶段"理论也过于固化,缺乏灵活性,但是,赫尔巴特对教育学发展的重要推动作用仍然是无可置疑的。首先,赫尔巴特以心理学和伦理学为基础建构了自身教育理论,为教育学发展提供了新的思路,破除了阻隔在教育学与心理学之间的屏障;其次,赫尔巴特兼顾了儿童的兴趣与经验,探索儿童学习与发展的客观规律,为后世教学提供了有效经验;再次,赫尔巴特的管理与教育性教学思想严谨论证了管理、教学与教育三者之间的关系;最后,赫尔巴特关于教学"形式阶段"的理论符合教学书本知识的客观规律，比较正确地处理了教学中学生的感性认识和理性认识之间的关系。

(二) 第斯多惠的教育管理思想

第斯多惠（F. A. W. Diesterweg，1790—1866 年），19 世纪中叶德国著名民主主义教育家。1835 年其出版代表作《德国教师教育指南》，全书共两卷，第一卷总论部分为第斯多惠所撰写，他不仅系统地阐述了教育的基本问题，还总结了 33 条教学的规律与规则，他继承和发展了裴斯泰洛齐的教学原理，提出了许多精辟见解；第二卷由第斯多惠与师范学校教师共同执笔，主要是关于各科教学法的研究。

第斯多惠兼顾教育理论与教育实践，是师范教育的卓越活动家，他主持了两所师范学校将近 30 年之久，不仅对师范教育进行了多番改革，而且还培养了大量优秀教师。由于第斯多惠为德国教师教育理论与实践方面所做出的卓越贡献，他被人们尊称为"德国教师教育之父"。

1. 论培养"完人"必须遵循的三项基本教育原则

第斯多惠受裴斯泰洛齐的"天赋能力"思想的影响，认为教育的目的就在于协调发展自然赋予人的具有发展倾向的各种能力，即天性，把青年一代培养成为身心和谐发展的完人。他激烈反对当时德国教育中的狭隘沙文主义和职业训练，强调普通教育的任务就是培养人。第斯多惠认为："德国的教育学首先要求人的教育，然后才是公民的和民族成员的教育；首先是人，然后才是德国公民和职业上的同行。"第斯多惠的"完人"思想表现出其对德国教育中的沙文主义、宗教主义和过早的职业训练的强烈批判。

为了实现"完人教育"的理想，第斯多惠认为，必须遵循自动性原则、自然适应性原则和文化适应性原则。

所谓自动性，即潜藏于人的天性中渴望发展的特性，是人的发展的主观因素。教育应引导它向真、善、美人生的最终目标发展，成为为了真、善、美而积极活动的完人。第斯多惠要求把人的主观因素的自动性，引向为真、善、美而奋斗的崇高目标，这一思想与当时德国保守的、反动的教育方针是对立的。

第斯多惠认为，自然适应性原则是最重要的教育原则。他认为，儿童生来就具有一定的素质，这些素质具有发展的天然倾向，必须按照这些素质发展的自然进程来激发它们。遵循自然的教育就是进行教育时要遵循人的自然发展过程，即考虑学生的年龄特征和个别差异。他还依据心理学理论，把儿童的智力发展过程分为感觉阶段、记忆阶段和理性阶段，并对其特点和与之相应的教育进行了系统论述。①

所谓"文化适应性原则",就是要求教育教学"必须注意我们时代和社会阶层的风俗习惯,我们所生存的时代的精神,我们民族的民族性"。在第斯多惠看来,只有把教育教学提到人类现代文化的高度,才能使教育理想符合时代的要求,促进人类社会向着真、善、美的境界不断前进,这表达了第斯多惠渴望德国跟上时代步伐,迅速繁荣发达的强烈愿望。第斯多惠认为,"适应文化原则"必须从属于"适应自然原则",使两者协调一致。

第斯多惠的教育思想受卢梭和裴斯泰洛齐的深刻影响,强调教育必须适应儿童天性及其发展的自然进程,但不同的是,第斯多惠突破了只让儿童在自然状态中接受教育的片面性,坚决主张把儿童提到人类现代文化成就的高度。关于青少年心理发展及与之相适应的教育的具体论述,第斯多惠极大地丰富了裴斯泰洛齐的"教育心理化"思想,对当时教育理论的变革和教育实践的创新有着深远意义。

2. 论教师和师范教育

第斯多惠认为,教师肩负"引导别人走正确的道路,激发别人对真和善的渴求,使别人的素质和能力得到最高的发展"的神圣使命,年轻一代只有在他们的教育培养下才能成为身心和谐的完人,从而促进社会的前进。他极力反对德国政府对教师的思想控制,以活跃教师思想和提高教师素质为己任。第斯多惠对教师提出了以下一系列要求:

(1) 教师必须努力提高自我修养,培养优秀品质。第斯多惠认为,教师的人格有着极大的教育作用。他要求教师必须通过多种途径致力于自我教育,不断提高自己的道德和知识素养。他提出,谁要是自己还没有发展、培养和教育好,他就不能发展、培养和教育别人。

(2) "教学是主要的教育手段",因而,教师必须力求使教学引人入胜,激发学生高尚的兴趣,对真、善、美的爱好和为美好生活而刻苦学习科学知识的意向。

(3) 教师须具备充沛的精力、坚定的性格、顽强的意志。因为只有具备上述品质的人,才能教育出坚决的、精力充沛的和性格坚强的人来。

(4) 教师应注意培养学生的语言能力。第斯多惠反对"独白式"的教学,认为这样会使学生养成不愿说话的有害习惯。他强调指出,优秀的教师应耐心地、经常地注意学生的发音、语调、言语内容及叙述的方法,迫使学生用清晰的语言、严密的逻辑口述一切所领会的教材。因为唯有能够正确地叙述所学的

---

① 参见李申申《简明外国教育史》,河南大学出版社1997年版,第370页。

东西,才算"表现出知识的明晰性和巩固性,判断的精确性和结论的一贯性",才算对知识有了真正的理解和切实的掌握。

第斯多惠对教师的严格要求,体现了他对教师作用的深刻认识。在他看来,培养为真、善、美而自觉活动的完人,教师起着主导作用。

第斯多惠认为,必须以广泛的学科知识武装未来的教师,并将教育学规定为师范学校最主要的必修课。在第斯多惠看来,狭义的"教育学"只限于确定道德教育的规律和规则,广义的"教育学"是关于人类教育方面自觉活动的规律和规则的科学,所以应该包括"教学论";如果从广义上将教学论理解为有关教学的一般规律和规则的科学,那么,可视教学法为关于教授个别学科的规律和规则的学说,教学法是教学论的实用部分。第斯多惠指出,作为一个好教师,应该全面学习和研究"教育学""教学论"和"教学法",而且要求师范学校的一切教学必须建立在理论密切联系实际的基础上,师范学生必须进行教学实习,以便学会把自己所学到的东西有效地教给别人。为此,第斯多惠在他主持的师范学校中专门设立了一所附属实验小学,供学生实习之用。

19 世纪随着现代资本主义经济的发展,儿童的义务教育开始成为必要又可能的事情,大量的师资力量亦成为时代的紧急需求,第斯多惠关于教师和师范教育的论述及其办学经验,适应了适当发展的需求,在师范教育发展史上产生了重要而深远的影响。

四、近现代俄国(含苏联)的教育管理思想

(一)乌申斯基的教育管理思想

康士坦丁·德米特利耶维奇·乌申斯基(1823—1870 年),19 世纪俄国资产阶级民主教育派的主要代表人物。俄国国民学校和俄罗斯教育科学的奠基人,"俄国教师之父"。乌申斯基有影响的主要教育实践活动和教育理论工作是在 19 世纪五六十年代俄国社会改革和教育改革运动高涨的时候进行的。他的教育理论代表作《人是教育的对象》是教育史上具有独特风格的名篇。

1. 论办教育必须遵循的两项基本原则

(1)科学性原则。乌申斯基认为,教育除了需要耐心、天赋才能和技巧外,"还需要有专门的知识"。这种专门的知识通称为教育学。乌申斯基区别了两类教育学:广义的教育学和狭义的教育学。他认为,狭义的教育学仅仅是教育方面的成规惯例的汇集,类似"家庭医疗手册",它对于教育工作者的帮助很小,甚至有害。他说,一个只学过几本这样的教育学教科书,并且完全以

这些书本上的规则去指导自己的教育活动，却全然不晓得这些规则所根据的那些自然现象和人的精神现象的人，就不能被称为"教育学者"，"正如我们不能称一个只知道'治疗手册'，甚至根据'健康之友'等类的处方汇编和医药宝鉴去治病的人为医学家一样"。

他认为：广义的教育学是教育家所必需的或有用的知识之汇集，而教育除了必须反映本民族的精神、传统和特点之外，教育工作的措施还必须符合教育对象的"身心本性"或"内心情况"，同时，在教育实践中，情况千变万化，每一种教育措施都可能得到多种多样的应用，所以，研究教育所依据与运用的科学规律本身比研究教育规则和措施更为重要。除了强调教育学要坚持以哲学、心理学为其理论基础外，乌申斯基也特别重视生理学、解剖学、伦理学等学科在教育学的学习和研究中的作用，他说："教育学——不是一门科学而是一门学艺……教育学艺是以科学为倚靠的作为一门复杂而又广泛的学艺，它倚靠着许多广泛而复杂的科学。"[①] 乌申斯基这些论述突破了原有的教育理论，但是限于历史条件，他还未能认识到教育学必须建立在辩证唯物主义和历史唯物主义之上，才能真正揭示教育的客观规律，使教育学真正成为科学。

乌申斯基教育上的科学性原则还表现在强调科学教育上，他要求在教学的各阶段必须以儿童易于接受的形式传授科学知识，以发展儿童的逻辑思维能力。

（2）民族性原则。乌申斯基把民族性看作自己教育学体系的主要基础和建立国民教育制度的主要原则。它贯穿于乌申斯基教育思想和教育实践的各个方面。

民族性原则是他针对当时俄国对西方文化教育的盲目崇拜和反动的"官方民族性"理论而提出来的。乌申斯基在详细地研究了欧洲教育的共同历史基础和各民族自己的教育制度、教育目的和教育手段后指出，教育是崇高而复杂的事业，经常摆在教育学者面前的理想就是求取人的心身完善，但是每个时代和民族都有自己的教育理想，大家对"完人"的理解又各不相同，因此，"不仅在实际上而且在理论上，并没有一切民族共同的国民教育制度"，教育必须反映本民族的精神、传统和特点，只有根据民族性的原则建立起来的教育制度，才是生气勃勃的、有生命力的。乌申斯基认为，一个民族如果没有民族性就等于一个没有灵魂的躯体，他由此尖锐地批评沙皇教育部把外国，尤其是普鲁士（德国）的教育体系机械地照搬到俄国中来。他说，盲目地抄袭其他民族的教育制度只会产生莫大的祸害。

---

① 贺国庆、于洪波、朱文富：《外国教育史》，高等教育出版社2009年版，第238页。

乌申斯基认为，没有一切民族所共同的国民教育制度。一个民族的教育，与这个民族的民族性有着不可分割的必然联系。民族性是一个民族教育发展的根基，教育始终不断地从这个源泉中汲取力量，"我们想杜撰教育，这是徒劳无益的……教育是与人民一起产生、一起成长的，它反映了人民的全部历史，反映了人民的一切优良品质和不良品质"①。他要求以民族性为基础的教育必须特别重视民族语言和祖国历史、地理与自然的教学。他还要求，教育应该是人民的，人民的教育应该交给人民自己去管理和监督，应把青年培养成热爱祖国、为祖国的进步与幸福贡献力量的人。乌申斯基的这些主张与他反对农奴制的要求是直接联系在一起的，是极具进步性的，但是他的民族性思想仍然有一定消极的内容，其中包括他错误地认为信仰宗教也是民族性的内容，有时甚至还把具有宗法制的道德说成是民族性的内容。

2. 论教育目的

乌申斯基言辞激烈地批评了沙皇专制下的封建等级教育，认为其完全是为贵族本阶级的利益服务，是建立在他们个人和家庭的利益的基础上的，而国家、科学、艺术、文学、文化等方面的利益是和他们没有关系的。乌申斯基认为，教育目的应当从社会和国家的利益出发，教育所培养的人应当是为社会利益而生存的，并且能够把全人类的利益同自己民族的和个人的利益结合起来，所以，这种人应该在身体、智力和道德各方面得到和谐发展。

乌申斯基认为，在实现教育目的的过程中，道德教育起着主导作用。培养儿童的爱国主义和人道主义情感是道德教育的首要任务。②"道德的影响是教育的主要任务。这种任务比一般地发展儿童的智力和用知识去充实他们的头脑重要得多。"德育的目的在于发展儿童的人道精神、忠诚老实、爱劳动、守纪律、责任感以及跟谦逊相结合的自尊心等品质，发展儿童坚强的性格和意志，培养儿童对人真挚、善良、公正以及追求真理的态度。

乌申斯基重视劳动在教育中具有的重大意义，他甚至把智力活动看作一种严肃而艰苦的劳动。他指出，通过劳动可以发展儿童的体力和智力，使儿童的道德日臻完善；应培养儿童热爱劳动和劳动人民的高贵品质，养成儿童的劳动习惯并获得技能。"教育不仅应当发展人的理智并给予他一定范围的知识，还应当在他身上燃起对认真劳动的渴望，没有这种渴望，他的生活就不可能是可尊敬的，也不可能是幸福的。"乌申斯基认为学习也是劳动，而劳动本身就是教育。为此，他要求学校教育应该使体力劳动与智力劳动结合起来，在安排课

---

① 胡金平：《外国教育史纲》，南京师范大学出版社 2006 年版，第 249 页。
② 参见贺国庆、谢长法《简明外国教育史教程》，河北大学出版社 2004 年版，第 298 页。

业时使二者交替进行。虽然乌申斯基突出强调了劳动教育，但是他仅从伦理学的观点出发来看问题，未能从历史唯物主义的高度出发来探讨这一问题，其教育思想还存在着一定的局限性。

（二）马卡连柯的教育管理思想

安·谢·马卡连柯（1883—1939年），苏联早期的一位优秀的教育革新家，曾经长期领导过高尔基工学团和捷尔任斯基公社，在把大批流浪儿和少年违法者改造、培养成为社会主义新人的实践基础上创立了崭新的教育理论体系，形成了他的办学思想，其中最具特色的是关于劳动教育、纪律教育和集体教育的思想。其描写高尔基工学团，写捷尔任斯基公社，写教育学，也在写老师、家长和儿童，写学校教育，写家庭教育。1937—1938年，他完成了近60多部作品，其中包括《家长必读》和《塔上旗》。马卡连柯是一位知名作家，同时他始终都是一位教育家，从未中断过对教育理论和教育实践的探索。作为教育家和作为作家的马卡连柯的成长道路极不平坦，1939年，马卡连柯猝死，留下了很多未完成的理想和计划。①

坚持辩证唯物主义和共产主义方向是马卡连柯从事教育实践活动和总结教育实践经验的第一原则。马卡连柯认为物质是第一性的，实践是认识的源泉；研究一切教育现象，都要研究其物质方面的原因，教育理论应当是教育实验和实践的总结。马卡连柯以发展的观点对待一切教育问题，认为教育和教育方法都是不断发展的过程，应当随着儿童的不断发展而变化。马卡连柯还从相互联系和对立统一的辩证观点出发，认为教育目的和方法、教育理论与实践、纪律和自由、个人和集体、教师作用和集体作用、教师指导和儿童自觉性等都是相互联系、对立统一的，坚持矛盾通过斗争可以达到统一，从而解决了资产阶级教育家基于形而上学所解决不了的问题。马卡连柯认为"既然我们是忠实的教育工作者，我们就应当努力教育所有的人，所有的儿童，去加速实现我们的共产主义理想"。马卡连柯还把社会主义人道主义作为他的教育活动和教育理论的思想基础。马卡连柯认为，有些少年儿童之所以成为违法者，并非他们的品质先天就是坏的，而是由于受到"不正常"教育，受到资产阶级思想的腐蚀，是长期流浪和不幸遭遇所致，是战争和贫困造成的恶果。他坚信，在社会主义教育制度的巨大作用和力量基础上，只要建立起积极的教育集体，施以共产主义教育，热爱他们，信任、尊重他们，实行社会主义人道主义，并不断提出要求引导他们前进，就一定能把他们教育好，事实正是如此。

---

① 参见贺国庆、于洪波、朱文福《外国教育史》，高等教育出版社2009年版，第387页。

在高尔基工学团和捷尔任斯基公社，马卡连柯兼顾学生的文化学习与生产劳动，帮助了一批批流浪儿童和少年违法者变成富有革命理想、自觉遵守纪律、热爱集体和劳动的有文化的新人。马卡连柯认为，劳动教育应当是培养共产主义新人，特别是教育违法少年的重要手段，但劳动教育不等于惩罚，相反，劳动教育是使一种促进学员全面发展的正面教育，是全部教育过程的组成部分。由此，马卡连柯认为，只有生产劳动和创造价值的生产过程才具有更大的教育意义。

在论述教学与劳动的关系时，马卡连柯坚持工厂与学校并存、生产与教学平行的原则，认为定时、定量参加生产劳动和按时、按程度参加文化学习对于学生个性的全面发展是同等重要的。但是，马卡连柯在教学与劳动结合中存在机械倾向，他将学生半天劳动、半天学习看作教育与生产劳动相结合，这一点是有失偏颇的。

在马卡连柯教育实践中贯穿始终的一条重要原则是，马卡连柯认为纪律教育是社会主义教育工作中所不可缺少的。他认为，社会主义纪律与一切剥削制度下的纪律有着本质的不同，守纪律是社会主义新人应有的道德品质；社会主义纪律是自觉的、积极的，而不是消极的约束人的行动；社会主义纪律是教育的结果，以后才能成为一种手段。马卡连柯认为，纪律的培养，首先应当建立产生正确影响的教育整体。教育整体即集体，马卡连柯特别重视在教育活动中集体所发挥的重要作用。其次，应指导儿童遵守必要的切实可行的生活制度，以培养他们的纪律性。再次，应当在尊重、信任和热爱学生的前提下，向学生提出合理的、明确的、真诚的、有说服力的、坚定不移的、一贯的要求，纪律就建立在要求的基础上。最后，马卡连柯还认为，进行纪律教育必须恰到好处地执行惩罚与奖励。

通过集体进行教育具有明显效果，因为它使集体和个体同时受到教育。平行教育影响，是集体教育的原则和方法。马卡连柯说："在教育单独的个人的时候，我们应当想到整个集体的教育。在实践中，这两个任务只有同时用一个共同的方法来解决才行。每当我们给个人一种影响的时候，这影响必定同时应当是给集体的一种影响。相反地，每当我们涉及集体的时候，同时也应当成为对于组成集体的每一个个人的教育。"[①]

所谓集体教育，概而言之，就是通过集体、在集体中和为了集体的教育，这是马卡连柯教育学说的核心。马卡连柯指出，集体是以社会主义的结合原则为基础的人与人的互相接触的总体，集体有共同的目标，有核心，有纪律，有

---

① 吴式颖：《马卡连柯教育文集》，人民教育出版社1985年版，第79页。

正确的舆论和共同的作风，有美德，既讲精神又讲物质。从集体在教育上的意义来看，集体既是教育的目的，又是教育的手段，还是教育的主体。马卡连柯又把集体区分为整个的学校集体和基层集体。在各种集体中，马卡连柯十分强调教师集体。马卡连柯认为，形成集体十分重要，因为集体主义者只能通过社会主义集体来培养，社会主义社会中的集体为个性的全面发展创造了条件，集体具有巨大的教育作用。

（三）苏霍姆林斯基的教育管理思想

瓦·亚·苏霍姆林斯基（1918—1970年），苏联当代著名的教育理论家和教育实践家，他的教育实践与教育理论在苏联乃至世界教育领域都具有广泛的影响力。苏霍姆林斯基曾长期担任帕夫雷什中学校长，帕夫雷什中学的教改实践，是苏霍姆林斯基最出色的教育活动。苏霍姆林斯基一生撰写了41本专著，600多篇论文，1000多篇供儿童阅读的童话、小故事。他的作品被译成30多种文字在世界各国发行。他的主要著作有：《学生的精神世界》（1961年）、《给教师的100条建议》和《帕夫雷什中学》（1969年）、《和青年校长的谈话》（1965—1960年）、《培养集体主义的方法》（1969—1970年）等。在他逝世以后，苏联教育部和乌克兰教育部分别编选了5卷本和3卷本的《苏霍姆林斯基教育文集》。①

"学校的教育理想就是要使受教育者达到个性的全面的、和谐的发展"，教育就是要"造就这样的人，他具有非凡的头脑，高尚的心灵，创造的双手，尊重社会的其他成员，珍爱他人的劳动智慧和美德"。苏霍姆林斯基认为，全面发展是个性全面、和谐发展的主体，"全面发展""和谐发展"与"个性发展"三者应当融合在一起，作为一个整体。其中，"和谐发展"的实现是建立在"全面发展"的基础上，是对"全面发展"的补充、完善和提高。而在实现全面、和谐发展的同时，人的多种多样的才能、天资、意向、兴趣、爱好等个性特点也应当得到充分发挥，这样，受过教育的人便能够更好和更有效地为社会和人民的福利服务。

苏霍姆林斯基所理解的全面发展，不但要求学生身心两个方面同时都得到发展，手脑并用、体脑结合，而且要求学生在身体、品德、智力、劳动和美感等方面都得到发展，并达到一定要求。"要实现全面发展，就要使智育、体育、德育、劳动教育和审美教育深入地相互渗透和相互交织，使这几方面的教育呈现为一个统一的完整过程。"在苏霍姆林斯基看来，一是德育在人的全面

---

① 参见周采《外国教育史》，华东师范大学出版社2008年版，第403页。

和谐的发展中占有主导地位，德育贯穿于学校教学、教育工作的各个方面，德育任务的完成有赖于其他各种教育的实施，学校里所做的一切都应当包含深刻的道德意义。二是智育不等于知识的积累，而应当包括获得知识、形成科学世界观、发展认识能力和创造能力、养成脑力劳动的习惯和自我完善能力等。三是苏霍姆林斯基把体育视为一个人得以全面、和谐发展的最重要因素。四是苏霍姆林斯基对美育的重视以他对情感在人的个性形成中的重要作用的认识为基础，认为"美是心灵的体操"，要通过各种活动潜移默化地培养学生的美感。五是苏霍姆林斯基十分重视劳动教育在人的全面和谐发展中的作用，认为脱离劳动就不可能有教育，应该尽早开始劳动教育。

  关于学生发展上的先进和落后，苏霍姆林斯基认为要正确看待这个问题，教育和教学应从学生实际出发，因材施教，"应让每一个学生在学校里抬起头来走路"，使所有学生都能向前推进，让他们在学业中看到自己的努力和劳动成果，从学习中体会到精神上的满足和喜悦。教师要善于运用评分这个最微妙的教育方法，使每次评分都有分量和意义。苏霍姆林斯基说，学业上的成绩如同一条小路，它通向儿童心灵深处，那里燃烧着想当一个好学生的愿望的火花，教师要保护这条小路和火花。他还指出，没有任何才能的人是没有的，教师不应该只用学习成绩这把尺子来衡量学生，而要善于发现每个学生的能力、兴趣、爱好和特长，并为他们的表现和发展提供充分的条件，进行正确的引导。

  苏霍姆林斯基经过长期的实践，形成了自己关于"双基"（基本知识、基本技能）与智力的独特观点。他认为：一方面，不能把教学过程变成"单纯地积累知识和死记硬背"的过程；另一方面，又必须使学生"牢牢地记住"每一门学科的基本知识，以便"在必要的时候能随时动用记忆这些知识的仓库"。知识并不是静止的、僵化的东西，知识在学生的头脑里应当是积极的、活跃的思维活动，它们能够不断地发展和深化，教师要帮助学生把学习知识看作获取新知识的手段而不是最终目的。苏霍姆林斯基在十分注重基本知识和基本技能的同时，反对单纯搞"双基"训练，他认为，知识的传授与学生智力的发展应当统一起来，既要教给学生一定范围的知识，又要努力使学生变得更聪明。

  关于课堂教学与课外活动的关系的讨论，苏霍姆林斯将两者有机地结合起来。他认为"有三百个学生，就可能有三百种各不相同的爱好"，所以，教育要让学生有充分施展的余地，因为只有每个学生的个性得到充分发展，他们才能给集体带来"自己的独特的东西"，从而丰富和活跃集体。在此思想之上，苏霍姆林斯基强调必须通过课外活动，让每个学生都有一门特别喜爱的学科和一种自己感兴趣的课外制作活动,让每一个学生都有自己最爱读的书。苏霍姆林斯基认为,这种做法不仅有利于发展学生个人的爱好和特长,而且能促进课堂教学质量的提高,这样,学生既没有过重的负担,又可以促进他们的全面发展。

苏霍姆林斯基将能够对儿童和青少年施加教育影响的力量分为以下六个方面:家庭(首先是母亲)、教师、集体(班、少先队、团等)、自我教育、书籍、社会环境(亲朋好友、"街头伙伴")。这六股教育力量归结起来主要是学校教育和家庭教育,苏霍姆林斯基强调,在教育孩子的问题上两者要密切配合、协调一致,缺一都不能完成培养人这一极其细致、复杂的任务。他把家庭教育看作共产主义教育学的第一篇章,认为父母的责任首先是对孩子进行情感教育,要使孩子感到自己生活于人们之中,应善于克制自己的欲望和考虑他人的利益,关心周围的人的疾苦,特别是要尊敬老人;父母不要溺爱孩子,要让孩子亲自发掘快乐和幸福的源泉,应当让他们也为父母和家庭创造快乐和幸福,例如,插一枝玫瑰花或创造一个安静的角落供父母休息;父母要教孩子关心社会公益劳动,儿童从会用手拿汤勺并把它送到嘴里的时候起,就应从事劳动,只有尝到过劳动快乐的儿童,才能用温暖和良言来教育;父母还要关心孩子的精神生活,培养孩子热爱文化、科学和书籍;等等。

苏霍姆林斯基在平凡的工作中创造出了不平凡的成就,他极力提倡青少年的全面和谐发展,注重丰富学生的精神世界,注意各方面教育力量协同努力,为教育事业奉献了一生。其教育理论扎根于教育实践,深厚又踏实,具有极强的生命力。

五、近代美国的教育管理思想

(一) 杜威的教育管理思想

约翰·杜威(John Dewey,1859—1952年),现代美国著名的实用主义哲学家、教育理论家和心理学家,20世纪极具影响的教育家之一。杜威一生著述甚多,涉及政治、哲学、心理、教育、伦理学、逻辑、宗教、社会学等多个领域,一共有30多部著作和近千篇论文。他的主要教育著作有:《我的教育信条》(1897年)、《学校与社会》(1899年)、《儿童与课程》(1902年)、《民主主义与教育》(1916年)、《经验与教育》(1938年)等。其中《民主主义与教育》一书一般认为是杜威实用主义教育思想的代表作,它是现代世界中理论体系相当完整和系统的教育巨著。

杜威的教育管理思想产生于杜威的自身经历和他生活的肥沃土壤之中。在杜威所处的时代，正是教育管理学作为一门学科诞生的时候。这时候的教育管理学有两个趋向：一是借助管理学的理论来推进教育管理的发展，注重的是效率的研究，形成了时效性、管理性的教育管理学；二是从教育学本身的发展视角来研究教育管理，注重的是管理中的民主和人际关系的和谐，形成了民主性、教育性的教育管理学。杜威的教育管理思想吸收了传统的管理学的范式，同时又注重教育管理的教育学性质。因此，杜威的教育管理思想是以他的民主思想为内核，并依托他的教育学思想，从而形成了杜威民主的教育学的教育管理思想。

1. 儿童（学生）管理观

杜威的儿童管理观是建立在其所提倡的"儿童中心论"的基础上的。杜威的儿童管理把儿童放在一个重要的位置上，强调以一种民主的管理方式和方法来为儿童提供全面、有效的活动，使儿童明确活动的意义，促进儿童积极主动地发展和生长。杜威认为，"当儿童有机会从事各种调动他们的自然冲动的身体活动时，上学便是一件乐事，儿童管理不再是一种负担，而学习也比较容易了"。由此可见，杜威的儿童管理观批判了传统教育管理中对儿童地位的忽视。他提倡儿童的生活应是学校生活的中心，也就是说儿童就是起点，是中心，是目的。杜威的这种思想正是教育思想理论中的一场"哥白尼的革命"。杜威提出："现在我们的教育中正在发生的一种变革是重心的转移。这是一种变革，一场革命。一场和哥白尼把天体的中心从地球转到太阳那样的革命。在这种情况下，儿童变成了太阳，教育的各种措施围绕着这个中心旋转，儿童是中心，教育的各种措施围绕他们而组织起来。"

在杜威教育管理思想中还有一个重要概念——自由。杜威所讨论的自由是教育的自由。他认为，教育的自由就是学生和教师的自由，也就是学校本身的自由。但是，学生的自由要比教师的自由更重要。杜威进一步论述道，对于儿童来说，"自由就是提供机会，使他能尝试他对于周围的人和事的种种冲动及倾向。从中他感到自己充分地发现这些人和事的特点，以使他可以避免那些有害的东西，发展那些对他自己和别人有益的东西"。

2. 教师管理观

杜威是"参与性民主的最为重要的拥护者"，他认为，民主主义为每个成员都提供了充分的机会与资源，使人们通过参与其中的政治、社会与文化的生活而完全实现其特别的能力。据此，杜威认为民主主义的实现绝不是通过外在的灌输或遵循既定的规则，而是依赖于人们对社会共同利益的参与程度。所以在学校中，教师作为学校中的一员，也应该参与到学校管理的各个方面，这样，教育的民主才能得以实现。具体而言，以教师是一个能够自由地行事的独立个体为基本前提，教师的权利和自由应当包括参与讨论和决定关于学校中的纪律和教学和方式、方法等问题，以及关于课程、教科书的设置等问题。杜威认为，教师自己应该在他们的思想上和行动上保持独立，并且勇敢地争取各种自由和民主的权利。在他看来，教师自己的利益与社会有着紧密的关系。"自由是一件社会的事情，而不仅仅是私人的一个要求"。

3. 课程管理观

杜威批评传统的课程与教材没有顾及儿童的生活和经验的连续性和统一性，缺乏整体性和社会性，过于考虑本学科的逻辑体系。为此，杜威提出了自己对于课程与教材的观点，包括注重儿童的兴趣与经验以及教材的"心理学化"等观点。[①]

在课程论和教材观上，杜威提出，"如果学校要成为现代社会的反映，旧式的学校必须变革的有三件事：第一，教材；第二，教师处理教材的方法；第三，学生掌握教材的方法。教材将不改变名称。读、写、算和地理总是要学的，但是它们的内容要大大修改和扩充……课堂的教材必须考虑到各种新要素和社会的需要而加以扩充"。杜威已经明确意识到课程与教材改革的重点方向，这也是其教育管理思想的一个重要组成部分。

4. 教学管理观

在美国地方分权的传统之下，教育一直被看作各州、各地方的事物，所以在杜威所处时代的美国教育管理中，由于这种管理体制的分权，学校管理者在各方面有着很大的自主性和自由度。

在教学组织形式上，杜威认为传统的集体教学的组织形式早已不能适应当时的社会和工业的发展情况了，在其发展过程中传统集体教学的组织形式的弊端暴露无遗。杜威想要改变传统集体教学组织形式重心不在学生身上的问题，他认为，要改变这种传统的教学组织形式，需要把教学的重心从任何一切可以想到但不在学生身上的地方转移到学生的身上。在杜威看来，这种教学组织形式的转变是一场和"哥白尼学说"具有同样效力和力量的革命。所以，杜威在其思想中首先强调教学的组织形式不应该以"班级"来划分，应该分成各个"小组"，这种"小组"是以作业为中心的活动室。其次，在教学法上，杜威力主提倡建立在思维基础上的教学方法。"学校为学生所能做或所需要做的一切，就是培养他们思维的能力。"所以，学校对于学生思维的建设是至关重要的。

---

① 参见贺国庆、谢长法《简明外国教育史教程》，河北大学出版社2004年版，第340页。

5. 学校组织观

每一个重要的教育家、教育思想家对于学校组织都会有他们自己的看法，这些看法构成了他们教育思想的一个重要部分。根据杜威的观点，学校是人类社会不断发展的必然结果，它是一个有目的的社会组织，其中包括了一个由成熟人组成的群体和一个由未成熟人组成的群体。学校的任务就是由成熟群体把社会的文化遗产传递给尚未成熟的群体，使他们能够以某种方式去感受、期望、思考，并按照习惯来处事做人。杜威的学校组织观是围绕其民主主义核心思想展开的，他将学校与社会的屏障打破，把学校看作一种雏形的社会，而在学校这个雏形社会中，民主也应当是其运转的核心。所以，在杜威学校组织的观念中，杜威追求的是建构一个民主管理的学校，学校本身也应当是一个民主的机构和一个民主的共同体。

杜威认为，学校是雏形的社会，是"社会生活的一种形式"，社会的改良要靠学校来完成。学校确实在影响着社会的发展，这不是应不应该影响的问题，"而在于它们应该朝什么样的方向去影响和怎样影响法"。所以，学校是以自身的独特性来影响社会发展的。它是以一个经过选择的、特殊的环境，以"明确根据影响其成员的智力和道德的倾向而塑造的环境典型"来影响社会的。

6. 教育行政管理观

杜威曾经表达过自己在教育行政方面的不足，他认为，自己在教育行政方面的经验是很有限的，但是，对于教育行政和民主理想及民主方法的关系的问题，却有着长期的相当的思考。他认为，教育行政的问题是困难和复杂的，尤其是把当前的民主主义的理想和方法运用到学校管理中来。与对待教师的不民主相同，由于学校外部的一些权势利益集团对学校的干涉和压制，使得学校管理者在学校管理事务中也困难重重。所以，学校的教育管理者和其他一些人士要把学校中的专业决策权从外行的校董会手中转移到内行手中，使学校的决策系统从学校外部转移到内部；另外，他们还要处理好对教师的民主问题。所以，在这个问题中，教育管理者所处的地位和扮演的角色就更加值得关注和思考了。他说，"缺乏民主的方法，是造成教育浪费的唯一最重要的原因。为了改变这种情况，管理人员和教师都应该更好地了解学校在社会中的任务，以及在这项事业中他们必须担当的角色"[①]。

与许多教育思想家不同，杜威并不仅仅是一位教育思想家，而且也是一位

---

① 郭宇立：《再读杜威的民主主义教育管理观》，载《福建论坛（人文社会科学版）》2007年第1期。

教育活动家、实践者。即便是作为一位教育思想家，他也不是纯粹的，因为他的教育思想完全是对现实社会中教育问题的直接反思。在教育管理方面，杜威同样也不是一位坐而论道的管理者，而是把民主的教育管理思想和民主的教育管理实践有机地结合在了一起。在杜威的一生中，他始终以极大的热情关注着美国教育的发展和改革，并以极大的热情参与到了这些发展和改革中来。在教育管理方面，是杜威以思想催生现实，理论指导实践的具体体现。杜威以自己的民主思想为基础，以民主的教育理论为指导，创办了"芝加哥实验学校"，即"杜威学校"。杜威学校的管理实践集中体现了杜威的民主管理的思想。同时，杜威也对美国的教育改革进行了一系列的批判，如教育制度的分隔、教师管理体制等，并以自己的实际行动参加到了这些活动中来，从而有力地践行了他的民主的教育管理思想。

（二）布鲁纳的教育管理思想

J. S. 布鲁纳（Jerome Seymour Bruner, 1915—）是美国著名的心理学家和教育家，现代西方结构主义教育思想流派的倡导者之一。20世纪50年代中后期，布鲁纳在系统地继承皮亚杰结构主义教育研究成果的基础上，提出了教学要促进学生智能的发展，要引导学生进行发现学习，注意培养天才学生等主张，形成了注重发挥学生主体的精神，关注学生智能培养的结构主义课程与教学论。[1] 他的教育思想对美国乃至全世界60年代以来的教育改革产生过很大影响。

1. 论知识、发展与教育相统一

布鲁纳运用心理学、教育学以及邻近学科的知识、技术、方法，对学校教育环境中儿童的认知学习、智慧发展进行了长期的研究，阐述了认知、发展与教育三者统一的教育思想。[2] 关于人的认知学习过程，布鲁纳从信息加工的角度做了新的解释，既肯定人的认识的主观能动性，又强调社会文化教育对人的认识发展的决定作用。他认为，学习是一种认知过程，包含知识获得、转换和评价三个几乎同时发生的过程。个体的学习，就是通过自己的经验系统，对"从外而内"输入的信息进行编码和加工，以一个易于掌握的形式加以保存；根据这个系统采取外推、内插、转化等方法，处理所获信息，"从内而外"地做出推论，推出新的结论或知识；对处理知识的方法进行评价，重新提炼已有的经验系统，改组或扩大原有的认知结构。

---

[1] 参见王保星《外国教育史》，北京师范大学出版社2008年版，第461页。
[2] 参见傅涛、王正中《现代教育理论教程》，甘肃教育出版社2004年版，第152页。

关于认知发展阶段，布鲁纳的理论继承了皮亚杰对儿童从具体到抽象的认知发展趋势的解说，但又不同意皮亚杰以儿童的生理年龄划分发展阶段，并将前一阶段的认知结构视为次一阶段认知结构的必要条件，融合于次一阶段认知结构之内的观点。布鲁纳认为，儿童的智能发展未必受年龄的绝对限制，教育条件在很大程度上影响着儿童的发展。他构想出"再现表象"（再现表象是一套规则，按照这套规则，一个人恰当地保持他周围环境中的特点而复现出来）这个心理学术语，并以之为指标将认知模式划分为动作式、形象式、符号式三种不同水平的再现表象模式，代表认知发展过程的三个阶段和教学上的三种"学习模式"，认为在认知实践活动中，这三种高低级的认知模式，既可以是各自独立的、平行并存的，又可以互补和相互转换，而教材的差异及其呈现形式的不同、学习者认知结构的差异，都可能导致同一年龄段的不同儿童采用不同的认知模式，或者同时采用两种以上的认知模式等情况。布鲁纳通过改变皮亚杰关于液体守恒的著名实验而证实了自己的观点，这种观点克服了日内瓦学派把序列化的认知发展阶段看作刻板的成熟步骤的机械性，因而在对人的认知发展的认识方面前进了一大步。

2. 论现代学校的教学工作

通过教学要达到什么目的？布鲁纳提出了陈述知识和发展各种能力的双重任务说，认为教学不仅应使学生学习和掌握学科的基本结构，获得优良的学习成绩，还要帮助每个学生获得最好的智力发展。在发展学生智慧能力的问题上，布鲁纳提出了自己的独到见解。他认为，以往教学中只重视发展学生的抽象思维能力，今后应重视发展直觉思维能力。关于教学目的，布鲁纳的独到见解还在于提出了让学生"学会如何学习"，强调让学生亲自经历知识之成为知识的过程。他在《教学理论的探讨》中写道："我们教一门课程，并非希望学生成为该科目的一个活图书馆……而是要教学生参与使建立知识成为可能的过程。求知是一个过程，而不是成果。"总之，重要的不是记忆知识，而是获得知识的过程。

在结构主义者看来，"序列是学习者在某知识领域内所遇到的材料的程序，它影响着学习者在达到熟练掌握时会发生的困难"[①]。他们认为，学生是正在成长的一代，在发展的每一个阶段都具有不同于成人的独特的观察、解释世界的方式，有着特殊的兴趣和需要，因此，他们强调教育者面向任何特定年龄的儿童教某门学科的任务，就是要按照儿童观察事物的方式去表现这门学科

---

① 华东师范大学教育系、杭州大学教育系：《现代西方资产阶级教育思想流派论著选》，人民教育出版社1980年版，第405页。

的结构。

布鲁纳认为，如果教学一定要让学生学到些什么，那么，"不论我们教什么学科，务必使学生理解该学科的基本结构"，同时掌握研究这一学科的基本态度或方法。所谓基本，布鲁纳指的是一个观念具有既广泛而又强有力的适应性；所谓结构，是指事物之间的相互联系或规律性。① 他认为，每一门学科都存在一系列的基本结构，即基本概念和基本原理，把这些概念、原理和该学科所特有的研究方法作为教学内容时，教学就将获得最好的结果。布鲁纳还从心理学的角度，引用了自然、人文和社会学科的许多教学事实，阐明学生掌握学科基本结构的必要性与重要性。他认为，首先，缺乏掌握一般原理的学习，从帮助每个学生获得最好的智慧发展的角度来说是收益不大的；其次，获得知识，如果没有完整的结构把它连在一起，那就是一种多半会被遗忘的知识，若掌握了知识结构，则有助于知识的储存和提取；再次，不教以学科的基本结构，就难以使学生从已知推断未知，但学生领会了基本的原理和观念，就能实现学习的迁移；最后，基本结构的教学有助于缩小"高级"知识和"低级"知识之间的差距。因此，布鲁纳呼吁站在学术最前沿的学者、科学家应同有经验的教师和研究儿童发展的专家通力合作，编写出能体现学科基本结构的教材。

也就是说，教师要促进学生智能的发展，就要切实了解学生身心发展的特点，要使教材内容的呈现顺序、方式和教师的教学方式、教学进度适应学生的认知特点。他认为教育者做到了这些，就可以提高儿童入学年龄，加大教学的难度和教学的进度了。

他同时承认，发展程度固然与年龄有关，但也不是固定不变的，而是可能因文化与教育的条件不同而异的。因此，布鲁纳指出，教育不能消极地静等儿童伴随自然成熟而到来的学习准备状态，应当积极创造条件，加速学生学习准备状态的到来。在教学中，教师如果能向学生提出具有挑战性而又难易适当的问题，就可以引导智慧的发展。同样一项教材内容，如果能够将它动作表象化、形象表象化或符号表象化，那就可以教给具有不同认知模式的儿童。在这个意义上，他在《教育过程》中多次谈道，"任何学科都能够用在智育上是诚实的方式有效地教给任何发展阶段的任何儿童"②。这个大胆的假设曾经引起误解和争论。

---

① 参见袁锐锷《外国教育管理史教程》，广东高等教育出版社1998年版，第199页。
② 华东师范大学教育系、杭州大学教育系：《现代西方资产阶级教育思想流派论著选》，人民教育出版社1980年版，第392页。

为配合学科结构课程，布鲁纳在教育前辈的启发下提出了"发现学习"。在布鲁纳看来，儿童和成人一样是具有主动性的人，他们的智能发展过程表现为一个缓慢的过程，而不是一个基本上被动的过程。在教学过程中，教师要改变传统的教学观念，改变灌输式的教学方法，调动学生的学习积极性，引导学生积极主动地参与探究发现学习的过程。他认定，儿童在学习中与科学家一样，都是有发现能力的，况且学习是一个主动的过程，人的认识过程正是通过主动地对进入感官的事物进行选择、转换、储存和应用，才得以向环境学习、适应以至于改造环境的。因此，教学不能是讲解式的，使学生处于被动接受知识的状态；而应该是假设式的，让"学生亲自把事物整理就绪，使自己成为发现者"。

布鲁纳说："美国今天的教育，重新强调追求优异成绩……这不但同我们教什么有关系，而且同我们怎样教和怎样引起我们学生的兴趣也有关系。"[①]他认为，学习的最好动机是对所学材料本身的兴趣，因此建议增加教材本身的趣味，使学生有新发现的感觉，把必须要说的东西转化成儿童思维的形式，以启发儿童对正在学习的东西的兴趣，并随之一般地发展他对智育活动的适当态度。布鲁纳指出，在美国当时实行奖优制度，给予自然科学和数学成绩优异的学生以国家奖学金的情况下，如果再过分强调奖励、竞争之类的外在刺激，势必毁掉大批在学习成绩上暂时落后的学生，同时使数学和自然科学以外的其他形式的学术事业贬值，而教育应该是面向全体学生的，人文科学和社会科学与数学和自然科学具有同等的学术价值。

布鲁纳的教育思想产生于"信息革命"的时代，反映了时代的气息和特征，又给予了这个时代的教育改革以深刻的影响。他对课程与教学目标、内容和教学方式进行了系统的探究，创立了注重发挥学生主体精神，引导学生掌握学科基本结构，重视让学生在教师指导下探究发现学习的结构主义教育理论，进而打破了行为主义教育理论的垄断地位，丰富了现代教育理论，为教育理论的科学化与现代化做出了贡献，对美国的基础教育课程与教学改革产生了重大的影响。

---

① 北京师联教育科学研究所：《理论发展与斯卡特金〈中学教学论〉选读》，中国环境科学出版社2006年版，第4页。

六、近现代日本的教育管理思想

(一) 福泽谕吉的教育管理思想

福泽谕吉（1835—1901年）是日本近代杰出的启蒙思想家、明治时期著名的教育家。他毕生从事著述和教育活动，形成了富有启蒙意义的教育思想，对传播西方资本主义文明和日本资本主义的发展起了巨大的推动作用，因而被日本称为"日本近代教育之父""明治时期教育的伟大功臣"。[①] 其主要著作有：《西洋事情》《劝学篇》《文明论概略》《唐人往来》《童蒙教训》《穷理图解》等，其中《劝学篇》是他的代表作。

明治维新时期，福泽谕吉积极传播西方资本主义文明，批判日本封建意识形态，宣传资产阶级"天赋人权"的思想，扮演了文明开化巨匠和启蒙运动旗手的角色。1890年，福泽谕吉以一生心血培育的庆应义塾成立了大学部，开设文学、财经、法律三科，遂使该校成为日本第一所私立综合大学。他的思想对日本的社会文化、思想和教育都产生了巨大的影响，值得我们研究。但到了晚年，他的思想开始倒退，趋于保守，公开鼓吹"官民调和"论，抛弃了自由民权的主张，甚至蜕变为"国权主义者"，支持军国主义教育。

1. 论教育的作用和教育的普及

福泽谕吉认为，对于个人而言，教育可以开发人的智力，培养独立思考、明辨是非、独立生活的能力，进而形成正确的国家观念，引导人民过上富足幸福的生活。现实生活中之所以存在贤人与愚人、穷人与富人、贵人与贱人之别，原因在于有无知识、学与不学。唯有勤于学习、知识渊博的人才能贤明和富贵。对于国家而言，实施教育及文明开化政策是国家独立与富强的基础和前提，是形成公民民族国家意识的重要途径。适当的文明教育可以为国家造就具有独立意识、爱国信念、富有学识的公民。

所以，福泽谕吉十分重视普及教育，尤其是普及学校教育。他积极主张并竭力宣传教育机会均等，认为凡是日本国内的学子，无士、农、工、商之差别，均应进入学校学习，只有普及教育，人的天赋能力才能得到发展，日本的文明开化才有进步。他早在明治初期就曾积极倡导并支持日本政府以行政的权威实施强迫义务教育，后因日本经济困难，对此转而持保留态度。1895年中日甲午战争后，日本从中国获得大笔赔款，再加上日本资本主义经济的飞速发

[①] 参见刘新科《国外教育发展史纲》，广东高等教育出版社2002年版，第260页。

展,为普及义务教育提供了可靠的经济保障,于是福泽谕吉重新主张进一步发展学校教育和普及义务教育。

福泽谕吉还倡导发展私立中学和私立高等学校。他认为,私立学校无须国家负担经费,其办学资金来自私人捐赠或赞助,而且比较节省,但教学质量毫不逊色,同样能培养出大量对国家有用之才,为社会做了不少有益的事,所以私立学校的存在与发展具有重要意义。

2. 论学校教育

福泽谕吉站在"四民平等"的立场上,积极主张教育机会均等,"凡是日本国内的学子,无士农工商之区别,均应入学校学习"。在学校教育中,主张以"和谐发展"为目标,认为体育、智育、德育必须同时加以注意,即把三者的均衡发展作为教育工作的根本宗旨。他与英国教育思想家洛克一样认为"活泼的精神寓于健康的身体",而智、德也密不可分。为了社会的文明进步,为了人的发展,智、德两者都是不可缺少的。

福泽谕吉把体育放在首位,一贯主张对儿童的教育要从体育开始。他说:"关于儿童的教育方法,用身体去实现是最重要的。"学校里开设体育课,"经常锻炼,能使身体无病健壮,精神可以快乐充沛,这是自然规律。而身心健壮的人,能克服社会所有的困难,并能为独立生活创造有利条件"。另外,他还认为,由于女子承担着养育子女的责任,所以对女子的教育不能轻视。只有身体强健的女子,才会生下四肢发达的孩子,这也是对国家负责。关于体育活动的方式,福泽谕吉认为,各国应根据自己特有的习俗而选择合适的方法,例如,在日本,柔道、游泳、打猎、赛马、划船、摔跤、赛跑等都是有益的体育活动。[1]

福泽谕吉站在批判封建主义教育的立场上,反对封建时代的"空理虚谈"和脱离现实生活的儒学教育,提倡以西方文明为目标,向学生传授实际有用的知识。

他把智育的任务分为两个方面:一是学习以实学为主的众多学科。福泽谕吉提出,中学和职业学校应开设英语和物理,学生入学后应首先学习外文,读"物理学入门书",然后再学习数学、地理、历史、簿记学、商法和经济学。二是发展智力,开发人类天资。福泽谕吉认为,学校教育应该按记忆力、推理力、想象力、思维力等各种能力各自固有的发展秩序使它们平衡发展,因此,在教学方法上就应该以学生自学为主、努力发现学生的兴趣并予以因势利导。福泽谕吉把这些想法付诸实践,在庆应义塾的教学改革方案中,大力提倡职业

---

[1] 参见刘新科《国外教育发展史纲》,广东高等教育出版社2002年版,第263页。

教育，培养了许多日本资本主义近代化所需要的实业家。

福泽谕吉认为，所谓"道德"就是"内心的准则，也就是一个人内心的真诚"，有私德与公德之分。所谓"智慧"就是指"思考事物、分析事物、理解事物的能力"，有私智（或叫机灵的小智）和公智（又称聪明的大智）两种。他认为，"智慧和道德，恰像人的思想的两部分，各有各的作用，所以不能说哪个重要，哪个不重要。如果不是两者兼备，就不能算作完人"。因此，他认为日本封建社会儒学家只提倡道德、轻视智慧是个错误的观点。另外，在进行讨论时他也指出，不应贬低道德的价值，要求改革学校德育。在他看来，德育的方法不是从外部灌输这个人天生所没有的东西，而是教给他怎样排除阻碍为善的障碍的方法，使他努力实现自己固有的善，这就要靠学生的自我修养。因此，他反对向儿童灌输封建伦理观念，倡导以通行的人情道理作为普遍的德行，并且着重培养儿童对"正、邪、善、恶"的判断力。因为有了这种判断能力，就可以保持独立的人格，成为独立自主的人。

福泽谕吉在明治维新时期积极倡导西学，宣传教育的富国强民作用，倡导实学知识学习，培养学生明辨独立、言行一致的意识和品质等教育主张，直接影响了明治维新时期日本的教育改革事业，为日本政府进行教育改革提供了理论主题与基础。

（二）小原国芳的教育管理思想

小原国芳（1887—1977年），现代日本著名的教育思想家和教育实践家，以倡导和实践"全人教育"，反对"升学至上，智育第一"的畸形教育而闻名于世。

1. 论"全人教育"的目标和内容

"全人教育就是完全人格、和谐人格的教育。它的教育内容应该包括人类文化的全部，而缺乏人类文化的教育则是畸形的教育。"① 在"自然主义教育"与"和谐发展教育"的思想启发下，小原国芳认为"全人教育"就是"完美的人"的教育，"全人格"的教育，即培养的目标是多方面和谐发展的人。这种多方面包括了学问、道德、艺术、宗教、身体和生活，具体而言，学问的理想在于真，道德的理想在于善，艺术的理想在于美，宗教的理想在于圣，身体的理想在于健，生活的理想在于富。其中真、善、美、圣是绝对价值，而健和富则是手段价值。由此，小原国芳进一步指出这六方面的价值是密不可分的，

---

① ［日］小原国芳：《外国教育名家名作精读丛书》，冯克诚等译，中国环境科学出版社2006年版，第25页。

人没有健康就没有精神生活，离开了精神生活也就没有健康；而不重视富的价值，精神文明难于保持，同样精神文明不发展，也难于期望物质文明的进步。据此，他将日本社会偏重智育、追求升学和文凭的现象斥之为"败坏日本教育之癌"。"全人教育"主要包括以下内容：

（1）求真的学问教育。小原国芳说"要像中国学者所说的，第一是智慧，第二才是学问"①。教学不应该是单纯的教授，而应该着眼于学习；不应该是"填鸭"和死记硬背，而应该具有创造性；知识不应该是教师塞给学生的，而应该是学生自己掌握的；学习质量的提高不应该依靠数量的加大和学习负担的加重，而应该让学生对学习产生爱好。②求真学问、真本领，这就要求启发智慧，鼓励学生的积极性和主动性，提高学生的学习兴趣，培养学生相应的能力和探索精神，把知识教学和实际生活联系起来。

（2）求善的道德教育。道德教育旨在使人成为开拓者和具有为人类服务的精神，"能够愉快地、笑容满面地去迎接人生中最艰辛、最吃亏、最痛苦、最讨厌的事情"③。小原国芳主张学校应把道德课作为主课，任务在于使学生：一是懂得人格价值的尊严，相互尊重人格；二是寻求超越一切喜怒哀乐的正确人生观；三是深刻懂得善、恶、苦恼的意义，懂得对罪恶忏悔的崇高性；四是了解道德生活的重要，明白欲望与理性的纠纷，明白人生的矛盾；五是培育出美好的、正直的、可靠的、始终如一的人。在德育方法上，他注重良好道德行为训练和习惯的培养，反对道德教育的空洞说教，特别强调在师生共同活动中教师的言传身教。

（3）求美的艺术教育。艺术教育的目的在于使人的心灵变美。小原国芳认为，德育与美育是相辅相成的，人的心灵美要通过艺术的途径来培养，艺术教育对人格的塑造具有巨大的作用。他主张大学和高级中学应有的情操教育，中小学应通过音乐、美术、手工、戏剧演出、文学欣赏与创作等形式向学生进行美的教育，强调改革美育的方法。

（4）求"圣"的宗教教育。小原国芳认为宗教是"圣洁"的，具有最高的价值，是贯穿"全人教育"的核心思想。宗教教育的目的在于引导学生进入一种玄妙的、神秘主义的、不可知的境地，从而使人懂得宗教，树立神的威严，净化人的灵魂，造就完美的人。小原国芳认为，对万物深究到底，就必然

---

① ［日］小原国芳：《外国教育名家名作精读丛书》，冯克诚等译，中国环境科学出版社2006年版，第28页。
② 参见王旭《小原国芳及其教育思想研究》，载《北方文学（下半月）》2012年第9期。
③ ［日］小原国芳：《小原国芳教育论著选（上卷）》，由其民等译，人民教育出版社1993年版，第294页。

走向超感觉、超现实的境界，这种不可思议的现象只有用宗教才能解决。另外，由于宗教统领人的心理的知、情、意三方面，人具有了宗教的圣心才算进入牺牲自我、为人类服务的境界。事实上，这种宗教教育的思想与全人教育是极其不符的，它是一种违背科学的唯心主义的思想。

（5）求健的体育。体育的目的不仅在于培养强韧的体力、匀称的身体、灵巧的动作以增强体质和延长寿命，还在于培养人勇敢、坚韧、礼貌、忍耐、协作、节制等健康的心理品质。因此，求健的体育理想在于全民的健康，在于体育的国民化和普及化，而不在于创纪录、争奖牌和夺奖旗。小原国芳认为，体育的前提是要讲究生理卫生知识，体育最基础的运动应该是体操。

（6）求富的生活教育。"全人教育"的富不是发财致富，更不是图财害命、为富不仁，这里的富是一种心灵的富裕，是实现真、善、美、圣四个绝对价值的手段。小原国芳认为，生活教育不仅仅是如何赚钱的教育，其实质是关心他人和发扬互助精神的教育，同时也包括对学生进行独立生活能力的培养以及群体意识的陶冶。生活教育不能没有劳作教育，劳动的目的是为了育人，只有这样的教育才是真正的教育。

2. 论"全人教育"的原则和方法

小原国芳认为，教育是发现和实现自我本质的过程，学生充分实现其自我本质时，完整的人格陶冶也就完成了，所以教育必须充分发展每一个人的个性，只有当国民具有丰富而多样的个性，国家才会繁荣。[①] 所以，在教学过程中，学习的主体应当是学生，而学校则需要充分尊重和发挥每一个学生的个性，并为其心智、才能和性向趋势得到完美的发展创造各种条件。

小原国芳指出，学习的本质是自己思考和探求，是自己体验和钻研，是得到启发和自己的创造，自我学习和掌握的东西比别人传授的来得更可贵。所以，在教学中教师要给学生以学习的自主权和独立性，把传授、注入的教学形式改变为学生自己掌握、研究、创造和发现的教学形式，由注重研究的教授法改为重视学生的学习法和研究法。教师不只是知识的传授者，而且是学生的指导者、商谈者和向导，要燃起学生追求真理的热情，教给他们探求知识的方法，培养他们获取真知的习惯。

除此之外，小原国芳特别强调在教育过程中学生必须手脑并用、知行统一、即知即行。他在玉川学园亲手制定了各科教学的动手实践制度；理论密切联系实际的做法，是玉川学园教育的一大特色。小原国芳还提出，"百闻不如一见，百见不如一劳"，通过劳作，自己体验、自己思考、自己尝试、自己创

---

① 参见徐寒《世界历史百科全书》，北京出版社2005年版，第463页。

造，才能有"全人教育"，才能培养出知行合一、具有坚强意志和实际能力的人。

融洽的师生关系和情感交流被小原国芳视为教育的一项重要原则。他认为，师生之间必须有充分热诚的信赖，必须有在志同道合的严格要求中表现出来的温暖的人际关系；教育就是要用教师的心灵去感染学生的心灵，用教师的人格去陶冶学生的人格，这就要靠教师的言传身教和师生间的温情，而不可能靠语言说教去进行情感的陶冶和意志的磨炼。小原国芳在玉川学园正是用裴斯泰洛齐般的"教育爱"温暖着每一个学生的心，从而获得了学生的尊敬和热爱。

思考与练习

1. 试简要评述导生制。
2. 简述英国高等学校内部管理的主要特点。
3. 试比较美国与法国教育管理中的异同。
4. 苏霍姆林斯基在教育管理思想上的主要贡献是什么？

参 考 文 献

[1] 张传燧. 中国教育史 [M]. 北京：高等教育出版社，2010.
[2] 刘德华. 中外教育简史 [M]. 广州：广东高等教育出版社，1999.
[3] 王建军. 中国教育史新编 [M]. 广州：广东高等教育出版社，2003.
[4] 胡金平. 中外教育史纲 [M]. 南京：南京师范大学出版社，2010.
[5] 毛礼锐，沈灌群. 中国教育通史 [M]. 济南：山东教育出版社，1989.
[6] 孙培青，李国钧. 中国教育思想史 [M]. 上海：华东师范大学出版社，1995.
[7] 王炳照，等. 简明中国教育史 [M]. 北京：北京师范大学出版社，2007.
[8] 周德昌，等. 中国教育史纲 [M]. 广州：广东高等教育出版社，2000.
[9] 袁锐锷. 外国教育管理史教程 [M]. 广州：广东高等教育出版社，1998.
[10] 曾天山. 外国教育管理发展史略 [M]. 北京：教育科学出版社，1995.
[11] 袁锐锷. 外国教育史新编 [M]. 广州：广东高等教育出版社，2002.
[12] 戴本博，张法琨. 外国教育史 [M]. 北京：人民教育出版社，1990.
[13] 张斌贤. 外国教育史. [M]. 北京：教育科学出版社，2015.
[14] 吴式颖. 外国教育史教程. [M]. 北京：人民教育出版社，2015.
[15] 王天一，等. 外国教育史. [M]. 北京：北京师范大学出版社，1993.
[16] 杨捷. 外国教育史. [M]. 郑州：河南大学出版社，2010.
[17] 贺国庆，等. 外国教育史 [M]. 北京：高等教育出版社，2009.
[18] 王保星. 外国教育史 [M]. 北京：北京师范大学出版社，2008.
[19] 刘新科. 外国教育史 [M]. 武汉：武汉大学出版社，2012.
[20] 陈锋. 外国教育史 [M]. 北京：北京大学出版社，2012.
[21] 周采. 外国教育史 [M]. 上海：华东师范大学出版社，2008.
[22] 陈孝彬. 外国教育管理史 [M]. 北京：人民教育出版社，2002.
[23] [法] 亨利-伊雷内·马鲁. 古典教育史（罗马卷）[M]. 王晓侠，龚觅，孟玉秋，译. 上海：华东师范大学出版社，2017.
[24] 龚觅. 古典教育史（希腊卷）[M]. 上海：华东师范大学出版社，2017.

［25］周采，杨汉麟. 外国学前教育史［M］. 北京：北京师范大学出版社，2012.
［26］杨汉麟. 外国幼儿教育史［M］. 北京：人民教育出版社，2011.
［27］黄福涛. 外国高等教育史［M］. 上海：上海教育出版社，2008.
［28］郭法奇. 外国学前教育史［M］. 北京：北京大学出版社，2015.

附 件

《中外教育管理史》
试卷一

一、单项选择题

1. "学在官府"的教育管理体制是我国哪个时期社会的产物。（   ）
   A. 奴隶制   B. 西周
   C. 封建社会   D. 春秋战国时期

2. （   ）是大办私学的一个典型代表，他举办的私学规模最大、成就最高、贡献最巨、影响最为深远。
   A. 孟子   B. 荀子
   C. 孔子   D. 老子

3. 近代最早表述"中学为体，西学为用"这一概念的是（   ）。
   A. 沈寿康   B. 张之洞
   C. 魏源   D. 刘熙载

4. 我国历史上第一个比较完整的、经过法令正式公布并全国实行的学制体系是（   ）。
   A. 壬寅学制   B. 癸卯学制
   C. 壬子癸丑学制   D. 壬子学制

5. 斯巴达教育的目的是为了（   ）。
   A. 把年轻一代的奴隶主培养成为体格强壮的剽悍的武士，并从中挑选国家未来的统治者
   B. 培养全面发展的上层人物
   C. 培养忠于君主的顺民
   D. 为开拓年轻人的眼界

6. 古代雅典和斯巴达的教育都是为（   ）阶级服务的。
   A. 封建阶级   B. 奴隶主阶级
   C. 资产阶级   D. 无产阶级

7. 中世纪教会学校的主要教育内容为（　　）。
   A. 宗教相关内容　　　　　　B. 七艺
   C. 雄辩术　　　　　　　　　D. 《圣经》

8. 教会学校的教师全由僧侣担任，采用（　　）进行教学。
   A. 集体教学　　　　　　　　B. 学徒式
   C. 个别方式　　　　　　　　D. 填鸭式

9. 1882 年 8 月，法国教育部长费里推出著名的（　　），规定了教育的非宗教原则和义务制。
   A. 《费里法》　　　　　　　B. 《高等教育改革指导法案》
   C. 《魏玛宪法》　　　　　　D. 《国民学校章程》

10. 福斯特提出并于 1870 年获得议会通过的（　　）发挥了重要的作用，它是英国第一个由国家颁布的教育法案，奠定了整个英国教育的基础。
    A. 《费里法》　　　　　　　B. 《初等教育法》
    C. 《魏玛宪法》　　　　　　D. 《国民学校章程》

二、多项选择题

1. 私学代替官学是中国教育发展史上的一次重大的变革，它依靠（　　）等几大自由来发展教育事业，满足了当时社会对人才的需求。
   A. 自由办学　　　　　　　　B. 自由就学
   C. 自由讲学　　　　　　　　D. 自由竞争

2. 汉朝察举制度中，常科通常包括（　　），特科包括（　　）。
   A. 孝廉　　　　　　　　　　B. 秀才
   C. 贤良方正　　　　　　　　D. 明经

3. 1898 年 4 月，张之洞发表的《劝学篇》，系统地阐述了他关于"中学为体，西学为用"的文教政策思想。其中的"西学"包括（　　）。
   A. 西文　　　　　　　　　　B. 西艺
   C. 西方　　　　　　　　　　D. 七艺

4. "癸卯学制"包括各级各类学堂章程，还附有学校管理法、教授法等。整个学制可以分为两部分，它是由哪两部分组成？（　　）
   A. 直系　　　　　　　　　　B. 间系
   C. 旁系　　　　　　　　　　D. 左系

5. 古代希腊最大而又有史可查的两个城邦是（　　）。
   A. 斯巴达　　　　　　　　　B. 罗马
   C. 雅典　　　　　　　　　　D. 叙拉古

6. 斯巴达的五项竞技运动为赛跑、跳跃、（　　）、角力。

A. 游泳 B. 骑马
C. 掷铁饼 D. 投标枪

7. （　　）不仅标志着西方教育行政开始了新的时代，而且也为近代西方的初等、中等和高等教育的发展奠定了基础。

A. 城市学校的出现 B. 宗教势力的发展
C. 中世纪大学的兴起 D. 资本主义的发展

8. 基督教的教会学校类型有（　　）。

A. 城市学校 B. 修道院学校
C. 天主教学校 D. 教区学校

9. 以下哪个法案是英国在其国家现代教育行政制度的发展过程中颁布的？（　　）

A.《费里法》 B.《初等教育法》
C.《巴尔福教育法》 D.《1944年教育法》

10. 以下学校是早期英国初等教育中由教会创办的慈善性质学校的是（　　）。

A. 乞儿学校 B. 快乐之家
C. 劳动学校 D. 贫民日校

三、名词解释

1. 博士。
2. 壬寅学制。
3. 埃弗比团。
4.《1988年教育改革法》。

四、简答题

1. 简述"六书""六艺"。
2. 简述抗战时期为了加强对社会教育的统一领导，边区政府主要采取的措施。
3. 简述西欧中世纪教会学校的主要类型。

五、论述题

1. 论述汉朝学校体制的特点。
2. 论述古希腊时期斯巴达与雅典在学校管理方面的异同。

《中外教育管理史》
试卷二

一、单项选择题

1. 汉朝首先提出"独尊儒术"思想的是（　　）。
   A. 韩非子　　　　　　　　B. 李斯
   C. 王充　　　　　　　　　D. 董仲舒

2. 创立于中国的最早的专门教育管理机构是（　　）。
   A. 国子监　　　　　　　　B. 尚书台
   C. 国子寺　　　　　　　　D. 礼部

3. 1985 年，由盛宣怀创办的学堂是（　　）。
   A. 万木草堂　　　　　　　B. 天津中西学堂
   C. 京师大学堂　　　　　　D. 京师同文堂

4. "囊括大典，网罗众家，思想自由，兼容并包"的办学方针是由谁提出来的？（　　）
   A. 蔡元培　　　　　　　　B. 杜威
   C. 陶行知　　　　　　　　D. 张之洞

5. 斯巴达教育的基本特点是强调（　　）。
   A. 体育与女子教育　　　　B. 击剑与游泳
   C. 四艺与雄辩术　　　　　D. 体育与军事训练

6. 古代希腊所说的"三艺"是由（　　）所创的。
   A. 苏格拉底　　　　　　　B. 柏拉图
   C. 智者派　　　　　　　　D. 亚里士多德

7. 宫廷学校的教学方法主要是（　　）。
   A. 填鸭式　　　　　　　　B. 问答法
   C. 个别方式　　　　　　　D. 集体教学

8. 骑士教育的形式是（　　）。
   A. 学校教育　　　　　　　B. 家庭教育
   C. 集体教育　　　　　　　D. 宗教教育

9. 1964 年 10 月 28 日，德国各州总理签订了（　　），为统一联邦德国普通学校学制和确立公立学校教育制度奠定了基础。
   A.《国民学校章程》　　　　B.《初等教育法》

C. 《汉堡协定》 D. 《费里法案》

10. 法国的中小学内部管理体制是（　　）。
A. 中央集权制 B. 地方分权制
C. 校委会负责制 D. 一长制

二、多项选择题

1. 北魏献文帝诏令各地普遍设立州郡学，并按州郡的大小体规定了（　　）的名额，正式建立了郡国学校制度。
A. 博士 B. 硕士
C. 助教 D. 学生

2. 南朝宋文帝元嘉十五年（438）下令在京师开设单科性的"四学"，分别是（　　），这是中国最早的分专业的综合学校。
A. 玄学 B. 史学
C. 文学 D. 儒学

3. 《教育部组织法》经过10次修正。1929年11月1日，教育部公布第一次修正，并增设两个部门，其两个部门分别是（　　）。
A. 教育局 B. 司法局
C. 蒙藏教育司 D. 华侨教育设计委员会

4. 兴办教育之初，苏区教育发展的两大阻碍是（　　）。
A. 师资 B. 生源
C. 经费 D. 地理位置

5. 雅典民主政治的本质是对（　　）的残酷专政。
A. 奴隶主 B. 奴隶
C. 非公民群众 D. 智者

6. 古代雅典男孩从7岁起要被送到（　　）接受初等教育。
A. 文法学校 B. 初级学校
C. 埃弗比团 D. 弦琴学校

7. 僧院学校的教育目的是培养学生具有"（　　）"的品质。
A. 服从 B. 贞洁
C. 安贫 D. 虔诚

8. 在骑士教育中家庭教育时期，贵族儿童在家庭中受母亲的教育，主要有（　　），如服从父母、尊敬长辈、端庄有礼等。
A. 身体的保护 B. 世俗知识的学习
C. 宗教的信仰 D. 道德的陶冶

9. 法国中小学参与学校的行政管理和教学组织工作的有（　　）。

A. 教师委员会　　　　　　B. 家长委员会
C. 学校理事会　　　　　　D. 校长

10. 魏玛共和国时期，德国的高等教育管理具有（　　）的特点。

A. 高等学校以公（州）立为主
B. 实行大学自治
C. 强调学术自由，提倡科研与教学的统一
D. 坚持民主自治

三、名词解释

1. 稷下学宫。
2. 天津中西学堂。
3. 米兰敕令。
4. 导生制。

四、简答题

1. 简述隋朝在中央设的五学。
2. 简述什么是教授治校。
3. 简述古代罗马帝国时期的教育行政管理内容。

五、论述题

1. 论述宋朝科举制的改革与完善。
2. 论述民国初期蔡元培的教育管理思想。

《中外教育管理史》
试卷三

一、单项选择题

1. （　　）时期的监学合一的体制，表明国子监的教育行政职能逐渐向学校职能转变。
   A. 辽金元　　　　　　　　B. 唐朝
   C. 宋朝　　　　　　　　　D. 魏晋南北朝

2. （　　）对科举制度进行了重大的调整，首创八股取士，从"四书"和"五经"中命题。
   A. 唐朝　　　　　　　　　B. 宋朝
   C. 元朝　　　　　　　　　D. 明朝

3. 他是洋务派教育思想的代表，也是中国半殖民地半封建教育制度的重要奠基人，他指的是（　　）。
   A. 梁启超　　　　　　　　B. 刘熙载
   C. 康有为　　　　　　　　D. 张之洞

4. 面对时代的进步和中西文化的碰撞，蔡元培主张在课程内容采用什么原则？（　　）
   A. 中西会通　　　　　　　B. 兼容并包
   C. 生活即教育　　　　　　D. 以人为本

5. 帝国时期小学教育的主要任务是（　　）。
   A. 培养雄辩家
   B. 培养身体健康的国家卫士
   C. 培养、训练帝国皇帝的顺民，使各地各族人民都心悦诚服地接受帝国的统治
   D. 培养智者

6. 苏格拉底教学方法的两个步骤为（　　）。
   A. 讽刺和暗示　　　　　　B. 讽示与产婆术
   C. 探索与讽刺　　　　　　D. 产婆术与探索

7. 骑士教育的过程大概分为家庭教育时期、（　　）、骑士侍从时期三个时期。
   A. 侍童教育时期　　　　　B. 幼儿教育时期

C. 青年教育时期　　　　　　　　D. 成人教育时期

8. 骑士教育中的家庭教育时期，贵族儿童在家庭中受（　　）的教育。

A. 父亲　　　　　　　　　　　　B. 祖父

C. 母亲　　　　　　　　　　　　D. 家庭教师

9. 1968年11月，法国议会通过了高等教育法，确定了高等教育（　　）的指导原则。

A. 自治、参与、多科性　　　　　B. 民主自治

C. 中立、义务、免费　　　　　　D. 现代化、职业化和民主化

10. （　　）是俄国第一次正式规定全俄统一的学制。

A. 《大学所属学校章程》　　　　B. 《国民学校章程》

C. 《初等国民学校章程》　　　　D. 《文科中学和中等预备学校章程》

二、多项选择题

1. 隋唐统治者为了巩固自己的统治，在整个思想文化领域中采取了三教并重，三教是指（　　）。

A. 尊儒　　　　　　　　　　　　B. 崇佛

C. 重道　　　　　　　　　　　　D. 重法

2. 科举考试的考试方法常有（　　）。

A. 帖经　　　　　　　　　　　　B. 墨义

C. 实付　　　　　　　　　　　　D. 对策

3. 苏区政府加强对教育工作的领导和管理所采用的重要的措施主要有（　　）。

A. 司法保障　　　　　　　　　　B. 教授治校

C. 教育巡视　　　　　　　　　　D. 报告制度

4. 中国近代新式学堂的中国教师一般来源是（　　）。

A. 世袭　　　　　　　　　　　　B. 任命

C. 聘请　　　　　　　　　　　　D. 推荐

5. 古雅典的"三艺"为（　　）。

A. 雄辩术　　　　　　　　　　　B. 辩证法

C. 文法　　　　　　　　　　　　D. 修辞学

6. 古希腊埃弗比团主要教授（　　）。

A. 军事技术　　　　　　　　　　B. 军事知识

C. 战争艺术　　　　　　　　　　D. 政治

7. "骑士七技"，包括骑马、投枪、击剑、（　　）、吟诗。

A. 打猎　　　B. 游泳　　　C. 弈棋　　　D. 神学

8. 中世纪城市兴起之后，整个封建社会的阶级关系更加复杂。在农民反对教会和世俗封建主的斗争之外，又出现了（   ）。
   A. 资产阶级与无产阶级的斗争　　B. 资产阶级与教会势力的斗争
   C. 下层市民与上层市民之间的斗争　D. 市民反对封建领主和教会的斗争
9. 1886 年的《帝国大学令》时期日本分科大学有（   ）。
   A. 法科大学　　　　　　　　　　B. 医科大学
   C. 工科大学　　　　　　　　　　D. 文科大学
10. "二战"后日本学校管理的主要依据是（   ）。
   A.《学校教育法》　　　　　　　　B.《学校教育法施行令》
   C.《地方公务员法》　　　　　　　D.《学制》

三、名词解释

1. 九品中正制。
2. 中体西用。
3. 问答法。
4. 骑士教育。

四、简答题

1. 简述察举制的优缺点。
2. 简述平民教育思想家在课程改革方面认为必须坚持哪些方面。
3. 概述古希腊雅典学校管理的特点。

五、论述题

1. 试论蔡元培五育并举的思想。
2. 简要论述斯巴达与雅典在学校管理方面的异同。

《中外教育管理史》
试卷四

一、单项选择题

1. 明清时期，掌握全国教育行政的机构仍然是（　　），其职能与隋唐时期的礼部基本上是一致的，即管理全国学校、贡举等事项。

　　A. 礼部　　　　　　　　　B. 尚部
　　C. 中部　　　　　　　　　D. 书院

2. 汉代的（　　）是封建官学的初始阶段，在管理体制上，它只有博士和太学生两部分。

　　A. 官学　　　　　　　　　B. 太学
　　C. 私学　　　　　　　　　D. 儒学

3. "生活即教育""社会及学校""教学做合一"是由谁提出的？（　　）

　　A. 杜威　　　　　　　　　B. 晏阳初
　　C. 陶行知　　　　　　　　D. 蔡元培

4. 清朝末年推行"废科举，兴学校"的举措，开始以日本学制为蓝本建立现代学制。由张百熙起草，国家正式颁布但未实行的现代学制是（　　）。

　　A. 癸卯学制　　　　　　　B. 壬子癸丑学制
　　C. 壬戌学制　　　　　　　D. 壬寅学制

5. 西方历史上第一个有许多著作完整保存下来的思想家，并创办阿卡德米学园的教育思想家是（　　）。

　　A. 苏格拉底　　　　　　　B. 柏拉图
　　C. 昆体良　　　　　　　　D. 亚里士多德

6. 柏拉图的教育思想主要体现在（　　）。

　　A.《理想国》和《法律篇》　B.《理想国》与《政治学》
　　C.《乌托邦》和《巨人传》　D.《政治学》和《法律篇》

7. 揭开宗教改革序幕的，规模最大、影响最深的是德国的（　　）领导的宗教改革运动。

　　A. 夸美纽斯　　　　　　　B. 马丁·路德金
　　C. 奥古斯丁　　　　　　　D. 马丁·路德

8. 路德倡办的小学，在教学内容方面，把"4R"作为基本学科，即( )。
- A. "四艺"
- B. 读、写、算、宗教
- C. "七艺"
- D. 听、说、读、写

9. 俄国第一所大学是（ ）。
- A. 莫斯科大学
- B. 彼得堡大学
- C. 杰尔普大学
- D. 维利诺大学

10. 18世纪中叶，美国北部大学中不属于教会控制的是（ ）。
- A. 哈佛大学
- B. 耶鲁大学
- C. 威廉玛丽学院
- D. 费拉德尔菲学院

二、多项选择题

1. 宋朝的国子监在行政管理方面，负责管理所属的（ ）、太学、（ ）、四门学、（ ）、律学及宫廷小学的日常行政事务。
- A. 乡塾
- B. 国子学
- C. 辟雍
- D. 广文馆

2. 元朝科举基本上沿袭宋制仍然分为（ ）。
- A. 乡试
- B. 会试
- C. 殿试
- D. 堂试

3. 在抗日战争时的特殊背景下，学校学制与教育计划呈现出的显著特点是（ ）。
- A. 实际
- B. 精简
- C. 分散
- D. 复杂

4. 1898年5月，张之洞完成《劝学篇》，其内容包括哪两部分？（ ）
- A. 《上篇》
- B. 《外篇》
- C. 《里篇》
- D. 《内篇》

5. 柏拉图认为雅典的青年要学习"四艺"，包括算术、（ ）。
- A. 几何
- B. 雄辩术
- C. 天文学
- D. 音乐理论

6. 在亚里士多德看来，人的身心依照（ ）、理智的顺序先后发展。
- A. 身体
- B. 情感
- C. 智育
- D. 美育

7. 中世纪大学学生只有取得硕士学位后才有资格选修其他三科神科、（ ）深造。
- A. 医科
- B. 法科
- C. 商科
- D. 文学

8. 关于伦理道德教育问题，奥古斯丁提出了原罪论、（　　）、禁欲论和（　　）。

A. 上帝万能论　　　　　　　　B. 赎罪论
C. 灵魂不灭论　　　　　　　　D. 金钱万能论

9. 以下机构中，（　　）是美国中学常设参与学校管理事物的机构。

A. 社区教育委员会　　　　　　B. 学校董事会
C. 教师工会　　　　　　　　　D. 家长工作委员会

10. 1988 年，苏联国家国民教育委员会主席根·亚戈金在全苏国民教育工作者代表大会上提出的高等教育改革设想包括（　　）。

A. 恢复高等学校入学考试制度
B. 改变一长制的领导原则，实现高等学校管理的民主化
C. 修改了高等学校专业目录，加强高等学校同生产与实践的联系
D. 扩大高等学校的管理权

三、名词解释

1. 乡贡。
2. 学衔制。
3. 城市学校。
4. 《巴特勒法案》。

四、简答题

1. 简述民国初年的教育部的建制的特点。
2. 简述亚里士多德教育管理思想的内容。
3. 简述英国高等学校的内部管理的主要特点。

五、论述题

1. 试述张之洞"中体西用"思想的历史意义。
2. 试述近代欧美初等教育政策改革的基本特点。

《中外教育管理史》
试卷五

一、单项选择题

1. 隋唐私学大体可分为村学、（　　）、家学、书院和学者授徒等形式，从不同层次和不同方面发挥着重要的教育作用。
   A. 官学　　　　　　　　B. 儒学
   C. 堂学　　　　　　　　D. 家塾

2. 《白鹿洞书院揭示》首先明确规定要以（　　）为学习的目的，要谨记"父子有亲，君臣有义，夫妇有别，长幼有序，朋友有信"的教条。
   A. 仁义　　　　　　　　B. 三纲五常
   C. "明人伦"　　　　　　D. 尊师重道

3. 1922年，我国颁布的"壬戌学制"实行的是（　　）。
   A. 四四四制　　　　　　B. 六三三制
   C. 八四制　　　　　　　D. 五四三制

4. 1940年，毛泽东在唁电中称谁为"学界泰斗，人世楷模"（　　）。
   A. 陶行知　　　　　　　B. 蔡元培
   C. 张之洞　　　　　　　D. 黄炎培

5. 根据对青少年的身心自然发展特点的观察研究，（　　）首次提出了按年龄划分受教育的阶段，以及各阶段教育的要求、组织、内容和方法等具体措施。
   A. 苏格拉底　　　　　　B. 柏拉图
   C. 亚里士多德　　　　　D. 昆体良

6. 下列哪本著作是昆体良所著？（　　）
   A. 《乌托邦》　　　　　　B. 《理想国》
   C. 《政治学》　　　　　　D. 《论演说家的培养》

7. （　　）被誉为"仁慈之父"和"第一个新式学校教师"。
   A. 夸美纽斯　　　　　　B. 奥古斯丁
   C. 维多里诺　　　　　　D. 马丁·路德

8. 夸美纽斯的教育思想代表作是（　　）。
   A. 《大教学论》　　　　　B. 《理想国》
   C. 《忏悔录》　　　　　　D. 《教育漫话》

9. （　　）在日本近代教育发展中首次提出了"全民教育"即普及初等教育的目标。
   A.《学校教育法》　　　　　　B.《学校教育法施行令》
   C.《学制》　　　　　　　　　D.《师范学校令》
10. 教育管理中强调集体原则的是（　　）。
   A. 第斯多惠　　　　　　　　B. 夸美纽斯
   C. 马卡连柯　　　　　　　　D. 卢梭

二、多项选择题
1. 八股文是一种严格注重内容和形式的文体，包括（　　）、承题、起讲、（　　）、中股、后股、束股和（　　）等几个部分。
   A. 破题　　　B. 起股　　　C. 大结　　　D. 对仗
2. 书馆也可称为书舍，主要进行识字和书写教育，也教授一些数学常识，而且已经有了比较适用的教材，如（　　）。
   A.《仓颉篇》　　　　　　　　B.《诗经》
   C.《凡将篇》　　　　　　　　D.《急就篇》
3. 下面属于我国教育家陶行知的教育思想的是（　　）。
   A. 生活即教育　　　　　　　B. 社会即学校
   C. 教育即生活　　　　　　　D. 学校即教育
4. 平民教育管理思想认为，要真正有效地推行平民教育，根本的是要改革传统的国家教育机制。下面属于平民教育管理思想的代表人物有（　　）。
   A. 黄炎培　　　　　　　　　B. 张之洞
   C. 陶行知　　　　　　　　　D. 顾炎武
5. 亚里士多德首次提出了按年龄划分受教育的阶段的方式，将受教育的阶段划为（　　）。
   A. 训练的阶段　　　　　　　B. 品格教育的阶段
   C. 智育为主的阶段　　　　　D. 美育阶段
6. 下列哪项属于昆体良的教育管理思想？（　　）
   A. 教师应热爱学生，要以父母般的感情对待学生
   B. 教师应是才德兼备、言行一致的人
   C. 教师应该了解每个学生的特点，因材施教
   D. 教师在进行教育时要称赞、鼓励，少指责、惩罚
7. 夸美纽斯认为应将新生一代的教育按年龄分成四个阶段，分别设置（　　）、（　　）、（　　）、大学四级学校与之相适应。
   A. 母育　　　B. 国语　　　C. 拉丁　　　D. 宗教

8. 夸美纽斯身体力行，亲自编写教本（　　）和（　　）等，成为当时教科书的典范。

A.《大教学论》　　　　　　　B.《语学入门》

C.《忏悔录》　　　　　　　　D.《世界图解》

9. 联邦德国的大学内部一般实行（　　）三级管理体制。

A. 校　　　B. 系　　　C. 学科　　　D. 讲座

10. 法国高等学校在管理体制上逐渐形成的特色有（　　）。

A. 中央集权与学校自治相结合

B. 中央集权和多方参与相结合

C. 大学和中学保持着密切联系

D. 大学与高等专科学校两个差异很大的体系并存

三、名词解释

1. "四艺"。
2. 中世纪的教会学校。
3. 芝加哥实验学校。
4. 中世纪大学。

四、简答题

1. 比较分析"壬子癸丑学制"与"癸卯学制"。
2. 简谈中世纪大学与中国宋代书院的异同。
3. 比较分析美国、法国和英国教育行政管理体制的异同。

五、论述题

1. 试述夸美纽斯的教育管理思想及其当代意义。
2. 比较分析欧美发达国家中小学校教育管理体制的基本特点，并请说明对我国学校内部管理体制改革的借鉴。